Das

Preußische Gesetz

betreffend die

privatrechtliche Stellung der Erwerbs- und Wirthschafts-Genossenschaften

vom 27. März 1867

nebst den

Einführungs-Verordnungen

vom 12. Juli, 12. August und 22. September 1867

und den

Ministerial-Instruktionen

vom 2. Mai, 10. August, 25. September und 26. Oktober 1867.

Mit

Einleitung und Erläuterungen

zum

praktischen Gebrauch für Juristen und Genossenschafter

herausgegeben

von

Ludolf Parisius (Gardelegen)

Mitglied des Abgeordnetenhauses für Berlin.

Berlin.

Verlag von J. Guttentag.

1868.

Vorrede.

Die ersten fünf Bogen dieses Kommentars (S. 1—80) erschienen als erste Lieferung bereits Anfang September vorigen Jahres. Die Vollendung des Buches ist durch unvorhergesehene Hindernisse verzögert worden; die inzwischen ergangenen Verordnungen und Instruktionen sind hinzugefügt.

Gegenwärtig hat Schulze-Delitzsch im Reichstage des norddeutschen Bundes beantragt, das Preußische Genossenschaftsgesetz mit geringen Abänderungen im ganzen Bundesgebiete zum Gesetz zu erheben. Sollte das Bundesgesetz zu Stande kommen, so wird dies Buch in einer kleinen Nachtragsschrift seine entsprechende Ergänzung erhalten.

Berlin, 3. Mai 1868.

Ludolf Parisius.

Inhalt.

Seite.

Einleitung . . . . V—XLVIII

Gesetz betreffend die privatrechtliche Stellung der Erwerbs- und Wirthschafts-Genossenschaften vom 27. März 1867 . . . . 1—137

Die Verordnungen vom 12. Juli 1867, 12. August 1867 und 22. September 1867 . . . . 138—146

Die Allgemeinen Verfügungen und Instruktionen des Justizministers vom 2. Mai, 10. August, 25. September und 26. Oktober 1867 . . . . 147—168

Register . . . . 169—174

Einleitung.

Die Anfänge der Deutschen Genossenschaften.

Die „Erwerbs- und Wirthschaftsgenossenschaften," die auf Selbsthülfe gestützten Assoziationen der Handwerker und Arbeiter haben sich in Deutschland seit 1850 aus den kleinsten Anfängen zu einer solchen Bedeutung für das gewerbliche Leben der Nation emporgeschwungen, daß sie von der Gesetzgebung nicht länger ignorirt werden konnten. Die Sache der Genossenschaften ist in Deutschland unauflöslich mit dem Namen des Mannes verknüpft, welchem auch das Genossenschaftsgesetz zumeist seine Entstehung verdankt.

Hermann Schulze, geboren am 29. August 1808 zu Delitzsch in der Provinz Sachsen, wurde 1848, wo er Obergerichtsassessor in seiner Vaterstadt war, in die Preußische Nationalversammlung gewählt, und in derselben Vorsitzender der besonderen Fach-Kommission für die Gewerbs- und Handwerksverhältnisse. In dieser Eigenschaft gewann er die genaueste Kenntniß von der Lage der Handwerker und Arbeiter, von ihren Klagen und Beschwerden und von den Wegen, auf welchen sie Abhülfe erzielen wollten. Den Handwerkern, welche ihr Heil in der Rückkehr zu den alten Zunftprivilegien suchten, wurden in der Gewerbeordnung vom 2. Januar 1849 Konzessionen gemacht; die Lohnarbeiter hingegen, die mehr das Prinzip der Gewerbefreiheit vertraten und auf dem Wege der Selbsthülfe in der Organisation von Arbeiterverbänden eine Verbesserung ihrer Lage anstrebten, unterlagen polizeilichen Verfolgungen und Maßregelungen. Die politische Reaktion triumphirte in Deutschland um so leichter, als die Pariser Junischlacht auch in den sogenannten besitzenden Klassen Deutschlands eine blinde Furcht vor Sozialismus und Kommunismus, vor dem „rothen Gespenst“ wachgerufen hatte.

Schulze hatte erkannt, daß die soziale Bewegung in den Assoziationen die Keime einer gesunden lebenskräftigen Entwickelung auch der politischen Zustände enthalte und begann ohne Säumen auf diesem Gebiete zu organisiren. Seiner Thätigkeit kam es zu Statten, daß die demokratische Partei Preußens, gegen sein Votum, im Sommer 1849 in Folge des oktroirten Dreiklassen-Wahlgesetzes, sich von der Betheiligung an den Wahlen, somit von allem politischen Wirken zurückzog. In den kleinen Städten des Delitzscher und Bitterfelder Kreises waren die meisten Handwerker zu der Einsicht gelangt: „daß die Rückkehr zum Alten und der Schutz des Staates im Gewerbebetriebe von Tag zu Tag unmöglicher wurde.“ Hier fielen somit seine Lehren auf fruchtbaren Boden. Man ließ sich nicht dadurch verblenden, daß die Staatsgewalt in der oktroirten Verordnung vom 9. Februar 1849, betreffend die Errichtung von Gewerberäthen (Ges.-Samml. 1849 S. 93), durch Gesellen- und Meisterprüfungen, durch Innungszwang und Abgrenzung der Arbeitsbefugnisse und Beschäftigungsgebiete den Bestrebungen und Forderungen der Zünftler bereitwilligst entgegenkam.

Die erste unter Schulze's Leitung gegründete Assoziation war die Kranken- und Sterbekasse zu Delitzsch, welche den kleineren Handwerkern und Arbeitern und deren Familien gegen einen geringen Monatsbeitrag in Erkrankungsfällen ärztliche Hülfe und Arznei, bei Arbeitsunfähigkeit eine fortlaufende Geldunterstützung und in Sterbefällen den Hinterbliebenen einen Beitrag zu den Begräbnißkosten gewährte. Diese Assoziation wurde im August 1849 mit 136 Mitgliedern eröffnet und erhielt den Rest einer während der Theuerung von 1846 bis 1847 gegründeten Hülfskasse mit 100 Thlr. als Stiftungsfond überwiesen. Sonst unterschied sich dieser Verein von ähnlichen nur insofern, als seine Organisation die demokratischen Grundsätze der Gleichberechtigung Aller und der Allmacht der Generalversammlung unter

Ausschließung aller Gönnerschaft in eine streng juristische Form gebracht hatte.

Der Kranken- und Sterbekasse folgte im Herbst 1849 die erste Assoziation von Gewerbtreibenden eines specielleren Gewerks. Dreizehn Tischlermeister traten mit einem durch Darlehne aufgebrachten Betriebskapitale von 280 Thlr. zu der ersten Rohstoffassoziation, zu der Tischlerassoziation zu Delitzsch zusammen. Ihr folgte Ende 1849 die Schuhmacherassoziation daselbst, welche mit 57 Mitgliedern ihre Thätigkeit begann. Delitzsch war damals ein jeglichen Fabrikbetriebs entbehrendes Landstädtchen von 5000 Einwohnern. Dieselben Versuche wurden gleich darauf in der größten Stadt des Delitzscher Kreises, in der Fabrikstadt Eilenburg, unternommen, wo Schulze's politischer Freund Dr. med. Bernhardi sen. die Anregung und beziehungsweise Leitung der Assoziationen übernahm. Er gründete Ende 1849 den Krankenunterstützungsverein zu Eilenburg, welchem im Frühjahr 1850 die Schuhmacherassoziation und im Herbst 1850 die Schneiderassoziation daselbst folgte.

Da Schulze nicht versäumte, über die Assoziationen und ihre Erfolge in Zeitungen und Broschüren zu berichten, und namentlich die Schuhmacherassoziation zu Delitzsch anfänglich schnell einen glänzenden Aufschwung nahm, so konnte es nicht fehlen, daß viele Handwerker, nicht blos in den Nachbarstädten, sich die Statuten kommen ließen und auf Grund derselben und der eingezogenen Erkundigungen mit gleichen Assoziationen vorgingen. So kamen in den Jahren 1850—1852 namentlich zu Bitterfeld, Braunschweig, Wolfenbüttel, Magdeburg, Halberstadt, Halle a/S., Celle Schuhmacherassoziationen zu Stande, von denen Viele wieder eingingen, einzelne, wie die Wolfenbüttler, noch heute in Blüthe stehen.

Schon im April 1850 gründete Schulze die vierte Assoziation zu Delitzsch, den Vorschußverein. Der Hilferuf der Handwerker war im Jahre 1848 vorzugsweise auf Errichtung von Handwerkerbanken gerichtet gewesen. Man dachte sich darunter meist Staats- oder Kommunalanstalten, welche den Handwerkern das Kapital billig verschafften, dessen Mangel von ihnen als

Hauptgrund ihrer Kalamitäten bezeichnet wurde. In mehreren, namentlich größeren Orten traten seitdem auf Betrieb wohldenkender Männer aus den wohlhabenderen Klassen, sogenannte Darlehnskassenvereine zusammen. Man sammelte aus Geschenken in Form von einmaligen Zahlungen und monatsweisen Beiträgen und aus zinsfreien Darlehnen mit weiten Kündigungsfristen einen Fond, aus welchem den Bedürftigen Vorschüsse zinsfrei oder gegen geringe Zinsen gewährt wurden. Oefters kamen solchen Vereinen auch die Kommunen oder größere Humanitätsvereine durch Vorstreckung zinsfreier Darlehne zu Hülfe. Die Verwaltung derselben lag in den Händen der Gründer, also solcher Männer, welche selbst keine Vorschüsse beanspruchten noch beanspruchen konnten. Der Delitzscher Vorschußverein unterschied sich von Hause aus von diesen auf Unterstützung Seitens der wohlhabenden Klassen berechneten Vereinen nur darin, daß die Vorschußsucher gegen Zahlung eines Eintrittsgeldes und fortlaufender Monatssteuer von 1 Sgr. Mitglieder werden und die Vorschüsse angemessen (5—10 pCt. auf's Jahr) verzinsen mußten und daß bei der Leitung des Vereins selbst kein erheblicher Unterschied zwischen Vorschußentnehmern und Anderen gemacht wurde. Der erste Fond des Vereins bestand in 180 Thlrn. an Geschenken und zinsfreien Darlehen. Die Erfolge des Vereins unterschieden sich wenig von denen anderer Darlehnskassen.

Inzwischen wurde Schulze aus seiner Thätigkeit herausgerissen. Nach seiner Freisprechung in dem sogenannten Steuerverweigerungsprozesse erhielt er eine Kreisrichterstelle in Wreschen in der Provinz Posen. Durch diese Versetzung in eine entfernte Provinz unter eine polnischredende Bevölkerung meinte man den Politiker unschädlich zu machen.

Nach dem Muster des Delitzscher Vorschußvereins wurde Ende 1850 von Dr. Bernhardi der Darlehnskassenverein zu Eilenburg gegründet. Derselbe benutzte auf Schulze's Anrathen eine Erfahrung, die inzwischen an den Delitzscher Rohstoffassoziationen gemacht war. Letztere hatten den ungenügenden Betriebsfond durch Darlehne verstärkt, welche unter solidarischer Haft aller Mitglieder aufgenommen waren. Die außerordentliche Wirksamkeit dieser solidarischen Haft veranlaßte die Gründer des Eilenburger Vereins, dieselbe als Kreditbasis hinzustellen. Schulze verließ nun 1852 den Staatsdienst, weil man ihm wiederholt den Urlaub zu einer Reise nach Delitzsch verweigerte. Er ließ sich in Delitzsch nieder und machte die „Förderung des Assoziationswesens in Deutschland zu seiner Lebensaufgabe.“ Während der Eilenburger Darlehnskassenverein, durch die Erfolge der Solidarhaft verleitet, die Erhöhung der eigenen Fonds des Vereins nicht genügend berücksichtigte und dadurch in seinem Gedeihen zurückgehalten wurde, nahm Schulze nunmehr bei der im Herbst 1852 erfolgenden Reorganisation des Delitzscher Vorschußvereins nicht bloß die Solidarhaft auf, sondern brachte sein System „mit der eigenen Kapitalbildung für die Mitglieder durch Einführung der Stammantheile, des Guthabens derselben in der Vereinskasse, dem Prinzip nach zum Abschlusse.“

Auch eine vierte Art der Assoziationen, die der Konsumvereine, entstand damals im Delitzscher Kreise. Schon vor 1848 waren unter Betheiligung der Kommunalbehörden oder größerer Wohlthätigkeitsvereine in mehreren großen Städten, wie Berlin, Frankfurt a/O., Erfurt, Sparvereine in's Leben gerufen, welche bezweckten, durch wöchentliche Einlagen der Mitglieder während des Sommers, als der Zeit reichlicheren Arbeitsverdienstes, eine größere Summe zum Ankauf der nothwendigsten Bedürfnisse im Ganzen zusammenzubringen. Im Juli 1850 wurde unter dem Namen Assoziation ein Sparverein zu Eilenburg gegründet, welcher sich aber dadurch unterschied, daß „die bevormundende Leitung und Unterstützung von außen her“ fortfiel. Im Herbst 1852 traten dann auch in Delitzsch 36 Familienväter zu einer „Assoziation zur Anschaffung nöthiger Lebensbedürfnisse“ zusammen. Beide Vereine nahmen die Organisation der anderen Arten von Assoziationen ebenfalls an. Doch ging der Eilenburger zum Verkauf an Nichtmitglieder über.

Für die weitere Ausdehnung des Genossenschaftwesens war nun das 1853 erschienene „Assoziationsbuch für Deutsche Handwerker und Arbeiter von H. Schulze-Delitzsch“ Epoche machend. Er trat in diesem Buche dem Handwerker und Arbeiter mit einem vollständigen Assoziations-System gegenüber, in der Absicht, „zum praktischen Angriff der Sache anzuregen und das für die erste Organisation Dienliche beizubringen.“ Das Buch enthält neben einer Darstellung der Einrichtungen und Erfolge der 12 in Delitzsch und Umgegend seit dem Sommer 1849 gegründeten Assoziationen*) Statuten aller 4 Arten, sowie mancherlei Formulare für das Geschäftswesen derselben. Schon hier erklärte er indeß diese Arten der Assoziation nur für Vorstufen zum Gewerbebetrieb für gemeinschaftliche Rechnung (Produktiv-Assoziation).

In den nächsten Jahren traten schnell vor allen übrigen Assoziationen die Vorschußvereine durch ihre Erfolge in den Vordergrund. Der Herausgeber der Deutschen Gewerbe-Zeitung in Leipzig F. G. Wieck eröffnete Anfang 1854 für Schulze's Assoziationen eine stehende Abtheilung des Blattes unter dem Titel: „Die Innung der Zukunft“, welche in 8 Nummern alljährlich getrennt bezogen werden konnte. Mehr aber trug zur Verbreitung der Vorschußvereine das zuerst im März 1855 in erster Auflage erschienene Buch Schulze's bei: „Vorschuß- und Kreditvereine als Volksbanken.“

Gleichzeitig wurden indeß die Verwaltungs-Behörden auf solches in Polizei-Kodex und Gewerbeordnung nicht vorgesehene Treiben aufmerksam, welches ihnen um so bedenklicher vorkommen mußte, als fast überall politische Parteigenossen Schulze's die ersten Assoziationen in's Leben riefen. In Hannover unterlagen sehr bald die Vorschußvereine der Verfolgung; man erklärte sie für konzessionspflichtig und ertheilte ihnen die Konzession nur unter Bedingungen, welche ein gedeihliches Fortbestehen unmöglich machten. Aehnlich ging man in Preußen an verschiedenen Orten vor. Man verlangte den Vorschußvereinen Konzession ab und verweigerte sie, weil kein Bedürfniß dazu am Orte vor-

*) Es sind die 2 Kranken-Unterstützungsvereine zu Delitzsch und Eilenburg, die 2 Vorschuß- und 2 Konsumvereine daselbst, die Tischler-Assoziation zu Delitzsch, die Schuhmacher-Assoziationen zu Delitzsch, Eilenburg und Bitterfeld und die Schneider-Assoziationen zu Eilenburg und Delitzsch. Von den Kranken-Unterstützungsvereinen wird nicht ferner die Rede sein, da sie nicht zu den Genossenschaften im Sinne des Genossenschaftsgesetzes gehören.

handen sei*) oder ertheilte sie mit unerträglichen Beschränkungen. Nachdem aber die Gerichte die Vereinsleiter, welche es auf Anklagen ankommen ließen, freigesprochen hatten**), ließ der Minister v. Westphalen in einem Reskripte vom 15. September 1856 seine frühere Ansicht über die Konzessionspflicht fallen.

In weiteren Kreisen erweckten V. A. Huber's Reisebriefe (1855) namentlich durch ihre Mittheilungen über die französischen und englischen Assoziationen ein Interesse auch für die deutschen Anfänge.***) Bei Gelegenheit des im September 1857 in Frankfurt a. M. tagenden internationalen Wohlthätigkeitskongresses wurde ein Vortrag Schulze's über die deutschen Assoziationen die erste Veranlassung zu der unter dem Namen Kongreß deutscher Volkswirthe zum ersten Male 1858 zusammentretenden Wanderversammlung, welche in den ersten Jahren ihres Bestehens regelmäßig dem Genossenschaftswesen einen Theil ihrer Verhandlungen widmete.

Seit 1858 hatte die deutsche Genossenschaftsbewegung die Schwierigkeiten der ersten Anfänge überwunden. Die Ueberzeugung von der Lebensfähigkeit und der bedeutenden Zukunft namentlich der Vorschußvereine wurde von Jahr zu Jahr allgemeiner und mußte zuletzt, gern oder ungern, auch von den mißtrauischen Staatsregierungen getheilt werden.

Im Jahre 1859 traten Abgesandte der Vorschuß- und Kreditvereine, deren damals in Deutschland schon 111 zu zählen waren, in Weimar zu einem ersten Vereinstage zusammen. Diese und die folgenden „allgemeinen Vereinstage der deutschen Genossenschaften“ setzten eine Zentralstelle („Zentralkorrespondenzbüreau“) ein, aus welchem sich „die Anwaltschaft“ und später (1864) „der allgemeine Verband der deutschen Erwerbs- und Wirthschaftsgenossenschaften“ mit seinen zur Zeit 26 Unterver-

---

*) So geschehen mit dem Osterfelder Verein in der Provinz Sachsen.

**) Erkenntniß des Stadtgerichts zu Königsberg i. Pr. vom 25. Juni 1856 wider Robert Reuter.

***) Huber scheint durch seinen Einfluß bei den Konservativen auch mindestens dazu beigetragen zu haben, daß Herr von Westphalen die Verfolgungen einstellte.

bänden und deren alljährlichen Verbandsversammlungen entwickelte. Das Nähere darüber ergeben die alljährlich von Schulze (Delitzsch) als Genossenschaftsanwalt herausgegebenen Jahresberichte und das aus jenem Beiblatt zur Gewerbezeitung hervorgegangene selbstständige Wochenblatt „Blätter für Genossenschaftswesen (Innung der Zukunft)".

Die gegenwärtige Organisation, an welcher sich ein großer Theil der in Deutschland bestehenden Genossenschaften betheiligt, wird von Schulze in dem Jahresbericht für 1866 in aller Kürze dahin geschildert: „Der allgemeine Verband der auf Selbsthülfe beruhenden deutschen Erwerbs- und Wirthschaftsgenossenschaften, dessen Geschäfte gegenwärtig der Verfasser als besoldeter Anwalt mit förmlich eingerichtetem Bureau führt, beschickt einen jährlich stattfindenden allgemeinen Vereinstag durch Deputirte der dazu gehörigen Vereine, welcher als oberste Instanz, ohne irgend in die Selbständigkeit der Vereine, in deren spezielle Angelegenheiten einzugreifen, die gemeinsamen Angelegenheiten ordnet. Als Zwischenglieder zwischen diesen Zentralorganen und den einzelnen Vereinen sind sogenannte Unter- oder Provinzial- oder engere Landesverbände gebildet, welche die Vereine deutscher Länder, Provinzen oder gewisser Branchen der Genossenschaften umfassen und die Wahrnehmung von deren Sonderinteressen, sowie die Vermittlung mit den Zentralstellen zu ihrer Aufgabe haben. Indem sie dem allgemeinen Vereinstage durch besondere Versammlungen einestheils vorarbeiten, anderntheils in ihrem Bereiche dessen Beschlüsse zur Geltung bringen, greifen sie lebendig in das Getriebe ein, und die von ihnen gewählten Vorstände bilden als engerer Ausschuß eine Körperschaft, welche dem Anwalt zur Seite steht, um die Verbandsangelegenheiten in der Zwischenzeit zwischen den Vereinstagen zu leiten. So ist, ohne in die freie Bewegung der einzelnen Vereine einzugreifen, ein Mittelpunkt geschaffen zum Austausch der gemachten Erfahrungen, zur Läuterung und Kritik des sich immer mehr anhäufenden Materials, zu Rath und Hülfe jedem Angriff, jeder Verlegenheit der einzelnen Glieder gegenüber, zu machtvollem Zusammenfassen der Einzelkräfte behufs Verfolgung und Wahrung gemeinsamer Interessen; zur Abwehr und geschlossenem Zusammenstehen endlich drohenden Lagen und Gefahren gegenüber. Daran knüpfen sich die werthvollsten Geschäftsverbindungen zwischen den einzelnen Vereinen in Besorgung von Kommissionen und besonders in gegenseitiger Kapitalaushülfe, welche wiederum eine gegenseitige Kontrole in der Geschäftsgebahrung mit sich brachte, was auf die solide Fundirung der Vereine nicht ohne Einfluß blieb." Mitte 1867 gehörten zum allgemeinen Verbande 646 Genossenschaften. Seit 1864 haben die Genossenschaften in der „Deutschen Genossenschaftsbank von Sörgel, Parrisius & Co." zu Berlin ein Großbankinstitut gegründet mit einem Kommandit-Aktien-Kapital von 270,000 Thlr., dessen Vergrößerung auf 500,000 Thlr. jetzt beschlossen ist.

Unter den Deutschen Genossenschaften stehen voran

Die Vorschuß- und Kreditvereine (Volksbanken).

Die Volksbanken „nach Schulze-Delitzsch's System" haben sich von dem kleinen Landstädtchen Delitzsch aus in 15 Jahren nicht blos über ganz Deutschland, sondern auch über ganz Europa verbreitet; man findet sie vereinzelt schon in Afrika und Amerika. Dies konnten die Delitzscher Handwerker und Arbeiter nicht ahnen, welche monatlich 1 Sgr., später 2 Sgr. in die Vorschußkasse steuerten, um aus den dadurch gesparten Guthaben und aus den unter ihrer solidarischen Verhaftung aufgenommenen Darlehnen „die zu ihrem Gewerbs- und Geschäftsbetriebe erforderlichen baaren Geldmittel" auf drei Monate gegen Schuldschein und Bürgschaft vorgeschossen zu erhalten. Die Erfolge des Delitzscher Vorschußvereins in den ersten Jahren seines Bestehens erscheinen uns jetzt winzig; damals erregten sie allgemeines Staunen. Der Verein hatte

1853	an 175	Mitgl.	bei	195	Thlr.	Guthaben	zu	14½	pCt.	Zinsen 8,440 Thlr.
1854	an 210	„	„	795	„	„	„	10	„	„ 15,012 „
1855	an 256	„	„	1673	„	„	„	10	„	„ 19,810 „
1856	an 301	„	„	2787	„	„	„	10	„	„ 24,532 „

ausgeliehen. Den Vereinen zu Delitzsch und Eilenburg, von denen der letztere durch Vernachlässigung der Guthaben-Bildung, namentlich durch gleiche Vertheilung des Reingewinnes nach Köpfen eine wesentliche Abweichung von dem anderwärts als richtig anerkannten Prinzip aufrecht erhielt, folgte 1853 der nur von Handwerkern geleitete Verein zu Zörbig, unweit Delitzsch; 1854 wurden in Eisleben, Peine und Celle, 1855 in Meissen und Bitterfeld Volksbanken begründet. Der viertälteste aller Vereine, die Eisleber Diskontogesellschaft, gegründet von Alwin Sörgel (jetzt Direktor der Deutschen Genossenschaftsbank zu Berlin), war der erste Verein, welcher mit Erfolg das Bedürfniß nicht blos der kleinen, sondern aller Gewerbtreibenden seines Wirkungskreises nach Bankkredit auf genossenschaftlichem Wege zu befriedigen suchte. Schon 1856 durch die Bevormundungssucht der Behörden genöthigt, sich zur Handelsgesellschaft umzuformen,*) hat diese Genossenschaft sich bald zu einem respektablen Bankgeschäft entwickelt, und durch frühzeitige Einführung der Wechsel, statt der Schuldscheine, und der laufenden Rechnungen (offenen Konten und Kontokorrents) zu der Ausbildung eines streng kaufmännischen Geschäftsbetriebes bei den übrigen Volksbanken wesentlich beigetragen, und ist dabei doch den gesunden genossenschaftlichen Grundsätzen treu geblieben. Ihr Geschäftsumsatz an Vorschüssen betrug im ersten Geschäftsjahre 7150 Thlr., im vierten 302,738 Thlr., im siebenten 782,290 Thlr., im zehnten 1,121,186 Thlr., im zwölften 1,870,321 Thlr.

Im Jahre 1855, als erst acht Volksbanken bestanden, prophezeite Schulze, „daß es in nicht ferner Zeit keine Stadt in Deutschland geben werde, welche nicht ein solches Institut nachzuweisen haben würde.“ Dieses stolze Wort geht merkwürdig schnell

*) Man zwang den „Eisleber Vorschußverein“ sich konzessioniren zu lassen, und knüpfte die Ertheilung der Konzession unter Anderm an die Bedingung, daß zur Kontrahirung eines Anlehens für die Vereinskasse jedesmal die Genehmigung der Polizeibehörde eingeholt werden sollte. Der Verein beschloß deshalb am 13. Oktober 1856, sich aufzulösen, und erstand sofort wieder als Handelsgesellschaft unter der Firma Eisleber Diskontogesellschaft. Bei Einführung des Deutschen Handelsgesetzbuches blieb dem Verein nichts übrig, als unter Abstreifung der Solidarhaft Kommanditgesellschaft auf Aktien zu werden. (Vgl. den Aufsatz des Herausgebers: Die ersten zehn Geschäftsjahre eines Vorschußvereins — Innung der Zukunft 1865, Nr. 2.)

seiner Erfüllung entgegen. Wie seit 1859 die Verbreitung der Volksbanken über die einzelnen Provinzen und Staaten erfolgte, ergeben die Listen, welche die Jahresberichte der Anwaltschaft über die bekannten Vereine enthalten.

Wir geben danach folgende Zusammenstellung:

	1859	1860	1861	1862	1863	1864	1865
1. Preußen.							
a. Provinz Sachsen .	27	41	57	70	90	97	101
b. Brandenburg . .	17	24	39	59	78	86	89
c. Schlesien . . .	12	20	31	48	58	78	85
d. Preußen . . .	9	12	16	25	32	47	50
e. Pommern . . .	4	8	14	25	31	41	44
f. Rheinprovinz . .	2	5	8	10	17	22	26
g. Posen	3	5	11	11	16	23	25
h. Westfalen . . .	2	5	12	12	13	15	16
zusammen also	76	120	188	260	335	409	436
2. Deutsch-Oesterreich	12	12	15	16	18	118	122
3. Königreich Sachsen	34	40	54	63	91	90	90
4. Würtemberg . . .	2	2	3	10	10	31	49
5. Nassau	1	10	16	39	39	41	42
6. Mecklenburg . . .	8	10	12	23	31	38	38
7. Sächsische Herzogth.	10	12	15	19	31	30	34
8. Großherz. Hessen .	2	4	5	12	24	26	27
9. Baiern	4	6	6	6	7	14	22
10. Hannover . . .	12	10	11	13	14	19	20
11. Baden	5	7	4	6	8	14	16
12. Anhalt	8	12	13	14	14	15	15
13. Kurhessen . . .	1	2	4	7	9	12	13
14. Schwarzburg . .	3	3	6	6	6	7	10
15. Oldenburg . . .	1	2	4	7	6	6	6
16. Freie Städte . .	—	1	2	4	5	5	5
17. Schleswig-Holstein	1	1	1	2	3	5	5
18. Reußische Fürstenth.	3	3	3	4	4	4	4
19. Lippe und Waldeck	—	—	2	2	2	3	3
20. Braunschweig . .	—	—	—	1	2	2	3
21. Luxemburg . . .	—	—	—	—	1	1	1
In ganz Deutschland	183	257	364	511	622	890	961

Seit 1866 ist in Folge der Annektirungen die Tabelle besonders aufzustellen:

1. Preußen.	1866	1867*)
a. Sachsen	108	109
b. Brandenburg . .	97	102
c. Schlesien	94	95
d. Hessen	62	64
e. Preußen	57	62
f. Pommern	47	48
g. Rheinprovinz . .	35	36
h. Posen	28	32
i. Hannover	20	21
k. Westfalen	15	14
l. Schleswig-Holstein	4	5
zusammen	567	588
2. Deutsch-Oesterreich .	123	132
3. Königreich Sachsen .	94	111
4. Würtemberg	54	55
5. Sächsische Herzogthüm.	42	54
6. Mecklenburg	38	39
7. Baiern	31	33
8. Großherzogth. Hessen	27	30
9. Baden	23	31
10. Anhalt	15	15
11. Schwarzburg . . .	10	10
12. Oldenburg	6	6
13. Reuß	5	5
14. Freie Städte . . .	4	5
15. Braunschweig . . .	4	4
16. Lippe und Waldeck .	3	3
17. Luxemburg	1	1
In ganz Deutschland	1047	1122

Die Volksbanken sind in Deutschland nicht mehr zu entbehren, sie bilden eine nothwendige Ergänzung des Bankwesens,

*) Aus der Anlage zu Schulze's Antrag beim Reichstage entnommen.

indem sie die den Großbanken unmögliche Aufgabe übernehmen, auch dem kleinsten Gewerbtreibenden, sofern er überhaupt kreditwürdig ist, den verhältnißmäßigen Bankkredit zu gewähren, indem sie ferner berufen sind, die öffentlichen Sparkassen zu ersetzen. Diese pfuschen, ohne bankmäßig organisirt zu sein, ja ohne etwas anderes als Wohlthätigkeitsanstalten sein zu wollen, mit ihrer Thätigkeit in die den Banken naturgemäß obliegende Aufgaben hinein, unterstützen mit den Sparpfennigen der unbemittelten Volksklassen meist große Fabrikanten und Gutsbesitzer und belasten durch Verwendung des Gewinnes zu kommunalen Zwecken gerade die unbemittelten Steuerzahler unter Entlastung derjenigen Volksklassen, welche ihre Ersparnisse nutzbarer anlegen. An den Volksbanken betheiligen sich alle verschiedenen Berufsklassen, nicht bloß Handwerker und Fabrikanten, sondern namentlich Landwirthe, Kaufleute, unselbständige Arbeiter.*)

Ueber die geschäftlichen Ergebnisse der Volksbanken von 1859 bis 1866 hat die Anwaltschaft die nachfolgende Zusammenstellung gebracht:

*) Man vergl. hierüber Dr. Schneider: Die Volksbanken, eine nothwendige Ergänzung des Deutschen Bankwesens im ersten Heft 5. Jahrganges des Arbeiterfreundes (Halle 1867). Außerdem hier wie anderwärts Schulze-Delitzsch: Vorschuß- und Creditvereine als Volsbanken. Vierte Auflage (Leipzig 1867) und Vollständige Anweisung für Vorschuß- und Creditvereine, welche sich unter das Preußiiche Genossenschaftsgesetz stellen wollen, als Nachtrag zu jenem Buche (Leipzig 1868).

1.	2.	Resultate der in Kolonne 2. angegebenen Vereine.											
		3.	4. Gewährte Vorschüsse und Prolongationen.		5. Eigner Fond.				6. Auf Kredit entnommene Gelder.				7.
Rechnungsjahr.	Zahl der Vereine, welche Abschlüsse eingereicht haben.	Mitgliederzahl.	Gesammt-Summe.	Durchschnitts-Betrag für die einzelnen Vereine.	Geschäfts-Antheile der Mitglieder.	Reserven.	Gesammt-Summe von beiden.	Durchschnitts-Betrag für die einzelnen Vereine.	Anlehen.	Spar-Einlagen.	Gesammt-Summe von beiden.	Durchschnitts-Betrag für die einzelnen Vereine.	Durchschnittlicher Prozentsatz des eigenen zum fremden Fonds.
			Thlr.	Thlr.	Thlr.	Thlr.	Thlr.	Thlr.	Thlr.	Thlr.	Thlr.	Thlr.	Prozent.
1859	80	18,676	4,131,436	51,642	246,001	30,845	276,846	3,460	501,795	512,350	1,014,145	12,676	27,8
1860	133	31,603	8,478,489	63,748	462,012	66,845	528,857	3,976	1,069,833	1,322,494	2,392,327	17,987	22,5
1861	188	48,760	16,876,009	89,766	799,375	107,238	907,213	4,825	1,983,441	2,649,036	4,632,477	24,641	19,5
1862	243	69,202	23,674,261	97,425	1,199,545	132,893	1,332,438	5,483	3,441,033	2,747,577	6,188,610	25,467	21,1
1863	339	99,175	33,917,948	100,053	1,803,203	218,047	2,021,250	5,962	5,641,820	3,416,220	9,058,040	26,719	22,3
1864	455	135,013	48,147,495	105,818	2,959,296	293,461	3,252,757	7,148	7,401,317	5,355,265	12,756,582	28,036	25,4
1865	498	169,595	67,569,903	135,682	4,442,879	409,679	4,852,558	9,744	11,154,579	6,502,197	17,656,776	35,455	27,4
1866	532	193,712	85,010,145	159,793	5,773,106	556,398	6,329,504	11,897	11,169,011	8,726,518	19,895,529	37,397	31,8

Von den 85 Millionen Thalern, welche 532 Volksbanken an Krediten gewährten, fallen an 57 Millionen Thaler auf Wechsel, 15 Millionen auf Schuldscheine, 11 Millionen Thaler auf Kontokorrente. Der Gesammtbetrag der Kredite, welche alle Deutsche Volksbanken 1866 gewährten, wird von Schulze auf 105 bis 110 Millionen Thaler geschätzt.

Wenn die Volksbanken fast ausnahmslos glücklich, zum größten Theile glänzend alle Handelskrisen überstanden, so verdanken sie dies ohne Zweifel den Grundsätzen, nach welchen in ihnen die Selbsthülfe organisirt ist. Es sind dies nach Schulze wesentlich folgende:

1) Die Vorschußsucher sind selbst Träger und Leiter des auf Befriedigung ihres Kreditbedürfnisses gerichteten Instituts, also Mitglieder der Genossenschaft; Risiko und Gewinn desselben ist ihnen gemeinsam.*)

2) Der durch die Genossenschaft vermittelte Geldverkehr ist überall auf geschäftlichem Fuße (Leistung und Gegenleistung) geordnet; den Gläubigern werden durch die Vereinskasse, der letzteren durch die Vorschußnehmer bankmäßige Zinsen und Provision nach den Verhältnissen des Geldmarktes gewährt. Die Vorsteher, insbesondere die Kassenbeamten, erhalten für ihre Mühewaltung angemessene Remuneration.

3) Es werden durch Vollzahlung oder durch kleine fortlaufende Beisteuern der Mitglieder Geschäftsantheile derselben gebildet, nach deren Höhe der Geschäftsgewinn vertheilt und ihnen bis zur Erreichung der festgesetzten Normalsumme zugeschrieben wird.

---

*) Dies ist der Hauptunterschied der „Schulzeschen" Volksbanken von den durch konservative und klerikale Parteiführer ins Leben gerufenen Kreditbanken und Darlehnskassen, namentlich der Gewerbebank von H. Schuster u. Co. in Berlin, unter deren Gründern der gegenwärtige Geh. Regierungs-Rath Wagener, General-Direktor von Olfers, der Schuhmachermeister Kaffka, der Goldschmidt Neuhaus, der Destillateur Gilka und andere konservative Parteiführer zu nennen sind. In diesen tragen die Vorschußsucher in erster Linie das ganze Risiko, die ganzen Verluste, müssen aber den Gewinn vorzugsweise den mit Kommanditaktien betheiligten Gönnern überlassen. (Vgl. „Konservative und klerikale Vorschußvereine" von L. Parisius in Nr. 44, 45, 46, 48 bis 52 der Blätter für Genossenschaftswesen. 1866.)

4) Durch Eintrittsgelder der Mitglieder und durch Gewinnantheile wird ein vorzugsweise zur Deckung von Verlusten bestimmtes Gesammtvermögen der Genossenschaft als Reserve angesammelt.

5) Die außerdem zum vollen Geschäftsbetriebe erforderlichen fremden Gelder werden anlehnsweise auf gemeinschaftlichen Kredit und unter solidarischer Haft aller Mitglieder aufgenommen.

6) Die Zahl der Mitglieder ist unbeschränkt. Der Eintritt steht Allen, welche den allgemeinen Bedingungen des Satuts genügen, offen; ebenso der Austritt, letzterer unter Einhaltung gewisser Kündigungsfristen.

Die Konsumvereine.

Die gleichzeitig mit den Vorschußvereinen von Schulze in's Leben gerufenen „Assoziationen für nöthige Lebensbedürfnisse" zu Delitzsch und Eilenburg fanden wenig Nachfolge und gingen selbst wieder ein. Auch die glänzenden Erfolge der Englischen Konsumvereine, durch Hubers Schriften in Deutschland fast eher als in England besprochen, wirkten wenig. Die einzigen in den fünfziger Jahren gegründeten, damals glänzend aufblühenden Deutschen Konsumvereine, der zu Zürich (1852) und die zu Hamburg (1852 und 1856), blieben so ziemlich auf dem in wenigen Jahren erreichten Standpunkt stehen, weil sie den Mitgliedern durch Vernachlässigung der Kapitalansammlung derselben, abweichend von den Englischen Vereinen, den wesentlichsten Sporn zur Anspannung aller Kräfte entzogen. Erst durch die allgemeinen Arbeiter-Bildungsvereine, die sich nach der Beseitigung des Preußischen Ministeriums Manteuffel-Westfalen wieder bildeten, wurden die unselbständigen Lohnarbeiter der Industriegegenden und großen Städte, von denen sich an den Vorschußvereinen doch nur ein nicht bedeutender Theil betheiligt hatte, stärker in die Genossenschaftsbewegung hineingezogen. Noch mehr war dies seit 1863 der Fall, wo die Agitationen Lassalles an vielen Orten die Veranlassung wurden, in den Arbeitervereinen über die Erfolge der genossenschaftlichen Selbsthülfe gründlichere Erörterungen anzustellen, welche demnächst praktische Versuche zur unmittelbaren Folge hatten. So sind denn in den letzten Jahren mehrere hundert Consumvereine entstanden, bald lediglich von Arbeitern gegründet, bald unter gleich anfänglicher Betheiligung anderer Berufsklassen. Diesen Genossenschaften hat vorzugsweise der erste Englische Consumverein, der der Pioniere zu Rochdale, als Muster gedient. Derselbe (Rochdale Society of Equitable Pioneers) wurde im October 1844 in der Fabrikstadt Rochdale in Nord-Lancashire unweit Manchester von 28 arbeitslosen Flanellwebern begründet. Durch Spareinlagen von 20 Pfennigen wöchentlich und durch kleine Darlehen brachte man ein Kapital von 186 Thlr. zusammen. Damit wurde ein Laden gemiethet, in welchem man an zwei Abenden in der Woche Waaren, zunächst nur Roggenmehl, Graupe, Butter und Zucker an Jedermann zu den marktgängigen Preisen verkaufte. Das Programm dieser so beginnenden Genossenschaft der redlichen Pioniere lautete: „Zweck der Genossenschaft ist, solche Einrichtungen zu treffen, die ihren Mitgliedern sowohl Geldgewinn bringen, als zur Verbesserung ihrer gesellschaftlichen und häuslichen Lage dienen. Zu diesem Behufe soll von den Mitgliedern ein Kapital in Aktien von 1 Pfund Sterling aufgebracht werden, mit welchem folgende Pläne auszuführen sind: 1) Errichtung eines Ladens zum Verkaufe von Lebensmitteln, Kleidung und Materialwaaren; 2) Erbauung oder Ankauf und Einrichtung einer Anzahl Wohnhäuser für die Mitglieder; 3) Fabrikation solcher Artikel, welche der Genossenschaft zweckmäßig erscheinen, um dadurch Mitgliedern Arbeit zu geben, welche wegen ungerechter Herabsetzung des Lohnes oder aus anderen Gründen außer Arbeit sind; 4) Pacht und Kauf von Grundbesitz zur Bearbeitung durch arbeitslose Mitglieder; 5) sobald es thunlich erscheint, wird die Genossenschaft die Erzeugung und Vertheilung der Güter, sowie die Erziehung der Kinder und die Verwaltung des Staats ordnen; 6) zur Beförderung der Nüchternheit soll ein Mäßigkeitsgasthaus in einem der Genossenschaftshäuser gegründet werden."

Vorläufig begnügte man sich trotz dieses Programms mit dem Verkauf von Lebensmitteln aus einem kleinen Laden in der

Krötengasse. Der aus dem Verkaufserlöse gezogene Gewinn wurde vierteljährlich vertheilt; zunächst wurden davon die Guthaben der Mitglieder verzinst, vom Ueberrest wurden 2½ Prozent zu einem Bildungsfond genommen, der Rest aber nach Verhältniß der entnommenen Waaren vertheilt. Die Dividenden wurden den Mitgliedern nur gutgeschrieben. — Gegenwärtig hat die Genossenschaft bei 6246 Mitgliedern ein Mitglieder-Vermögen von 666,580 Thlr. Sie verkauft in 11 Läden Materialwaaren, Fleisch und Mehl, in 3 Läden Schuhe, Stiefeln und Pantoffeln und in einem Laden Schnittwaaren. Sie hat 12 Lesezimmer, in welchen Zeitungen ausliegen, ein Hauptleselokal mit 92 Zeitschriften und eine Bibliothek von 7000 Bänden. In ihrem neu gebauten Zentralladen befindet sich ein Versammlungssaal für 2500 Personen.

Aus der ursprünglichen Genossenschaft sind nun eine Menge anderer Unternehmungen hervorgegangen, dergestalt, daß das dazu erforderliche Kapital in Aktien von 5 Pfund vornehmlich von Konsumvereinsmitgliedern und dem Konsumverein selbst aufgebracht ist:

a) Eine Dampfmahlmühle, welche im zweiten Quartal 1867 bei 549,400 Thlr. Kapital 700,000 Thlr. umsetzte und 28,660 Thlr. Nutzen erzielte. Der Gewinn wird auch hier nach Verhältniß der Mehlentnahme vertheilt.

b) Eine große Dampfspinnerei mit 50,000 Spindeln, 633 mechanischen Webstühlen und 700 Arbeitern. Diese Spinnerei hat während der ganzen Zeit der Baumwollennoth niemals ganz still gestanden. Ihr Umsatz betrug 1866 1,019,286 Thlr. bei 739,110 Thlr. Kapital.

c) Eine Großhandlung für Konsumvereine unter der Firma: Nordenglische Großhandlungs-Genossenschaft (the North of England Cooperative Wholesale Society). Dieselbe besteht seit 1864 unter Betheiligung von 200 Konsumvereinen. Der Umsatz betrug 1866 schon 1,169,800 Thlr.

d) Eine Baugenossenschaft, welche den Mitgliedern bequeme und gesunde Arbeitshäuser baut, die sie durch Amortisation des Kaufpreises erwerben können.

e) Endlich sind in neuester Zeit ein Kohlenkonsumverein, eine Genossenschaft zur Erbauung eines Theaters und eine Genossenschaft zum Bau eines türkischen Badehauses entstanden.

Die Entwickelung der Muttergenossenschaft ergiebt sich aus der nachfolgenden Tabelle:

	Mitglieder.	Kapital. Insgesammt.	Kapital. pro Kopf.	Umsatz.	Gewinn.
		Thlr.	Thlr.	Thlr.	Thlr.
1844	28	186	6	—	—
1845	74	1,210	16	4,735	219
1846	80	1,682	21	7,645	538
1847	110	1,911	17	12,831	480
1848	140	2,646	18	15,175	785
1849	390	7,959	20	44,079	3,741
1850	600	15,330	25	87,865	5,930
1851	630	18,566	29	117,920	6,606
1852	680	23,140	34	109,015	8,045
1853	720	38,987	54	151,733	11,166
1854	900	47,831	53	222,426	11,757
1855	1400	73,550	52	299,350	21,256
1856	1600	86,137	53	421,316	26,144
1857	1850	100,947	54	531,920	36,468
1858	1950	121,070	62	477,926	41,899
1859	2703	180,404	66	693,413	71,599
1860	3450	251,406	72	1,013,753	106,043
1861	3900	286,167	73	1,174,707	122,757
1862	3501	256,433	73	940,493	114,856
1863	4013	329,073	82	1,057,547	131,134
1864	4747	414,033	87	1,166,247	147,756
1865	5326	479,600	90	1,308,227	167,706
1866	6246	666,580	106	1,660,820	212,940

Aus dem Vierteljahrsabschluß pro 2. Quartal 1867 wollen wir noch Einiges mittheilen, da sich daraus ein Einblick in die Besonderheiten der Geschäftsleitung ergiebt.

Das Aktivvermögen der Genossenschaft bestand in 760,640 Thlr., welches, abgesehen vom Kassenbestande und 262,533 Thlr.

Guthaben bei der Bank, angelegt war mit 25,010 Thlr. Aktien und 129,320 Thlr. Darlehen bei der Kornmühle, mit 44,640 Thlr. Aktien und 44,796 Thlr. Darlehen bei der Spinnerei, mit 13,333 Thlr. bei der Land- und Baugesellschaft, mit 9900 Thlr. bei der Großhandlungs-Gesellschaft, mit 2000 Thlr. bei dem Kohlengeschäfte, wozu noch 102,576 Thlr. als der Werth der Grundstücke nebst Inventar und 118,434 Thlr. Werth der Waarenvorräthe kamen. — In den Verkaufsläden war im Quartal für 471,054 Thlr. Waaren verkauft mit einem Gewinn von 54,370 Thlr. Hierzu kamen an Dividenden und Zinsen aus der vorerwähnten Kapitalbetheiligung zusammen noch 10,300 Thlr., so daß ein Gewinn von 64,670 Thlr. zu vertheilen war. Davon wurden vorweg die Zinsen für die Guthaben berichtigt und die Abschreibungen auf Grundstücke und Inventar (20% Prozent auf's Jahr) gemacht. Von dem nun verbleibenden Nettoreingewinn von 53,944 Thlr. erhielt zunächst der Bildungsfond 2½ Prozent mit 1348 Thlr. Der Rest wurde auf die Käufer vertheilt nach Verhältniß ihrer durch Einlieferung der Dividendenmarken erwiesenen Einkäufe. Die Dividende betrug auf das Pfund 2 sh. 5 d. (12 $^{1}/_{12}$ Prozent); es erhielten die Mitglieder auf die von ihnen eingelieferten 64,227 Pfund Sterling (428,180 Thaler) Marken diesen Betrag voll, die Nichtmitglieder auf 2562 Pfund Sterling (17,090 Thlr.) präsentirter Marken nur je 1 sh. 8 d. (8 $^{4}/_{12}$ Prozent), während 9 d. pro Pfund (3 $^{9}/_{12}$ Prozent) in den Reservefond der Mitglieder kamen.

Die Leitung dieser größesten aller bestehenden Genossenschaften mit allen ihren Zweigunternehmungen ruht lediglich in Händen von Arbeitern. In Nachahmung der Pioniere giebt es in England mehrere Hundert solcher Konsumvereine, welche blühen und gedeihen, trotzdem die großen Gewerksvereine, die zünftlerischen trades-unions, ihnen feindlich gegenübertreten!

Unter den Konsumvereinen in Deutschland kann man mehrere Richtungen unterscheiden. Einzelne Vereine, besonders solche, welche unter Betheiligung von Männern der wohlhabenderen Klassen gegründet wurden, beschränken sich darauf, mit einzelnen Händlern das Abkommen zu treffen, daß diese dem Vereine für die Waaren, welche seine Mitglieder von ihnen entnehmen, einen bestimmten Rabatt bewilligen. Die Vereinsmitglieder legitimiren sich bei den Händlern durch Vereinsmarken, mit denen sie den Kaufpreis bezahlen. Solche Konsumvereine, welche nur „Markengeschäfte" machen, werden Markenvereine genannt. Sie sind aus Frankreich zu uns herübergekommen, bewähren sich indessen aus mehrfachen Gründen nicht. „Das bloße Markengeschäft knüpft überdies bei Weitem nicht ein solches Band um die Mitglieder, wie der gemeinschaftliche Besitz eines Ladens, eigener Vorräthe und das damit verbundene gemeinschaftliche Risiko."*) Von den eigentlichen Konsumvereinen, zu welchen wir die Markenvereine nicht rechnen, schließt sich alljährlich eine größere Zahl den Prinzipien der englischen Vereine mit Glück an; doch giebt es auch unter den neueren, schnell zu bedeutenden Geschäftsumsätzen gelangten immer noch mehrere, welche die Waaren nicht zu den marktgängigen, sondern zu möglichst niedrigen Preisen verkaufen und die gar keine Dividenden zahlen. Im letzten Jahre sind schon eine Anzahl jüngerer Vereine bis zu einem jährlichen Verkaufserlöse von 50,000 bis 100,000 Thlr. gediehen, so daß Aussicht vorhanden ist, man werde mit dieser Art Genossenschaften auch in Deutschland so große Erfolge wie in England erzielen. Obschon unter den Mitgliedern der meisten deutschen Konsumvereine die Lohnarbeiter vorwiegen, so giebt es doch viele und meist größere Vereine, von denen die Lohnarbeiter, auf welche man vorzugsweise gerechnet hatte, sich fast ganz fernhalten, bei denen sich hingegen die wohlhabendsten oder gar vornehmsten Klassen der Bevölkerung mit Vorliebe betheiligen.**)

Gegenwärtig sind Schulze-Delitzsch 250 Konsumvereine in Deutschland speziell bekannt; ihre Zahl dürfte indessen noch weit

---

*) Eugen Richter: Die Konsumvereine. Ein Noth- und Hilfsbuch für deren Gründung und Einrichtung (Berlin 1867) Seite 25. Diese in Veranlassung von Schulze verfaßte vortreffliche Schrift ist bisher das einzige praktisch brauchbare Buch über Konsumvereine.

**) Der Konsumverein in München z. B. zählt unter 1377 Mitgliedern nur 187 Handwerker, 39 Gehilfen und 26 Arbeiter, dahingegen 15 Grafen, 18 Freiherrn, 120 Aerzte und Gelehrte, 87 Künstler, 550 Beamte, 110 Militärs, 104 Privatiers u. s. w.

größer sein. Jene 250 vertheilen sich auf die einzelnen Länder wie folgt: Preußen 133, Königreich Sachsen 39, Würtemberg 19, Deutsch-Oesterreich 18, Bayern 10, Sächsische Herzogthümer 9, Großherzogthum Hessen 6, Baden 5, Anhalt 3, Braunschweig 3, Hamburg 2, Mecklenburg, Oldenburg, Schwarzburg je 1. Von den 133 Preußischen Konsumvereinen fallen auf die Provinz Brandenburg 27, die Rheinprovinz 33, Sachsen 16, Schlesien 14, Westfalen 12, Schleswig-Holstein 9, Preußen 6, Hannover 6, Hessen 4, Posen 3, Pommern 2.

Die Rohstoff-, Magazin- und Produktivgenossenschaften.

Nach dem Vorgange der in Delitzsch gegründeten Rohstoffgenossenschaften der Schuhmacher und Tischler entstanden in der ersten Hälfte des vorigen Jahrzehntes in Deutschland überaus zahlreiche Genossenschafter dieser Art, namentlich unter den Schuhmachern, Schneidern und Tischlern. Die kleineren Handwerksmeister, welche sich dazu verbanden, bemerkten schnell, wie groß der Nutzen sei, welchen der gemeinsame Ankauf der Rohstoffe im Großen aus erster Hand ihnen auch dann gewährte, wenn bei dem Ablaß derselben an die Einzelnen in kleineren Partien, zu den Engrospreisen noch ein erheblicher Aufschlag hinzutrat. Sie erhielten bessere Waaren zu billigeren Preisen, und es blieb noch für das Vereinsgeschäft ein nicht unerheblicher Gewinn übrig. Trotzdem sind die Rohstoffgenossenschaften hinter den Volksbanken weit zurückgeblieben. Wenn auch alljährlich neue entstanden, so gingen doch auch alljährlich bestehende wieder zu Grunde. Die Schuld dieser Erscheinung liegt vorzugsweise in der Hartnäckigkeit, mit welcher die Betheiligten und namentlich die Leiter derselben an den Fehlern festhielten, welche sie in ihrer Genossenschaft zu begehen einmal begonnen hatten. Sodann aber auch ist der Betrieb und namentlich die Buchführung weit schwieriger, als in den meisten kaufmännischen Geschäften und in den Vorschußvereinen, so daß Mitglieder, welche zu Beamten der Genossenschaft vollkommen tüchtig sind, keineswegs sehr häufig vorkommen. Der Hauptfehler, der viele Rohstoffgenossenschaften zu Grunde richtete und dessen ungeachtet immer von neuem begangen wird, ist die Kreditgewährung an die Mitglieder. Diese erschwert auch die ganze Geschäfts- und Buchführung und beruht keineswegs auf Nothwendigkeit, indem einzelne Rohstoffgenossenschaften, welche sie von vornherein ausschlossen, zu ungewöhnlicher Blüthe gelangten.

Die Rohstoffgenossenschaften sammeln Geschäftsantheile der Mitglieder und einen Reservefond in ähnlicher Weise wie die Vorschußvereine an und verschaffen sich das außerdem zum Betrieb erforderliche Kapital durch Anleihen gegen solidarische Haft der Mitglieder oder durch Ankauf der Waaren auf den gesammten Kredit derselben. Die Waaren werden vom Lagerhalter aus dem gemeinschaftlichen Lager nur an Mitglieder und in der Regel nicht zum marktgängigen Preis, sondern mit einem Aufschlage von vier bis acht Prozent über den Einkaufspreis verabfolgt. Von dem durch diesen Preisaufschlag erzielten Ueberschuß werden sämmtliche Geschäftsunkosten gedeckt, also namentlich die Zinsen an die Gläubiger, die Lokalmiethe und die Gehälter der Beamten (des Lagerhalters, Kassirers und Kontroleurs), meist in einer Tantième vom Verkaufserlöse bestehend. Der dann noch verbleibende Reingewinn wird an die Mitglieder nach Höhe dessen vertheilt, was jedes einzelne im Lauf des Geschäftsjahres für entnommene Waaren in die gemeinschaftliche Kasse gezahlt hat. Es ist möglich, daß die Erfolge der Rohstoffgenossenschaften glänzender sein würden, sobald sie sich entschlössen (natürlich unter Ausschluß jedes Kreditirens), zu marktgängigen Preisen an Jedermann zu verkaufen.

Magazingenossenschaften sind namentlich bei Tischlern und Schneidern üblich (Möbel- und Kleidermagazine) und oft mit Rohstoffgeschäften verbunden. Der Gegenstand derselben ist die Herstellung eines gemeinschaftlichen Verkaufsladens, in welchem die Mitglieder die in ihrer Werkstatt auf Vorrath gefertigten Erzeugnisse zum Verkauf für eigene Rechnung ausstellen. Außer diesen Magazinen eines und desselben Gewerkes kommen auch Genossenschaften von Gewerbtreibenden verschiedener Branchen vor, welche in ihrer Gewerbe- oder Industriehalle ein Lager von Gewerbserzeugnissen der Betheiligten zum Verkauf unterhalten. Uebrigens ist von den unter dem Namen Möbel- oder Kleidermagazin oder Gewerbe- oder Industriehalle vorkommenden Geschäften nur die kleinere Zahl genossenschaftlich organisirt.

Die geringsten Erfolge haben bisher Produktivgenossenschaften aufzuweisen, obschon bei den meisten Versuchen dieser Art die betheiligten Arbeiter Opfer und Entbehrungen durchaus nicht gescheut haben. Man hat bei den Produktivgenossenschaften zwei Arten zu unterscheiden. Bisher traten in der Regel eine nicht sehr große Anzahl Arbeiter zusammen, um in gemeinschaftlicher Werkstätte zu arbeiten und die gefertigten Gegenstände auf gemeinschaftliche Rechnung zu verkaufen. Die Einzelnen gingen demnach dabei von der Absicht aus, ihren ganzen Lebensunterhalt durch die Arbeit in der Genossenschaft zu finden und Andere als Genossenschaftsmitglieder in der gemeinschaftlichen Werkstätte nicht zu beschäftigen. Der genossenschaftliche Charakter, welcher Nichtgeschlossenheit der Mitgliederzahl verlangt, blieb zwar insofern gewahrt, als man die Vergrößerung des Geschäftes durch Aufnahme mitarbeitender Mitglieder von vornherein beabsichtigte. Allein diese Absicht scheiterte meist an der natürlichen Entwicklung eines jeden solchen Geschäftes. Während der Einzelunternehmer je nach den Konjunkturen die Zahl seiner Arbeiter vergrößert oder verringert, hatte bei einer Produktivgenossenschaft der bezeichneten Art jede ungünstige Konjunktur die Wirkung, daß die Mitglieder nicht voll beschäftigt, also schlimmeren Entbehrungen, wie als unselbständige Arbeiter, ausgesetzt waren. Traten bessere Konjunkturen ein, so daß die einzelnen Genossenschaftsmitglieder nicht bloß beschäftigt waren, sondern auch die bestellten Arbeiten allein nicht bewältigen konnten, so war doch eine Vergrößerung der Genossenschaft durch Aufnahme neuer Mitglieder keineswegs angezeigt. Eine solche würde die Lage der bisherigen Mitglieder in jeder zukünftigen ungünstigen Geschäftsperiode wieder verschlechtern. Ueberdies waren die Opfer und Beschwerden der Gründer während der ersten Geschäftszeit nicht in diejenige Bilanz aufgenommen, auf Grund deren die Verpflichtungen der neuhinzutretenden festgestellt wurden. Jene Opfer und Beschwerden repräsentirten somit ein Geschenk der alten an die neuen Mitglieder. Aber abgesehen davon waren auch ebenbürtige Genossen schwer zu finden, indem die Bücher der Genossenschaft während der ersten Geschäftsjahre Vortheile der Genossenschaftsmitglieder vor unselbständigen Arbeitern kaum darlegen konnten. Es mußte somit naturgemäß die Schließung der Produktivgenossenschaft und die Beschäftigung unselbständiger, während günstiger Geschäftsperioden auf Kündigung angenommener Lohnarbeiter Regel werden. Demgemäß verloren Produktivgenossenschaften dieser Art in dem Zeitpunkte, wo der Versuch sich als gelungen herausstellte, mit der Schließung ihrer Mitgliederzahl ein wesentliches Erforderniß jeder Genossenschaft. Dieser Entwicklungsgang hat sich bei den in Frankreich in großer Anzahl seit Jahren bestehenden Produktivgenossenschaften gezeigt und ebenso auch bei den wenigen deutschen Produktivgenossenschaften, welche die Schwierigkeiten und Gefahren der ersten Jahre glücklich überwunden haben.

Die andere Art Produktivgenossenschaften ist besonders in England üblich und kann unseres Erachtens allein auf große Erfolge rechnen. Bei der Darstellung der Pioniere von Rochdale haben wir ihren Weg bereits angedeutet. Soll die Produktivgenossenschaft der Konkurrenz mit dem Einzelunternehmer gewachsen sein, so muß sie über ein gleiches Anlage- und Betriebskapital zu verfügen haben und den Geschäftsbetrieb dergestalt ordnen, daß sie gegen die von außerhalb drohenden Gefahren die gleichen Schutzmittel besitzt. Erst wenn in diesen Beziehungen die Gleichheit gewahrt ist, kann der Vorzug, welchen der tüchtige Einzelunternehmer durch die vollkommene Freiheit seiner Dispositionen gegenüber den Mehrheitsbeschlüssen einer Genossenschaft besitzt, immerhin reichlich aufgewogen werden durch die in der Genossenschaft erreichte Identifizirung der Interessen zwischen Arbeitgeber und Arbeitnehmer. Dem entsprechend haben die englischen Arbeiter gerade in den größten industriellen Unternehmungen den genossenschaftlichen Weg mit Glück versucht. Sie begannen damit, das dazu erforderliche Kapital durch Antheile (Aktien) von 5 Pfund Sterling aufzubringen und erst, nachdem dies Kapital vorhanden war, gingen sie mit der weiteren Organisation vor. Diese englischen Produktivgenossenschaften gestehen keinem ihrer Mitglieder das Recht zu, Beschäftigung in dem Genossenschaftsetablissement zu beanspruchen. Von dem auf Zeit gewählten Vorstande, welcher seinerseits den Mehrheitsbeschlüssen der Generalversammlung zu gehorchen hat, werden die technischen Leiter der Fabrik als abhängige Beamte angenommen. Denselben wird die selbständige unbeschränkte Verfügung über die Beschäftigung der Arbeiter übertragen, sie können also Arbeiter anstellen und entlassen, unbekümmert darum, ob letztere Genossenschaftsmitglieder sind oder nicht. Allein jeder Arbeiter wird durch Einbehaltung eines Theils seines Arbeitslohnes gezwungen, Theilhaber am Geschäft (Besitzer einer Aktie), also Genossenschaftsmitglied zu werden.

Leider ist dieser Weg bisher in Deutschland nur selten versucht. Die größeren ähnlich operirenden Produktivgenossenschaften der Shawlweber zu Berlin und der Maschinenbauer in Chemnitz sind nicht ohne eigene Schuld kläglich gescheitert.

Der Bestand aller Rohstoff-Magazin- und Produktivgenossenschaften in Deutschland, so weit sie ihm bekannt sind, wird von Schulze-Delitzsch dahin angegeben: Preußen 94, Sachsen 27, Deutsch-Oesterreich 18, Baiern 12, Würtemberg 8, Mecklenburg 8, Sächsische Herzogthümer 8, Großherzogthum Hessen 6, Anhalt 5, Hamburg 5, Braunschweig 3, Reuß 3, Baden 1, Schwarzburg 1, zusammen 199 Vereine.

Zur Geschichte des Genossenschaftsgesetzes.

Schulze-Delitzsch hatte bei seinen Organisationen die Frage der rechtlichen Form der Genossenschaften mit größter Vorsicht behandelt, um auf der einen Seite jede Einmischung des Staates und seiner Behörden von ihnen abzuhalten und auf der andern Seite den Mangel der rechtlichen Persönlichkeit bei allen Beziehungen zu dritten Personen zu ersetzen. Entsprechend den Vorschriften des Allgemeinen preußischen Landrechts, in dessen Gebiete die ersten seiner Genossenschaften entstanden, erschienen dieselben als erlaubte Privatgesellschaften (Allg. Preuß. Landrecht II. Tit. 6), welche unter ihrem Namen weder Grundstücke noch Kapitalien erwerben noch auch beim Gericht als Kläger oder Verklagte auftreten konnten, dagegen unter sich die inneren Rechte der Corporationen besaßen. Ein gemeinschaftliches Auftreten aller Mitglieder dem dritten gegenüber wurde durch eine Vollmacht ermöglicht, welche in dem ursprünglichen, von allen auch den neu hinzutretenden Mitgliedern zu unterschreibenden Statut, dem Sozietätsvertrage enthalten war. Allein dies Statut war eine Privaturkunde. Die erste Vollziehung desselben in beglaubigter Form wäre bei der großen Mitgliederzahl mit kaum zu besiegenden Schwierigkeiten verbunden gewesen, hätte aber auch nichts genützt, so lange nicht gleiche gerichtliche oder notarielle Akte über den jedesmaligen Ein- und Austritt von Mitgliedern aufgenommen wären. Und dies erschien für Vorschußvereine und überhaupt alle auf zahlreiche Mitglieder berechnete Genossenschaften schon wegen der hohen Kosten geradezu unmöglich. Demnach konnte bei einer Klage der Genossenschaft der Verklagte durch einfaches Bestreiten aller die Prozeßlegitimation der Kläger begründenden Thatsachen die Realisirung der Ansprüche der Genossenschaft hindern oder bis in's Unendliche verzögern. Dieserhalb wurden die Einrichtungen mehr und mehr dahin getroffen, daß bei allen Rechtshandlungen, aus welchen möglicherweise Klagen entstehen konnten, die Genossenschaft als solche aus dem Spiel blieb und einzelne Personen als Kontrahenten vorgeschoben wurden. So lassen z. B. die Vorschußvereine in Schuldscheinen und Wechseln einen ihrer Beamten als Gläubiger erscheinen und sichern sich gegen diesen oder dessen Erben auf allerlei mehr oder weniger künstliche Weise; außerdem werden alle Rechtshandlungen vermieden, durch welche die Genossenschaft zum Hypothekenbuch in Beziehung treten könnte.

Es traten bei größerer Ausbreitung des Genossenschaftswesens schon in der letzten Hälfte des vorigen Jahrzehntes die Bedenken und Schwierigkeiten dieser Art immer schärfer hervor. „In jedem Falle bleibt", sagt Schulze-Delitzsch in seinem Buche über die Volksbanken, „die Stellung der Genossenschaften in Ermangelung fester, speziell für sie anwendbarer Rechtsnormen, eine schwankende, von den wechselnden Ansichten der Gerichte, nicht selten von dem guten Willen der Gegenpartei abhängige, und sie sind genöthigt, zu Fiktionen und Umwegen ihre Zuflucht zu nehmen, um nur den nöthigen Rechtsschutz zu erlangen — ein Zustand, der, in jeder Weise mißlich, mancherlei Gefahren, unnütze Kosten und Weitläufigkeiten für sie zur Folge hat."

Bereits dem zweiten Vereinstage der Vorschuß- und Kreditvereine Pfingsten 1860 legte Schulze einen Entwurf zu einem Gesetze vor „zum Behufe der Erleichterung der Legitimation bei Prozessen und Rechtsgeschäften für die Vorschuß- und Kreditvereine, welche auf der Selbsthülfe der Kreditbedürftigen im genossenschaftlichen Wege beruhen." Dieser Entwurf ist dort durchberathen und in der schließlich festgestellten Fassung nebst den Motiven mehrfach veröffentlicht.*) Derselbe benutzt in seinen Vorschlägen die neuere englische Gesetzgebung auf dem Gebiete des Gesellschaftsrechtes**), wonach eine Einregistrirung, bei einem besonderen Einregistrirungsamte bewirkt, der betreffenden Gesellschaft Korporationsrechte und perpetuirliche Sukzession gewährt. Die Vorschuß- und Kreditvereine sollten, ohne Verleihung von Korporationsrechten, durch ein Attest der Ortsbehörde die Beglaubigung ihrer Statuten mit der Wirkung erlangen können, daß denselben vor Gericht und sonst überall in Bezug auf die darin angeordnete Vertretung nach Außen und die Vollmachten ihrer Beamten die Beweiskraft öffentlicher Urkunden beigelegt werde. Zu diesem Behufe sollten die Vereine, wenn sie ein solches Attest beanspruchen wollten, ihr gewissen Normativbestimmungen anzupassendes Statut mit dem betreffenden Antrage überreichen, worauf dann die Ortsbehörde, welcher sonst keine Einmischung in die Genossenschaftsangelegenheiten zustände, ein Attest dahin auszustellen und dem eingereichten Statut anzuhängen habe:

> daß der Verein unter dem bestimmten Namen am Orte bestehe, das vorstehende Statut eingereicht und den Vorschriften des Genossenschaftsgesetzes genügt habe.

---

*) z. B. Jahresbericht für 1859 von Schulze-Delitzsch. (Leipzig 1860 Beilage Seite D, 44 ff.)

**) Das gegenwärtig gültige Gesetz vom 7. August 1862 (An Act consolidate and amend the Saws relating to Industrial and Provident Societies) hat diese früheren Gesetze von 1852 und 55 theils ganz aufgehoben, theils wesentlich verändert.

Aehnlich sollte bei Aenderungen des Statuts verfahren werden. Ein weiteres Attest der Ortsbehörde sollte bescheinigen, welchen Personen und wie lange die Genossenschaftsämter durch Wahl übertragen worden seien u. s. w.

Dieser Gesetzentwurf wurde im preußischen Abgeordnetenhause nicht eingebracht, weil inzwischen (Session Frühjahr 1861) das Allgemeine deutsche Handelsgesetzbuch demselben vorgelegt und demnächst in Preußen eingeführt wurde. Mit der Einführung dieses Gesetzbuches trat an die Genossenschaften zunächst die Frage heran, ob sie zu den Handelsgesellschaften im Sinne desselben gehörten, also gezwungen seien sich den darin enthaltenen Vorschriften unterzuordnen. Wenngleich diese Frage für die Mehrzahl der bis dahin bestehenden Genossenschaften, namentlich für alle nur mit ihren Mitgliedern Geschäfte machende Volksbanken zu verneinen war, so war doch andrerseits klar, daß die Lage der Genossenschaften durch die Einführung des sie vollständig ignorirenden Handelsgesetzbuches keineswegs gefördert, sondern den Auslegungen der Gerichte und Verwaltungsbehörden gegenüber noch unsicherer geworden war. Somit war die gesetzliche Regelung ihrer Verhältnisse dringender als zuvor.

Das Handelsgesetzbuch schließt die Zahl der Handelsgesellschaften völlig ab, gewährt aber den von ihm aufgenommenen Gesellschaften, für welche sie die Eintragung in das Handelsregister bestimmt, gewisse Rechte, die sonst nur den juristischen Persönlichkeiten zukommen; es erkennt sie als handelsrechtliche Persönlichkeiten an. Die gleichen Rechte kann die Genossenschaft beanspruchen. „Nur weil die Genossenschaft vermöge ihrer Eigenthümlichkeit unter keine der gesetzlich definirten Gestaltungen unterzubringen ist, und weil sie bei der Abfassung des deutschen Handelsgesetzbuches noch nicht genügend erkannt, auch nicht zu der heutigen bedeutungsvollen Höhe gelangt war, entbehrt sie den gesetzlichen Schutz, welcher ihr so wenig versagt werden darf, wie jeder anderen lebenskräftigen und förderlichen Erscheinung innerhalb des Staates, der nur Wohlthaten nachzurühmen, aber keinerlei Gefahren und Nachtheile zuzuschreiben sind.“*)

*) Lasker in dem Berichte Nr. 55 der Drucksachen des Abgeordnetenhauses.

Von diesen Erwägungen ausgehend, fand Schulze-Delitzsch mit Recht für rathsam, den in seinem früheren Entwurf eingeschlagenen Weg zu verlassen. Statt dessen beanspruchte er und mit ihm die dem allgemeinen Verbande angehörigen Genossenschaften, daß die Gesetzgebung diese als eine besondere und eigenthümliche Art der Gesellschaften anerkenne und — gleichviel ob sie Handelsgeschäfte trieben oder nicht — den Handelsgesellschaften durch Eintragung in ein vom Handelsgerichte als einen Theil des Handelsregisters zu führendes Genossenschaftsregister und durch die Gewährung der Rechte selbständiger handelsrechtlicher Personen gleichstelle. Schulze arbeitete nun, im Anschluß an die Abschnitte des Handelsgesetzbuches über Handelsgesellschaften, den Entwurf eines vollständigen Genossenschaftsgesetzes aus, in dem er, — wie er sich in den Motiven ausdrückt — „im Handelsgesetzbuche selbst die Handhabe fand, den Genossenschaften einerseits die den Handelsgesellschaften im Handelsgesetzbuche gebotenen großen Vortheile zu sichern, andererseits aber die für sie unerfüllbaren Bedingungen, an welche die Vortheile geknüpft sind, ihren Verhältnissen anzupassen.“ *) Seinen Entwurf legte Schulze zunächst dem Pfingsten

*) Schulze fügte einen Auszug aus der dritten Auflage seines Buches „Vorschuß- und Kreditvereine als Volksbanken“ dem Gesetzentwurf als Motive bei. Hier fährt er an der gegebenen Stelle fort: „Das Handelsgesetzbuch behandelt nämlich in der Aktiengesellschaft eine Art der Vergesellschaftung, welche das mit unsern Genossenschaften gemein hat, daß sie ebenfalls nicht auf bestimmte Personen berechnet, einen steten Wechsel der Mitglieder zuläßt, während sie sich freilich dadurch unterscheidet, daß ihre Mitglieder nur mit bestimmten Kapital-Einlagen, gar nicht mit ihren Personen und übrigem Vermögen haften, weshalb man sie als Kapitalgenossenschaft der unsrigen, als der persönlichen, oder der Arbeitergenossenschaft in gewissem Sinne entgegensetzen kann. Wenn man nun die im Handelsgesetzbuch enthaltenen Bestimmungen über die offene Handelsgesellschaft als diejenigen Rechtsnormen, welche der Stellung unserer Vereine nach Außen, in Bezug auf die persönliche Haftbarkeit ihrer Mitglieder für die Vereinsschulden u. dgl. am meisten entsprechen, mit den Bestimmungen des Gesetzbuchs über die Aktiengesellschaften kombinirt, welche für die inneren Verhältnisse, wie sie sich in jeder Genossenschaft nothwendig gestalten, durchaus passen, z. B. für die Verwaltung, Beschlußfassung, Ein- und Austritt der Mitglieder u. s. w., so genügt man nicht nur dem vorhandenen Bedürfniß vollständig, sondern gewährt auch dem Staate alle Garantien, an welche die Berücksichtigung eines solchen neuen Rechtsinstituts seinerseits vernünftigerweise gebunden werden

1862 in Potsdam tagenden allgemeinen Vereinstage vor, in der Absicht, durch den Beschluß einer eingehenden Prüfung derselben Seitens der Unterverbände und Vereine die genaue Durchberathung auf dem Vereinstage des Jahres 1863 vorzubereiten. Der Vereinstag erklärte jedoch diese nochmalige Prüfung für überflüssig und nicht zweckentsprechend, beauftragte vielmehr den Anwalt, in Uebereinstimmung mit dem engern Ausschusse möglichst schon früher mit Anträgen an den Preußischen Landtag vorzugehen.

Demgemäß beantragte Schulze-Delitzsch am 10. März 1863 beim Abgeordnetenhause die Annahme des Gesetzentwurfes. Derselbe wurde einer Kommission von 14 Mitgliedern zur Vorberathung überwiesen. Die Staatsregierung erklärte in der ersten Sitzung vom 14. April 1863 unter Anerkennung der bisherigen Wirksamkeit der Genossenschaften als einer wohlthätigen und segensreichen und der Tendenz des Gesetzvorschlages als einer gemeinnützigen, daß sie den darin eingeschlagenen Weg für einen geeigneten nicht erachten könne, weil derselbe zu einer Aenderung der Vorschriften des Deutschen Handelsgesetzbuches führe. Sie werde indeß in der nächsten Sitzungsperiode des Landtags ihrerseits einen Gesetzentwurf vorlegen, und gedenke bei diesem dem früher von dem Antragsteller vorgeschlagenen Verfahren sich anzuschließen, nämlich die Beglaubigung der Statuten durch Attest der Verwaltungsbehörde gegen Erfüllung gewisser Normativbedingungen vorzuschreiben.

Die Kommission berieth dessenungeachtet den Gesetzvorschlag in sieben Sitzungen bis Mitte Mai. Die von der Kommission festgestellte Fassung wurde zwar noch gedruckt; die Auflösung des Hauses verhinderte aber die Feststellung des von dem Herausgeber als Referenten zu fertigenden Berichtes.

Die Regierung ging mit der Regelung dieser Angelegenheit nunmehr auf dem üblichen, aber hier wenig angebrachten Wege

---

kann. Zugleich erreicht man aber auch den großen Vortheil: daß auf solche Weise die ganze Rechtsmaterie über die Genossenschaften in einem einzigen Gesetz erschöpft wäre, welches wie ein zusätzlicher Abschnitt zum Handelsgesetzbuch selbst eine darin übersehene und doch jedenfalls verwandte Gesellschaftsform behandelt.

vor, durch die Landräthe und Regierungen statistisches Material über die bestehenden Genossenschaften zu beschaffen. Die Jahresberichte der Anwaltschaft enthielten, wie sich die Staatsregierung überzeugen mußte, alljährlich ein weit vollständigeres Material, als sich auf büreaukratischem Wege durch die offizielle Statistik zusammenbringen ließ. Die Behörden hatten übrigens die von den Genossenschaften auf die Verhältnisse ihrer Mitglieder geübte Wirksamkeit als eine in hohem Grade wohlthätige und gemeinnützige anerkannt. Das frühere Bedenken in Betreff der Abänderung des Deutschen Handelsgesetzbuches wurde nicht länger aufrecht erhalten, vielmehr im Handelsministerium ein neuer Gesetzentwurf im Anschluß an die Vorarbeiten Schulzes und der Kommission vom Jahre 1863 ausgearbeitet und in Folge allerhöchster Ermächtigung vom 2. Februar 1866 von dem Handelsminister Grafen von Itzenplitz dem Herrenhause vorgelegt. Der schon am 23. Februar erfolgte Schluß des Landtages endigte die in der Handels-Kommission des Herrenhauses begonnene Vorberathung.

Die erste Session der 9ten Legislaturperiode des Preußischen Landtages war endlich berufen, den Genossenschaften in Preußen die erstrebte Rechtsfähigkeit zu gewähren. Schulze-Delitzsch brachte den Gesetzentwurf in der Fassung der Kommission von 1863 in das Abgeordnetenhaus ein. In der zur Vorberathung desselben erwählten Kommission erklärte der Vertreter der Staatsregierung, der Geheime Regierungsrath Eck (27. August 1866), die Staatsregierung halte die Session nicht für geeignet, den Gesetzentwurf zu berathen, werde aber der nächsten ordentlichen Session ihren Entwurf wieder vorlegen und hoffe, die Kommission werde demnach von der Spezialberathung Abstand nehmen. Letzteres geschah indessen nicht. Nachdem der vom Abgeordneten Lasker erstattete Bericht der Kommission vom 10. September 1866 festgestellt war, brachte die Staatsregierung am 13. November 1863 zufolge allerhöchster Ermächtigung vom 11. desselben Monats ihren früheren Entwurf mit einigen Abänderungen im Abgeordnetenhause ein. Die zur Vorberathung des Schulze'schen Antrages eingesetzte Kommission, welcher vom Hause der ministerielle Entwurf zur

Vorberathung ebenfalls überwiesen wurde, fand, daß die Staatsregierung in ihrem neuen Entwurfe sich einzelne Kommissionsbeschlüsse angeeignet und dadurch einzelne untergeordnete Differenzen vermindert habe. Es fand nun eine Berathung über die noch bestehenden Differenzen auf Veranlassung des Antragstellers statt. Man konzedirte gewissermaßen der Staatsregierung mehrere derjenigen Forderungen, welche sie gegen Mißbrauch der Genossenschaften zu fremden und staatsgefährlichen Zwecken aufzustellen für nöthig hielt, und erstattete einen Nachtragsbericht vom 5. Dezember 1866 (Nr. 104 der Drucksachen). Der so zu Stande gekommene neue Entwurf wurde mit geringen Abänderungen im Abgeordnetenhause in den Sitzungen vom 17. und 18. Dezember angenommen.

Dem Herrenhause erstattete dessen Kommission bereits am 29. Januar 1867 durch den Professor Dr. Dernburg Bericht. Die Staatsregierung hatte eine größere Anzahl Abänderungen in der Kommission nicht zu verhindern vermocht. Im Plenum des Herrenhauses wurden indeß die meisten derselben bei der Berathung (4., 5., 6. Februar) wieder beseitigt. Das Abgeordnetenhaus schloß sich den übrigen Aenderungen bei nochmaliger Berathung am 7. Februar wesentlich aus dem Grunde an, weil sonst eine Uebereinstimmung beider Häuser vor dem zum 8. Februar bestimmten Schlusse der Session nicht zu erzielen gewesen wäre. Bei der Schlußberathung stellte Schulze-Delitzsch an die Staatsregierung das Ersuchen, das Gesetz mit seinen Wohlthaten auch den neu einverleibten Ländern zu Theil werden zu lassen.

Das Gesetz ist am 27. März 1867 vollzogen, in der am 27. ausgegebenen Gesetzsammlung publizirt und sodann durch Verordnungen vom 12. Juli, 12. August und 22. September in den neuen Territorien eingeführt.

Begriff der Genossenschaft.

Für die Anwendung des Gesetzes ist die wichtigste, aber zugleich schwierigste Frage: Was ist eine Genossenschaft? Wie unterscheidet sie sich von anderen Vereinen und Gesellschaften?

Die bisher existirenden Gesellschaften, welche sich selbst den Namen „Genossenschaft“ beilegten, sind, auch wenn sie zu derselben Klasse gehören, außerordentlich verschieden. Ihre Eigenthümlichkeiten sind aber für die Begriffsbestimmung auch deshalb nicht maßgebend, weil neue Arten Gesellschaften berechtigt sein sollen, die Rechte, welche das Genossenschaftsgesetz verleiht, für den Fall zu erwerben, daß sie unter den Begriff der Genossenschaften passen und den Erfordernissen des Gesetzes nachkommen. Es kommt demnach alles auf die Definition an, welche das Gesetz aufstellt.

„Erwerbs- und Wirthschaftsgenossenschaften“ ist die Bezeichnung in der Ueberschrift des Gesetzes. Dieser Name stimmt nicht genau mit der Definition des §. 1 überein: „Gesellschaften von nicht geschlossener Mitgliederzahl, welche die Förderung des Kredits, des Erwerbs oder der Wirthschaft ihrer Mitglieder mittels gemeinschaftlichen Geschäftsbetriebes bezwecken (Genossenschaften).“

Es ist nöthig, die Entstehung dieser Definition genau zu verfolgen, damit nicht Mängel derselben nicht beabsichtigte Beschränkungen in der Anwendung des Gesetzes bewirken.

Die „Assoziationen“ der Arbeiter und des Kleingewerbes erhielten auf Anregung des zweiten Kongresses deutscher Volkswirthe (1859) in deren Kreisen den Namen „Genossenschaften“. Diese deutsche Bezeichnung wurde unter ihnen selbst bald als technische eingebürgert. Der allgemeine Sprachgebrauch kehrte sich jedoch nicht daran, sondern wandte den Namen Genossenschaften häufig sowohl auf die mehr oder weniger dem Prinzip der Wohlthätigkeit huldigenden Vereine ähnlicher Art, als auch auf alle anderen, für die Hebung der arbeitenden Klassen thätigen Gesellschaften, namentlich auf die sogenannten Arbeiter- und Handwerkerbildungsvereine, an. In seinem ersten Entwurfe zu einem Genossenschaftsgesetz hatte Schulze-Delitzsch die Begriffsbestimmung dahin gefaßt:

> „Diejenigen Vereine, welche die Förderung des Erwerbs oder der Wirthschaft ihrer Mitglieder mittelst genossenschaftlichen Geschäftsbetriebes bezwecken.“

Der zweite Vereinstag der Vorschuß- und Kreditvereine (Pfingsten 1860) genehmigte bei seiner Berathung jenes Entwurfes diese Bezeichnung als erschöpfend und zweckmäßig (Jahresbericht für 1859, S. 52). Jetzt erschien in der Literatur die Bezeichnung „die auf Selbsthülfe der Betheiligten begründeten deutschen Erwerbs- und Wirthschaftsgenossenschaften des kleinen Gewerbestandes" (z. B. Titel des Jahresberichts für 1860). Mit dem Wachsthum der Vorschußvereine und der Ausdehnung ihrer Geschäfte nach oben hin wurde üblich statt „des kleinen Gewerbestandes" zu sagen „des kleinen und mittleren Gewerbestandes", oder aber man ließ diese beschränkende Bezeichnung ganz fort. Aus dem Zentralkorrespondenzbüreau der Vorschußvereine wurde die „Anwaltschaft deutscher Erwerbs- und Wirthschaftsgenossenschaften."

Der Gesetzentwurf über die „privatrechtliche Stellung der auf Selbsthülfe beruhenden Erwerbs- und Wirthschaftsgenossenschaften", welchen Schulze am 10. März 1863 dem Abgeordnetenhause vorlegte, enthielt die 1860 approbirte Definition der Genossenschaften. Zu derselben wurden in der Kommission zahlreiche Amendements gestellt. Man fand, daß von „genossenschaftlichem" Geschäftsbetrieb in einer Definition der Genossenschaft nicht geredet werden dürfe, und setzte dafür „gemeinschaftlichen Geschäftsbetrieb auf dem Wege der Selbsthülfe". Ein Amendement, statt „Förderung des Erwerbes und der Wirthschaft der Mitglieder" als den Zweck der Genossenschaft Förderung des „Gewerbes und der Wirthschaft" zu setzen, wurde abgelehnt; dahingegen trotz Widerspruchs des Antragstellers noch „der Kredit" als ein zu förderndes eingefügt. Endlich wurde beschlossen, in die Definition eine allseitig als eigenthümlich anerkannte Eigenschaft der bestehenden Genossenschaften aufzunehmen, welche in den verschiedenen Amendements mehr oder weniger zutreffend dahin formulirt wurde:

a) „bei statutarisch geordnetem Rechte des Zu- und Abganges ihrer Mitglieder" — Antrag Reichensperger —;

b) „unter unbeschränktem Zu- und Abgange der einzelnen Mitglieder" — Antrag Wachsmuth —;

c) „bei nicht geschlossener Mitgliederzahl" — Antrag des Herausgebers —.

Nach Annahme der letzteren Fassung lautete die in der Kommission angenommene Definition:

„Vereine, welche bei nicht geschlossener Mitgliederzahl die Förderung des Kredits, des Erwerbs oder der Wirthschaft ihrer Mitglieder mittels gemeinschaftlichen Geschäftsbetriebes auf dem Wege der Selbsthülfe bezwecken (Genossenschaften).“

In dem von der Staatsregierung vorgelegten Gesetzentwurfe ist diese Definition im Wesentlichen festgehalten. Nur die Worte „auf dem Wege der Selbsthülfe“ blieben fort. „Die im § 1 enthaltene Definition der Genossenschaft,“ heißt es in den Motiven, „schließt durch das darin aufgenommene Merkmal, wonach

die Förderung des Kredits ꝛc. der Vereinsmitglieder durch gemeinschaftlichen Geschäftsbetrieb

bezweckt werden muß, diejenigen Vereine, welche den Charakter von Wohlthätigkeitsinstituten an sich tragen (Unterstützungskassen ꝛc.), von der Kategorie der Genossenschaften aus, ohne daß es zu diesem Zweck noch der juristisch jedenfalls unklaren Bezeichnung der Genossenschaft, als „auf Selbsthülfe“ beruhend, bedarf.“

Bei den Berathungen im Landtage von 1866 bis 1867 und in den Kommissionen desselben sind nennenswerthe Versuche, die Definition abzuändern, nicht gemacht worden.

Prüft man diese Definition durch Vergleichung mit den bestehenden Genossenschaften, so ist klar, daß sie sämmtlich darunter fallen, gleichviel ob sie nur mit ihren Mitgliedern oder auch mit Dritten Geschäfte machen. Ausgeschlossen sind aber Markenkonsumvereine, weil bei ihnen ein gemeinschaftlicher Geschäftsbetrieb nicht stattfindet; ferner schon aus demselben Grunde Krankenkassen, Lebensversicherungen, Alterversorgungsvereine, auch wenn sie auf dem Prinzip der Selbsthülfe beruhen. Bestimmungen, wodurch die Betheiligung auf bestimmte Volksklassen beschränkt wird, sind nicht getroffen. Auch in Betreff des Gegenstandes des Unternehmens ist völlige Freiheit gelassen; alles, was Gegenstand einer geschäftlichen Erwerbsthätigkeit sein kann, kann auch den Gegenstand eines genossenschaftlichen Unternehmens bilden.

Das Gesetz erwähnt im § 1 ausdrücklich der Baugenossenschaften, obschon in Deutschland noch keine existiren. Sogenannte gemeinnützige Baugesellschaften, welche von wohlmeinenden Männern zur Verbesserung der Arbeiterwohnungen vielfach gegründet sind und ihre Absicht dadurch zu verwirklichen streben, daß sie auf ihre Kosten Häuser bauen und an Arbeiter ohne Gewinn vermiethen oder verkaufen, bedienten sich bisher stets der Form der Aktiengesellschaften. Unter das Genossenschaftgesetz stellen können sie sich nicht, weil sie für ihre Mitglieder keinen Gewinn erzielen wollen; wohl aber würde ein Verein von Häuserspekulanten, welcher also aus dem An- und Verkauf von Wohnhäusern ein gewinnbringendes Geschäft macht, nicht gehindert sein, sich der Form einer Genossenschaft zu bedienen.*) Gegen die Benutzung der genossenschaftlichen Form zu Spekulationsgeschäften größerer Kapitalisten gewährt die Solidarhaft den sichersten Schutz.

Das Römische Recht hatte in Deutschland ein reich entwickeltes Genossenschaftswesen vorgefunden, welches auferbaut war auf der Grundlage der persönlichen Freiheit und des gleichen Rechts aller zu gemeinsamer Arbeit Verbundenen und sich vorzugsweise an den Grund und Boden, an das unbewegliche Eigenthum anschloß. Diese Genossenschaften waren dem Römischen Rechte durchaus fremd. Letzteres war das Recht eines Sklavenstaates, eines Staates also, in welchem die gemeinsame Arbeit vieler gleichberechtigter Einzelner nicht üblich ist. Wo der vollberechtigte Freie nicht arbeitet, sondern durch die in seinem Eigenthum befindlichen Sklaven, deren Zahl beliebig vermehrt oder vermindert werden kann, arbeiten läßt, ist für die Erwerbsgenossenschaft kein

---

*) Die Gesetzgebung des norddeutschen Bundes hat bald nach Erlaß des Genossenschaftsgesetzes die zukünftige Entstehung einer besonderen Art Genossenschaften vorgesehen. Im § 2 des Gesetzes vom 25. Oktober 1867, betreffend die Nationalität der Kauffahrteischiffe und ihre Befugniß zur Führung der Bundesflagge heißt es: „Zur Führung der Bundesflagge sind die Kauffahrteischiffe nur dann berechtigt, wenn sie in dem ausschließlichen Eigenthum solcher Personen sich befinden, welchen das Bundesindigenat zusteht. Diesen Personen sind gleich zu achten die im Bundesgebiet errichteten Aktiengesellschaften und Kommanditgesellschaften auf Aktien, in Preußen auch die nach Maaßgabe des Gesetzes vom 27. März 1867 eingetragenen Genossenschaften, sofern diese Gesellschaften und Genossenschaften innerhalb des Bundesgebietes ihren Sitz haben" u. s. w. Wir zweifeln nicht, daß Rhedereigenossenschaften entstehen werden.

Raum vorhanden. Somit lag dem Römischen Recht der Gedanke völlig fern, eine Vielheit von Personen als ein selbständiges rechtsfähiges Einzelwesen anzusehen. Die deutschrechtliche Genossenschaft mußte daher verkümmern, sobald die Rechtspflege den Volksgerichten abgenommen und landesherrlichen Gerichten übertragen wurde, sobald die landesherrliche Gesetzgebung unter dem Einfluße der gelehrten Juristen, der Doktoren der Rechte, sich allmälig über alle Gebiete des Volkslebens erstreckte. Erst der geschichtlichen Forschung unseres Jahrhunderts gelang es, genaue Kenntniß zu geben von den untergegangenen Rechtsinstituten. Inzwischen sind andere genossenschaftliche Bildungen, welche ebenso wenig in die römischen Schablonen passen, in reicher Zahl entstanden. Man kann mit Recht sagen, daß sich heut zu Tage die Vergesellschaftung durch alle Verhältnisse des Volkslebens hindurchzieht; sie ist gleichsam ein unentbehrliches Glied unserer wirthschaftlichen Zustände geworden. Dennoch hat weder die Gesetzgebung noch die Wissenschaft einen ernstlichen Anlauf genommen, die durch das Römische Recht geschaffene Lücke durch Herstellung eines allgemeinen Gesellschaftsrechts auszufüllen.*) Nur die Handelsgesellschaften erlangten durch die Kodifikation des Handelsrechts eine gesicherte Existenz; das heißt gewisse Arten Handelsgesellschaften. Diejenigen Handelsgesellschaften, welche sich nicht in eine der Arten des Handelsgesetzbuches einzwängen lassen, stehen eben so unsicher, so schutzlos, von jedem geistreichen oder thörichten Einfalle eines unwissenden oder gelehrten Richters oder Polizeibeamten in ihrer Existenz bedroht da, wie alle Gesellschaften, deren Zweck zufällig nicht auf Handel gerichtet ist.

Aber die bei dieser traurigen Lage der Gesetzgebung so wesentliche Entscheidung, ob eine Genossenschaft Handel treibe oder nicht, ist keineswegs eine leichte. Es ist deshalb von um so größerer Bedeutung, daß künftighin in der „eingetragenen Ge=

*) Unter den vielen Versprechen neuer organischer Gesetze, welche die Preußische Verfassung vom 31. Januar 1850 enthält, ist das des Art. 31: „Die Bedingungen, unter welchen Korporationsrechte ertheilt oder verweigert werden, bestimmt das Gesetz“ — vielleicht dasjenige, zu dessen Erfüllung noch am wenigsten Anstrengungen gemacht sind.

nossenschaft" eine Gesellschaftsform gegeben ist, welcher sich, da die Beschränkung auf eine bestimmte Erwerbsquelle, wie den Handel, ausgeschlossen ist, jede öffentlichen Zwecken fremde, auf privaten Erwerb durch gemeinschaftlichen Geschäftsbetrieb gerichtete Vergesellschaftung zu bedienen befugt ist.*) Nach diesem Vorgange

*) Die Bayerische Regierung macht gegenwärtig den Versuch, alle möglichen Arten Vereine, mit Ausnahme der Aktiengesellschaften und der öffentlichen Korporationen, in ein und dasselbe, den Bestimmungen des Handelsgesetzbuchs über Handelsgesellschaften nachgebildete Gesetz zu zwängen. Artikel 1 seines Entwurfs eines Gesetzes, die Privatrechtsverhältnisse der Genossenschaften betreffend, lautet: „Vereinigungen zu wirthschaftlichen, Wohlthätigkeits-, Bildungs-, religiösen und geselligen oder sonstigen erlaubten Zwecken, welche nicht auf einzelne bestimmte Mitglieder beschränkt sind, denen vielmehr unter den in den Satzungen bestimmten Voraussetzungen Jeder beitreten kann, und welche weder Aktiengesellschaften noch öffentliche Korporationen sind (Genossenschaften), erwerben die Rechte juristischer Personen durch die nach Maßgabe des gegenwärtigen Gesetzes erfolgte Eintragung der Genossenschaft in das bei dem betreffenden Bezirksgerichte zu führende Genossenschaftsregister." Schulze-Delitzsch hat das Verfehlte dieses Versuchs in Nr. 13, 14 und 15 der Blätter für Genossenschaftswesen 1868 ausführlich dargethan. „Das Zusammenwerfen von Vereinigungen mit so heterogenen Zwecken, behufs Ordnung ihrer privatrechtlichen Zwecke, führt dahin, dem Wesen Aller Gewalt anzuthun und den Bedürfnissen Keiner zu genügen. Soll in einem Gesetze die Aufgabe für alle möglichen Gattungen von Privatvereinen gelöst werden, so müßten zunächst die Vereine zu geschäftlichen Zwecken von den anderen getrennt und jede Gattung in besonderen Abschnitten unter strenger Auseinanderhaltung ihrer Haftbasis, Vertretung nach außen u. a. behandelt werden." Wir müssen Schulze beipflichten und empfehlen den bei der Bayerischen Gesetzgebung betheiligten Juristen in Ansehung der nicht auf Erwerb gerichteten Privatvereine die Bestimmung des § 20 des Züricher Zivilgesetzbuchs: „Rein privatrechtliche Korporationen, welche zu einem wissenschaftlichen oder künstlerischen oder sonst einem gemeinnützigen oder zu einem erlaubt geselligen Zwecke gebildet werden, bedürfen zu ihrer Entstehung lediglich der in den Korporationsstatuten festzustellenden Uebereinkunft mehrerer Korporationsmitglieder." Fick (Ueber Begriff und Geschichte der Aktiengesellschaften in Goldschmidt's Zeitschrift für das gesammte Handelsrecht 1862 Bd. V. S. 18) sagt, diese Bestimmung habe den faktischen Zustand, der schon seit Jahrhunderten bestand, sanktionirt, keineswegs aber neues Recht geschaffen. Die Zahl solcher privatwillkürlich gebildeten Korporationen sei sehr groß und deren Anerkennung als juristische Personen habe noch niemals irgend einen Uebelstand herbeigeführt. „Sie kaufen, verkaufen, besitzen Grundeigenthum, führen Prozesse ganz so wie man dies in anderen Staaten nur den durch constitutio personalis geschaffenen Körperschaften gestattet."

ist zu hoffen, daß die Gesetzgebung in Ansehung der Gesellschaften, gleichviel ob öffentlichen oder privaten Charakters (die Handelsgesellschaften nicht ausgenommen), in Fluß kommen und durch die Scheu, an dem kodifizirten Handelsrechte schon wieder zu ändern, keine Verzögerung erleiden werde.

Daß das Allgemeine Deutsche Handelsgesetzbuch, insofern es die Zahl der Handelsgesellschaften abschließt, und jeder nicht rezipirten Vergesellschaftung die nothwendige Eigenschaft eines vermögensfähigen Rechtssubjekts vorenthält, leicht zu einem Hinderniß des wirthschaftlichen Fortschritts werden kann,*) muß einem Jeden einleuchten, welcher die in demselben rezipirten Arten der Handelsgesellschaften prüft und namentlich mit den Besonderheiten der eingetragenen Genossenschaften vergleicht.

Das Handelsgesetzbuch giebt nur den Gesellschaften unter gemeinschaftlicher Firma, im Gegensatz zu der stillen Gesellschaft, den Namen der Handelsgesellschaften, und unterscheidet zwischen diesen nach der Haftbarkeit der Mitglieder für die Gesellschaftsschulden:

A. Offene Handelsgesellschaft — unbeschränkte Solidarhaft aller Mitglieder.

B. Kommanditgesellschaft — unbeschränkte Haft einzelner Mitglieder, der persönlich haftenden Gesellschafter, beschränkte Haft der übrigen, der Kommanditisten.

C. Aktiengesellschaft, in welcher die Personen nur als Repräsentanten beschränkt haftender Kapitaleinlagen erscheinen.

Sieht man sich die einzelnen Gesellschaftsarten näher an, so findet man, daß

a. die offene Handelsgesellschaft, bei welcher jedes Mitglied,

---

*) Welcher Form der Handelsgesellschaften sollen sich die Industrial Partnerships in Preußen bedienen? Bei dem von Wilhelm Borchert jun. zu Berlin unter Direktor Engel's Beihülfe begonnenen Versuche dieser Art soll der Werth der Fabrik in 6000 Antheile à 50 Thlr. zerlegt werden. Fällt das Versuchsjahr 1868 günstig aus, so soll das Provisorium „vom Jahre 1869 ab unter denjenigen zivilrechtlichen Formen in ein Definitivum übergeführt werden, welche hierfür die geeignetsten sind.“ Was das für Formen sind, werden sich die Verfasser des Zirkulars schwerlich klargemacht haben.

ohne daß ihm eine Einrede der Theilung oder der Vorausklage zustände, von den Gesellschaftsgläubigern wegen der Gesellschaftsschulden, für die es solidarisch und mit seinem ganzen Vermögen haftet, in Anspruch genommen werden kann, nur auf eine ganz geringe Anzahl Mitglieder berechnet ist. Denn der Eintritt eines neuen Mitgliedes ist zwar zulässig, aber die Anmeldung desselben ist von sämmtlichen Mitgliedern persönlich oder in beglaubter Form einzureichen. Ferner kann der Fortbestand der Gesellschaft, auch wenn wegen desselben alle zulässigen Vorsichtsmaßregeln getroffen sind, von der Mehrheit nicht gegen die Willkür einer Minderheit sichergestellt werden. (Art. 127 und 128).

Da keine andere Handelsgesellschaft mit lauter unbeschränkt haftenden Mitgliedern existirt, so ist der Zusammentritt einer großen Anzahl Personen zu einer Handelsgesellschaft mit unbeschränkter Haft der Mitglieder durch das Handelsgesetzbuch völlig unmöglich gemacht. Erst das Genossenschaftsgesetz gewährt die Möglichkeit derartige Handelsgesellschaften zu gründen. Die eingetragene Genossenschaft reduzirt zwar die Solidarhaft der Mitglieder auf eine Solidarbürgschaft, welche erst dann in Kraft tritt, wenn das Genossenschaftsvermögen zur Befriedigung der Gläubiger nicht ausreicht. Dies ist aber eine fast nothwendige Folge der nicht geschlossenen Mitgliederzahl. Die vermögensrechtliche Persönlichkeit einer Gesellschaft von hundert oder tausend Personen tritt dem einzelnen Mitgliede gegenüber weit bedeutsamer in den Vordergrund, als die einer Gesellschaft von zwei bis zehn Mitgliedern, und je größer die Mitgliederzahl, desto geringer ist der Einfluß des einzelnen durch Mehrheitsbeschlüsse gebundenen Mitgliedes auf die Geschäftsführung, desto schwieriger und unbequemer die Regreßklage wegen der von ihm bezahlten Gesellschaftsschulden, desto gesicherter aber auch die Lage des Gesellschaftsgläubigers.

b. Die Kommanditgesellschaft erfordert außer den mit ihren Einlagen haftenden Kommanditisten einen oder mehrere persönlich haftenden Gesellschafter, ist aber in Betreff dieser ebenfalls nur auf eine ganz kleine Zahl berechnet. Dies ergiebt sich schon daraus, daß die Bestimmungen über Auflösung der offenen Handelsgesellschaft auch für die Kommanditgesellschaft gelten.*) Was insbesondere

1) die gewöhnliche Kommanditgesellschaft anbelangt, so ist sie auch in Betreff der Kommanditisten nicht eben beweglicher als die offene Gesellschaft. Wenn in die bestehende Kommanditgesellschaft ein neuer Kommanditist eintritt, so muß dies nicht blos von sämmtlichen persönlich haftenden Gesellschaftern, sondern auch von allen Kommanditisten zur Eintragung und Bekanntmachung angemeldet werden. Auf eine größere Zahl Kommanditisten wird also ebenfalls vom Handelsgesetzbuch nicht gerechnet.

2) Die Kommanditaktiengesellschaft ist zwar in Preußen beliebt geworden, weil daselbst das bei den Aktiengesellschaften aufrecht erhaltene Erforderniß der staatlichen Genehmigung ausgeschlossen ist. Allein die vielen Bestimmungen, welche „zur Verhinderung unsolider, ohne die nöthigen materiellen Mittel beabsichtigter oder nur auf Aktienspekulation berechneter Unternehmungen“ aufgestellt sind, beschränken die Anwendbarkeit dieser Handelsgesellschaft ganz ungerechtfertigter Weise. Namentlich die Ausschließung der Inhaberaktien und die Vorschrift, daß die Aktie auf mindestens 200 Thlr. zu stellen ist, sind nichts als „unmotivirte Belästigungen“.**) Auch die feste Begrenzung des Gesellschaftskapitals, welches nur durch eine zu ihrer Gültigkeit

---

*) Die Fortdauer der Kommanditaktiengesellschaft ist durch den Artikel 199 sogar noch fester an die Person jedes persönlich haftenden Gesellschafters geknüpft: „Wenn zwischen den Gesellschaftern verabredet ist, d. h. wenn die Generalversammlung mit Zustimmung der persönlich haftenden Gesellschafter beschlossen hat, daß einer der letzteren austreten und die Gesellschaft unter dem oder den übrigen und den Kommanditisten fortgesetzt werden soll, so wird eine solche Verabredung so aufgefaßt, als ob die Auflösung der Gesellschaft verabredet worden wäre. Es gilt dies auch dann, wenn der Inhalt der erwähnten Verabredung schon im Gesellschaftsvertrag enthalten war. Man gelangte zu diesem Satz nach verschiedenen Berathungen aus Utilitätsrücksichten, um einer möglichen Benachtheiligung des Publikums und der Kommanditisten vorzubeugen.“ (von Hahn, Kommentar zum allgemeinen deutschen Handelsgesetzbuch, Band I, S. 422.)

**) So nennt sie von Hahn a. a. O. Seite 399.

der notariellen oder gerichtlichen Abfassung bedürfende Aenderung des Gesellschaftvertrages erhöht werden kann, und die Verpflichtung zur sofortigen Einzahlung von einem Viertel des Aktienkapitals sind nicht mehr zeitgemäße Beschränkungen des freien Vertragsrechts.

c. Die Aktiengesellschaft endlich, die Kapitalgesellschaft des Handelsrechts, ist allerdings auf eine weite Ausdehnung angewiesen. Die Begrenzung des Kapitals bietet ihr ein geringeres Hinderniß, als die Staatskonzession und Staatsaufsicht, deren Schädlichkeit nachgerade kaum noch bestritten wird. An die Aktiengesellschaft muß die Forderung gestellt werden, daß sie ihren Gesellschaftsvertrag, und jede wesentliche Abänderung desselben, so wie die Rechnungsabschlüsse veröffentlicht. Dies erfordert die Rechtssicherheit. Ein Rechtssubjekt, welches nur aus Kapitaleinlagen unter Ausschluß verantwortlicher Personen besteht, muß gewisse Garantie stellen, damit es nicht auf Privilegirung von Schwindel und Betrug hinauslaufe. Obschon die Aktiengesellschaft, die Assoziation des großen Kapitals, der Erwerbs- und Wirthschaftsgenossenschaft, der natürlichen Form für die Organisation der wesentlich kapitallosen Arbeit am schroffsten gegenübersteht, so haben beide eine gewisse Gleichgültigkeit gegen die Individualität gemeinsam. Diese ist indessen nur Folge der großen Zahl der Betheiligten. Lediglich hierauf beruht es auch, daß sich die Genossenschaft in ihrer innern Organisation am meisten der Aktiengesellschaft anschließen muß. Diese selbst ist darin ja auch jenen deutschrechtlichen Genossenschaften am ähnlichsten, welche das Römische Recht vernichtete. Vorstand und Generalversammlung insbesondere erfordert jede Assoziation vieler gleichberechtigter und gleichverpflichteter Einzelpersonen.

Diese Andeutungen mögen genügen, um auf die Lücken des Gesellschaftsrechts aufmerksam zu machen. Wenn erst durch die volle Gewerbefreiheit und Freizügigkeit und durch ein unbeschränktes Vereinsrecht der deutschen Arbeit die Bahn gänzlich freigelegt ist, so wird es ihr — trotz allen Sträubens einer büreaukratisch geschulten Juristenkaste — bald gelingen, durch neue lebenskräftige Gestaltungen von unten auf unser den Rechtsbüchern eines Sklavenstaates entlehntes Gesellschaftsrecht noch nachhaltiger zu durchbrechen, als dies durch die deutschen Erwerbs- und Wirthschaftsgenossenschaften geschehen ist.

Gesetz

betreffend

die privatrechtliche Stellung der Erwerbs- und Wirthschafts-Genossenschaften.

Vom 27. März 1867.

Wir Wilhelm, von Gottes Gnaden König von Preußen rc. verordnen, mit Zustimmung der beiden Häuser des Landtages Unserer Monarchie, was folgt: [1])

Abschnitt I.

Von Errichtung der Genossenschaften. [2])

§. 1.

Gesellschaften von nicht geschlossener Mitgliederzahl, welche die Förderung des Kredits, des Erwerbes oder der Wirthschaft ihrer Mitglieder mittelst gemeinschaftlichen Geschäftsbetriebes bezwecken (Genossenschaften), [3]) namentlich: [4])

---

[1]) Das Gesetz ist im 34. Stück der Gesetzsammlung, ausgegeben Berlin, den 27. April 1867, unter Nr. 6617 publizirt und gilt zunächst nur für diejenigen Theile der Preußischen Monarchie, in welchen zur Zeit der Publikation die Verfassung vom 31. Januar 1850 besteht. Eine Aeußerung der Staatsregierung darüber, wann es in die neu einverleibten Provinzen eingeführt werden solle, ist nicht erfolgt (vgl. Schulze-Delitzsch in der 67. Sitzung des Abgeordnetenhauses v. 7. Febr. 1867, Stenogr. Berichte Bd. III, S. 1957).

Die Entstehungsgeschichte des Gesetzes ist in der Einleitung dargestellt. Dort ist auch über die Abweichung der in der Gesetzesüberschrift beliebten Bezeichnung „Erwerbs- und Wirthschafts-Genossenschaften" von der Begriffsbestimmung im §. 1 nachzulesen.

[2]) Der erste Abschnitt stellt die Grundbedingungen für die Errichtung eingetragener Genossenschaften auf. Zur Errichtung ist

a) die Verfolgung des im §. 1 bezeichneten Zwecks,

b) die Beobachtung der gesetzlichen Formen — §§. 2 und 3 —

erforderlich. Ueber die dritte in den Gesetzentwürfen des Ministeriums geforderte Grundbedingung: die Anerkennung Seitens des Staats (§. 4 des Entwurfs) und deren Beseitigung im Abgeordnetenhause vergl. Einleitung und Anmerkungen zu §. 4 und §. 34.

[3]) Ueber die Definition vergl. Einleitung.

[4]) „Die fünf benannten Vereinsarten sollen nur erläuternde Beispiele sein, aber nicht die Reihe positiv abschließen. Mit Rücksicht hierauf wurde im ersten Satze „„namentlich"" als der passendere Ausdruck gewählt und auch dem vorgeschlagenen „„beispielsweise"" vorgezogen." (Kommissions-Bericht des Abg.-Hauses, Nr. 55, Seite 15 der Drucksachen.)

1) Vorschuß- und Kreditvereine,[5])

2) Rohstoff- und Magazinvereine,[6])

---

[5]) Im Abgeordnetenhause wurde von Konservativen beantragt, statt dessen zu setzen: „Vereine, welche Darlehne an ihre Mitglieder geben (Vorschuß- und Kreditvereine)". Durch dies Amendement sollte nach Absicht der Antragsteller bewirkt werden, daß diese Vereine sich auf Darlehne an ihre Mitglieder beschränken müßten. Auch wenn der Antrag angenommen wäre, so würde diese Absicht nicht erreicht sein, indem das voraufgegangene Wort „namentlich" es verhindert, daß irgend eine Gesellschaft, welche nach der Eingangs des §. 1 aufgestellten Definition eine Genossenschaft ist, von der Wohlthat des Gesetzes ausgeschlossen werden kann. Das Amendement wurde in der Kommission des Herrenhauses wieder aufgenommen und mit denselben unklar-konfusen Phrasen begründet: „Lege man den Vereinen diese Beschränkung nicht auf, so mache man sie zu Volksbanken; hierdurch würden die Arbeiter bei jeder Krisis des Verkehrs in unmittelbare Mitleidenschaft gezogen." Im Plenum des Herrenhauses ist der Zusatz-Antrag mit einer kleinen Abänderung nochmals aufgenommen und nach längerer Debatte, in welcher er namentlich von dem Regierungs-Kommissar (Geh. Regierungsrath Eck) treffend bekämpft wurde, abgelehnt. Der Aufstellung, wonach ein Vorschußverein, der Banquier-Geschäfte treibe, aus dem Gesetze ausscheiden müsse, entgegnete der Regierungs-Kommissar: Wenn eine Genossenschaft an Nichtmitglieder Darlehne gäbe, Banquier- und damit Handelsgeschäfte treibe, so habe dies keine andere Folge, als daß die Genossenschaft als Banquier Gewerbesteuer zahlen müsse; aus dem Rahmen des vorliegenden Gesetzes trete sie dadurch nicht hinaus. Hierdurch bestätigte derselbe auch die Ausführung Schulze-Delitzsch's, daß die Genossenschaft, deren Thätigkeit auf ihre Mitglieder beschränkt bleibt, der Gewerbesteuer nicht unterliegt. (Vergl. Sitzung des Abgeordnetenhauses vom 18. December 1866. Stenographische Berichte Bd. II., Seite 1257.)

[6]) Im Abgeordnetenhause wurde auch hier ein Zusatz-Antrag mit gleicher Absicht wie zu Nr. 1 gestellt: „Vereine, welche Rohstoffe ankaufen und an ihre Mitglieder ablassen und gefertigte Waaren ihrer Mitglieder auf gemeinschaftliche Rechnung verkaufen (Rohstoff- und Magazin-Vereine)". Die Worte: „auf gemeinschaftliche Rechnung" ließ der Antragsteller fallen, weil Schulze-Delitzsch ihm bemerklich machte, daß die Mitglieder der meisten Magazin-Vereine die von ihnen auf gemeinschaftliche Rechnung gefertigten Waaren in das gemeinschaftliche Magazin liefern, wo sie ausgestellt und für Rechnung dessen, der sie gefertigt hat, verkauft werden; wenn man die Waaren für gemeinschaftliche Rechnung verkaufe, so wäre dies eine Produktiv-Assoziation; da müsse man sie aber erst kaufen von denen, die sie gefertigt haben, oder man müsse sie gemeinschaftlich produziren. Der Zusatz-Antrag ist mit Recht verworfen. Vor der Ausschließung solcher Rohstoff-Assoziationen, welche auch an Nichtmitglieder verkaufen, und solcher Magazin-Vereine, welche von Nichtmitgliedern gefertigte Waaren verkaufen, würde auch im Falle der Annahme des Antrages das Wörtchen „namentlich" geschützt haben. (Vergl. vorige Anmerkung.)

3) Vereine zur Anfertigung von Gegenständen und zum Verkauf der gefertigten Gegenstände auf gemeinschaftliche Rechnung (Produktivgenossenschaften),[7])

4) Vereine zum gemeinschaftlichen Einkauf von Lebensbedürfnissen im Großen und Ablaß in kleineren Partien an ihre Mitglieder (Konsumvereine),[8])

5) Vereine zur Herstellung von Wohnungen für ihre Mitglieder,[9])

---

[7]) Angemessener wäre gewesen, auch hier und bei der folgenden Nr. 4 statt der Definition nur den Namen der Genossenschaft wie bei Nr. 1 und Nr. 2 zu setzen. Es kann fraglich erscheinen, ob die Definition eine vollkommen ausreichende ist. Z. B. ist kein Grund ersichtlich, eine genossenschaftliche Färberei, in welcher nur Gegenstände für Andere gefärbt, also bearbeitet werden, nicht als Produktiv-Genossenschaft anzusehen, obschon dabei weder eine „Anfertigung von Gegenständen" noch „ein Verkauf der gefertigten Gegenstände" vorliegt. Ebenso wäre es mit einer genossenschaftlichen Mühle, sobald in derselben nur Lohnmüllerei betrieben, also das von Mahlgästen zugeführte Getreide gegen Lohn vermahlen würde. Auch vom Landwirth pflegt man nicht zu sagen, daß er Gegenstände anfertigt, und trotzdem ist der Ausdruck „Produzent" für ihn allgemein gebräuchlich, und die in England schon vorkommenden landwirthschaftlichen Genossenschaften (vergl. V. A. Huber, das Genossenschaftswesen und die ländlichen Tagelöhner. Nordhausen, 1863.) wird man bei uns kein Bedenken tragen, Produktiv-Genossenschaften zu nennen. Hier und bei der folgenden Nr. 4 tritt nun wirklich der in der vorigen Anmerkung erwähnte Schutz durch das Wörtchen „namentlich" ein.

[8]) Die Definition der Konsumvereine ist aus dem Entwurf von 1863 leider unverändert in den Regierungsentwurf und von da in das Gesetz übergegangen. Die Worte „an ihre Mitglieder", welche so in das Gesetz hineingekommen sind, fehlten in Schulze-Delitzsch's erstem Entwurf von 1862, obschon damals im Gegensatz zu den englischen alle in Deutschland bestehenden Konsumvereine nur an Mitglieder verkauften. Auch der Herausgeber hatte in den von ihm als Referenten der Kommission von 1863 gestellten Abänderungs-Vorschlägen im Hinblick auf die englischen Konsumvereine keine Abänderung dieses Satzes beantragt. Die Kommission nahm jedoch die Worte „an ihre Mitglieder" auf. Sie wieder zu streichen, lag dringende Veranlassung in dem Umstande, daß zur Zeit viele deutsche Konsumvereine an Nichtmitglieder verkaufen; es ist dies wol nur übersehen worden. (Vergl. Anm. 7.)

[9]) Baugenossenschaften wurden in dem Kommissions-Entwurf von 1863, obschon sie bei den Berathungen ausdrücklich als unter das Gesetz fallend genannt wurden, unter den Beispielen des §. 1 nicht aufgeführt, weil in ganz Deutschland keine einzige Baugenossenschaft existirte. In den Motiven des Ministerial-Entwurfes heißt es darüber: „Die unter Nr. 5 erwähnten genossenschaftlichen Vereine zur Beschaffung von Wohnungen ihrer Mitglieder bestehen in Preußen bis jetzt allerdings noch nicht. Die wichtige Aufgabe,

erwerben die im gegenwärtigen Gesetze bezeichneten Rechte einer „eingetragenen Genossenschaft“ [10]), unter den nachstehend angegebenen Bedingungen.

§. 2.

Zur Gründung der Genossenschaft bedarf es: [11])

---

eine Verbesserung der Wohnungsverhältnisse der kleinen Leute herbeizuführen, ist vielmehr bisher ausschließlich von Aktienvereinen, den sogenannten gemeinnützigen Baugesellschaften zu lösen versucht. Es ist indeß auch dieses Zweckes als eines genossenschaftlichen gedacht worden, weil derselbe, wie auch das Beispiel Englands zeigt, zur Förderung auf genossenschaftlichem Wege besonders sich eignet.“ (Vergl. ferner die Einleitung und die Anmerk. 18 zu §. 3, Nr. 3.)

[10]) Ueber Entstehung der Bezeichnung „eingetragene Genossenschaft“ vergl. Anmerkung 13 zu §. 2.

[11]) Außer den beiden hier genannten Erfordernissen, des schriftlichen Vertrages und der Firma, war in der Kommission des Abgeordnetenhauses von 1863 von mehreren Seiten vorgeschlagen, als drittes Erforderniß eine Mindestzahl der Mitglieder festzustellen. Auch die Regierung hat sich mit der Frage beschäftigt: „Da die Nothwendigkeit der gesetzlichen Regelung der Genossenschaftsrechte zum Theil darin ihren Grund hat, daß der Geschäftsverkehr der Genossenschaften durch die große Anzahl ihrer Mitglieder sehr erschwert zu werden pflegt, so ist die Frage entstanden, ob die Geltung dieses Gesetzes nicht überhaupt auf solche Vereinigungen zu beschränken sei, bei denen eine größere Anzahl von Theilnehmern wirklich vorhanden ist. Dies würde die Feststellung einer zur Bildung anerkannter“ (statt „eingetragener“, vergl. die Anmerkung 31 zu §. 4) „Genossenschaften erforderlichen Minimalzahl von Mitgliedern nothwendig gemacht haben. Für die Abmessung solcher Zahl läßt sich aber kein allgemein zutreffender Maßstab treffen.“ — Bei den Anträgen in der Kommission von 1863 wurden für und gegen die Feststellung einer Minimalzahl wesentlich andere Gründe vorgebracht. Man meinte durch solche Feststellung einer Minimalzahl (die Anträge schwankten zwischen 10 und 24) zu verhindern, daß sich einige wenige Personen als Genossenschaft, statt als offene Handelsgesellschaft oder als Kommanditgesellschaft eintragen ließen, um das Vertrauen, welches die Genossenschaften zu genießen pflegten, zu einer Täuschung Unerfahrener auszubeuten. Da solche Vorkommnisse dem Kredit der wirklichen Genossenschaften erheblich schaden würden, läge es gerade im Interesse der Genossenschaften, sie durch Feststellung einer Minimalzahl von Mitgliedern zu erschweren. Im Hinblick auf die Produktivgenossenschaften, welche der gesetzlichen Regelung am meisten bedürften, aber oft mit sehr geringer Mitgliederzahl beginnen, verwarf die Kommission die betreffenden Anträge, indem sie in der jährlichen Veröffentlichung der Mitgliederzahl (vergl. §. 25 des Ges. und Anmerkung dazu) ein ausreichendes Schutzmittel fand.

In England müssen mindestens sieben Personen die Genossenschaft bilden, welche auf die Vortheile des Genossenschafts-Gesetzes vom 7. August 1862 Anspruch machen will.

1) der schriftlichen Abfassung des Gesellschaftsvertrages (Statut), [12])

[12]) Der Regierungsentwurf verlangte notarielle oder gerichtliche Abfassung, „um den in seinen Folgen wichtigen Genossenschaftsvertrag authentisch festzustellen", und berief sich auf den Vorgang des Art. 208 des Hand.-Ges.-Buchs, welcher dieselbe Form für Aktiengesellschaften vorschreibt. Bei den Verhandlungen in der Kommission und im Plenum des Abgeordnetenhauses wurde, neben dem Hinweis auf die größere Sicherheit, für die strengere Form auch noch geltend gemacht, daß dem instrumentirenden Beamten Gelegenheit gegeben werde, „die nicht immer rechts- und geschäftskundigen Interessenten auf einzelne vielleicht unangemessene oder unklare Vorschriften des Vertragsentwurfs aufmerksam zu machen, und ihnen deren Beseitigung zu empfehlen." Einverstanden erklärte sich die Regierung mit einem eventuellen Amendement, wonach für die bereits bestehenden Genossenschaften die schriftliche Abfassung des Gesellschaftsvertrages genügen solle, weil es thatsächlich für Genossenschaften von Tausenden von Mitgliedern unmöglich sein würde, die Form des bestehenden Statuts umzuändern, indem nach Auslegung einzelner Gerichte in dem korrespondirenden Falle des Art. 174 des Hand.-Ges.-Buchs alle Gesellschafter den Vertrag notariell oder gerichtlich abgeschlossen haben müßten und es nicht genüge, daß einzelne Mitglieder sich notariell oder gerichtlich zu dem Inhalte des Vertrages bekennen.

Die Mehrheit des Abgeordnetenhauses hielt die schriftliche Abfassung des Gesellschaftsvertrages für vollkommen ausreichend. „Das Prinzip der Solidarhaft stelle die Genossenschaft näher der offenen Handels- und der gewöhnlichen Kommanditgesellschaft; für beide gelte der mündliche Begründungsvertrag. Zur bessern Sicherheit wolle man dennoch für die Genossenschaft die schriftliche Form einräumen, weil dieselbe leicht zu bewirken sei und zur Feststellung der nothwendigen Vorbedingungen für die Eintragung dienlich sei. Weiter zu gehen verbiete das Interesse der Genossenschaften. Eine nicht zu unterschätzende Bürgschaft liege darin, daß die Vorsteher den Vertrag zur Eintragung beim Handelsgericht einreichen müssen; die Fälschung würde mit der schwersten Strafe dieses Verbrechens, bis zu zehn Jahren Zuchthaus belegt werden (§. 252 des Strafgesetzbuchs)." (Vergl. Bericht Nr. 55 der Drucksachen des Abgeordnetenhauses S. 15. Stenograph. Berichte der Sitzung vom 18. Dez. 1866, S. 1259—1261).

Die Stellung der Genossenschaften zu den Handelsgesellschaften in Ansehung der Form, in welcher der Gesellschaftsvertrag zu schließen ist, ergiebt sich aus folgender Zusammenstellung:

1) offene Handelsgesellschaft — formlos (Art. 85 des Hand.-Ges.-Buchs).
2) Kommanditgesellschaft — formlos (Art. 150 des Hand.-Ges.-Buchs).
3) Genossenschaft — schriftliche Form.
4) Kommanditgesellschaft auf Aktien a) gerichtliche oder notarielle Urkunde; Aktienzeichnung schriftlich; b) staatliche Genehmigung (Artikel 174), vorbehaltlich der Dispensation durch die Landesgesetze (Art. 206). In Preußen ist die Dispensation erfolgt (Art. 10 des Einf.-Ges. vom 24. Juni 1861).

2) der Annahme einer gemeinschaftlichen Firma.

Die Firma der Genossenschaft muß vom Gegenstande der Unternehmung entlehnt sein und die zusätzliche Bezeichnung „eingetragene Genossenschaft" enthalten. [13])

---

5) Aktiengesellschaft a) gerichtliche oder notarielle Urkunde; Aktienzeichnung schriftlich; b) staatliche Genehmigung (Art. 208), vorbehaltlich der Dispensation durch die Landesgesetze (Art. 249). In Preußen ist die staatliche, d. h. landesherrliche Genehmigung beibehalten (Art. 12 des Einf.-Ges.).

Die gleichen Vorschriften sind auch bei der Aktiengesellschaft, bei welcher der Gegenstand des Unternehmens nicht in Handelsgeschäften besteht, vorgeschrieben. (Ges. vom 15. Febr. 1864).

Vergleichen wir dann noch

6) die Gewerkschaft im Preußischen Bergrecht. Sie bedarf keines Statuts; es steht ihr aber frei, ihre besondere Verfassung durch ein notarielles oder gerichtliches Statut zu regeln, welches der Zustimmung von $^3/_4$ aller Antheile und der Bestätigung des Ober-Bergamts bedarf (§. 94 des Allg. Berggesetzes vom 24. Juni 1865).

[13]) In Betreff der Firma ist die Genossenschaft im Wesentlichen der Aktiengesellschaft gleichgestellt. (Vergl. Art. 18 des Hand.-Ges.-Buchs.) Beiden ist eine reine Sachfirma vorgeschrieben und die Aufnahme von Personennamen verboten. Bei allen anderen Handelsgesellschaften hingegen sind namenlose Firmen ausgeschlossen. Die Eigenthümlichkeit, daß die Firma der Genossenschaft die zusätzliche Bezeichnung „Eingetragene Genossenschaft" enthalten muß, ist auf die Kommission des Abgeordnetenhauses von 1863 zurückzuführen, welche auf Antrag des Herausgebers den Zusatz „Einregistrirte Genossenschaft" beschloß. Die Anregung dazu bot die englische Vorschrift, daß in dem Namen jeder Gesellschaft mit beschränkter Haftung das letzte Wort „limited" lauten muß, und ein analoger Vorschlag in einem Entwurfe des Dr. Enyrim (Nr. 2 der Innung der Zukunft von 1862; vergl. Einleitung). Der Ministerial-Entwurf schlug den Zusatz „Anerkannte Genossenschaft" vor, welchen die Kommission des Abgeordnetenhauses von 1866 durch „Eingetragene Genossenschaft" ersetzte. — Bei den Kommissions-Berathungen des Allg. Deutsch. Handelsgesetzbuchs wurde von einer Seite empfohlen, „die Aufnahme der Bezeichnung als Aktiengesellschaft in die Firma der Aktiengesellschaft selbst vorzuschreiben." Man hielt aber zur Vermeidung von Täuschungen für das Geeignetste, durch den Namen das Wesen der Aktiengesellschaft (welches darin bestehe, daß keine Person mit ihren Vermögen, sondern nur das Aktienkapital hafte) deutlich zu bezeichnen. Durch die Aufnahme der zusätzlichen Bezeichnung: „Eingetragene Genossenschaft" in die Firma der Genossenschaft soll umgekehrt die unter dem Gesetz stehende Genossenschaft als eine aus vielen solidarisch haftenden Personen zusammengesetzte rechtsfähige Gesellschaft dem Publikum gewissermaßen empfohlen, und demselben Vorsicht im Verkehr mit allen Genossenschaften, welche in ihrer Firma jenen Zusatz nicht führen, angerathen werden.

Der Name von Mitgliedern (Genossenschaftern) oder anderen Personen darf in die Firma nicht aufgenommen werden. Jede neue Firma muß sich von allen an demselben Orte oder in derselben Gemeinde bereits bestehenden Firmen eingetragener Genossenschaften deutlich unterscheiden. [14])

Zum Beitritt der einzelnen Genossenschafter genügt die schriftliche Erklärung. [15])

---

[14]) Der zweite Satz dieses Absatzes stimmt genau mit Art. 20 des Handelsgesetzbuches.

[15]) Es bedarf keiner Ausführung, daß der beitretende Genossenschafter nicht die ganze Erklärung selbst „schreiben" muß, sondern daß seine Unterschrift unter der Beitrittserklärung genügt. Einer Unterschrift des Gesellschafts-Vertrages bedarf es nicht mehr. Die Genossenschaften werden also künftig geschriebene oder gedruckte Formulare, z. B. dahin:

„Ich erkläre hierdurch meinen Beitritt zu dem unter der Firma: „Volksbank zu Insterburg. Eingetragene Genossenschaft" hierselbst bestehenden Vorschußvereine.

Insterburg, den . . . . . . 1867.

unterschreiben lassen und zu einem besondern Buche oder Aktenstücke vereinigen.

Bei Genossenschaften kommen zuweilen Analphabeten, also Personen, die Schreibens und Lesens unkundig, oder nur ihren Namen schreiben, aber sonst Geschriebenes nicht lesen können, als Mitglieder vor. Diese müssen ihre Beitrittserklärung in beglaubigter Form abgeben, also im Gebiete des Preußischen Landrechts vor dem Richter oder vor Notar und Zeugen (vergl. Allg. Landrecht, Tit. 5, §§. 172 u. flg.). In Gegenden, wo die Genossenschaften auch Mitglieder enthalten, welche der deutschen Sprache unkundig sind, wie im Großherzogthum Posen und in Oberschlesien, wird zwar die Abfassung des Gesellschafts-Vertrages blos in deutscher Sprache zu erfolgen brauchen, die Beitrittserklärung der Nichtdeutschen muß aber in deren Sprache niedergeschrieben sein. Die Vorschußvereine der östlichen Provinzen haben öfters auch solche jüdische Mitglieder, welche weder deutsch noch polnisch zu lesen und ihren Namen nur in jüdischen (hebräischen) Schriftzügen zu schreiben verstehen. Ein von einem solchen Mitgliede in hebräischen Lettern unterschriebener Wechsel hat zwar nach der, nicht ganz unbestritten gebliebenen Auslegung, welche das Obertribunal dem Art. 94 der allgem. Deutsch. Wechsel-Ordnung giebt, eine gültige Namensunterschrift. (Vergl. Borchardt's Wechsel-Ordnung, vierte Aufl., Zus. 645 S. 433.) Auf die Unterzeichnung der deutsch oder in einer andern lebenden Sprache geschriebenen oder gedruckten Beitrittserklärung paßt aber dieser Rechtsgrundsatz nicht. Hier sind die Juden, welche in Ansehung der lebenden Sprache Analphabeten sind, mit ihrer hebräischen Unterschrift genau wie andere Analphabeten zu behandeln. (Vergl. Präj. des Obertribunals vom 11. Februar 1837, Entsch. Bd. 2 S. 164.) Ob durch eine von ihnen in hebräischen Lettern geschriebene und unterschriebene, in deutscher Sprache abgefaßte Beitrittserklärung die Mitgliedschaft erworben werden kann, ist mindestens so zweifelhaft, daß wir von der Zulassung einer derartigen Beitrittserklärung entschieden abrathen müssen.

§. 3.

Der Gesellschaftsvertrag muß enthalten: [16])

1) die Firma und den Sitz der Genossenschaft;
2) den Gegenstand des Unternehmens; [17])
3) die Zeitdauer der Genossenschaft, im Falle dieselbe auf eine bestimmte Zeit beschränkt sein soll; [18])

---

[16]) Der §. 3 ist den Art. 175 u. 209 des Hand.-Ges.-Buchs nachgebildet, namentlich dem letzteren, welcher die Erfordernisse des Gesellschaftsvertrages der Aktiengesellschaft enthält. Es dürfte darauf hinzuweisen sein, daß ein Gesellschaftsvertrag keineswegs nichtig ist, wenn er über den einen oder den andern Punkt nichts enthält. Die Folge ist nur, daß das Handelsgericht die Eintragung der Genossenschaft in das Genossenschaftsregister so lange zu versagen hat, bis die Ergänzung des Gesellschaftsvertrages stattgefunden hat. Ist eine Genossenschaft, deren Gesellschaftsvertrag unvollständig ist, einmal in das Genossenschaftsregister eingetragen, so kann die Vervollständigung des Vertrages vom Handelsgerichte nicht erzwungen werden (vergl. §. 54); ebenso wenig schadet die Unvollständigkeit des Vertrages der rechtlichen Wirkung desselben. Anders verhält es sich mit Abänderungsbeschlüssen in Ansehung des Gesellschaftsvertrages einer bereits eingetragenen Genossenschaft (vergl. §. 6).

Von den Erfordernissen des Gesellschaftsvertrages hat die Genossenschaft die zu 1) 2) 3) 8) 11) mit der Kommanditgesellschaft auf Aktien und mit der Aktiengesellschaft, die zu 6) 9) 10) und im Wesentlichen auch das zu 7) mit der Aktiengesellschaft gemeinsam (vergl. Art. 175 u. 209 des Hand.-Ges.-Bchs.)

[17]) Der Regierungsentwurf vom 2. Febr. 1866 hatte im Gegensatz zu dem Entwurf der Kommission des Abgeordnetenhauses von 1863 und zu den Artikeln 175 u. 209 des Hand.-Ges.-Buchs hier als zweites Erforderniß „den Zweck der Genossenschaft" hingestellt, anscheinend „um spätere Strafbestimmungen (§§. 27 u. 35 des Entw.) vorzubereiten" (Bericht Nr. 55, S. 16). Die Kommission des Abgeordnetenhauses stellte den Ausdruck des Handelsgesetzbuches wieder her, der sodann auch in dem Regierungsentwurf vom 11. Novbr. 1866 belassen wurde. (Vergl. im Uebrigen Anmerkung 31 zu §. 4.)

[18]) Eine Genossenschaft kann hiernach auch auf eine bestimmte Zeit beschränkt sein. Die bis jetzt vorhandenen deutschen Genossenschaften sind wohl alle auf unbestimmte Dauer errichtet. Dies liegt auch im Wesen der Genossenschaft, welche sich „gegen die Individualität, selbst gegen den Beitritt und das Ausscheiden einzelner Mitglieder, verhältnißmäßig gleichgültig verhält" (Komm.-Bericht Nr. 55, S. 4). Eine Ausnahme bilden solche Produktivgenossenschaften, deren Mitglieder in gemeinschaftlicher Werkstätte ausschließlich beschäftigt sein wollen, also durch die Genossenschaft sich nicht blos Hülfsmittel zu ihrem anderweitigen Gewerbebetriebe, sondern den ganzen Lebensunterhalt zu verschaffen suchen. Freilich sind solche Produktivgenossenschaften eigentlich kaum als „Gesellschaften von nicht geschlossener Mitgliederzahl" zu bezeichnen, da die Zahl der wirklichen Mitglieder mit dem dauernden, regelmäßigen Umfange des Geschäftsbetriebes übereinstimmen muß, ein Wechsel somit nur bei einer Vergrößerung oder Verkleinerung des Geschäfts als solchen vorkommen

4) die Bedingungen des Ein- und Austritts der Genossenschafter; [19])

---

kann. Produktivgenossenschaften dieser Art werden, um sich unter das Genossenschaftsgesetz stellen zu können, ihren Einrichtungen formellen Zwang anthun müssen. (Vergl. Einleitung.) — Sie sind offene Handelsgesellschaften, auf welche die Bestimmungen des ersten Titels zweiten Buchs des Handelsgesetzbuchs nur deshalb nicht passen, weil in denselben immer eine kleine Anzahl Gesellschafter vorausgesetzt ist.

Eine andere Ausnahme von der Regel bildet die Baugenossenschaft. „Die Baugenossenschaft ist in einer Beziehung erheblich verschieden von allen andern bei uns üblichen Genossenschaften, also von den Vorschußvereinen, Rohstoffassoziationen, Konsumvereinen, Produktivgenossenschaften. Letztere befriedigen dauernde, sich immer erneuernde Bedürfnisse ihrer Mitglieder, während das Mitglied einer Baugenossenschaft, wenn es durch dieselbe ein Haus zu Eigenthum erworben hat, ein für allemal befriedigt ist, also kein Interesse mehr an der Mitgliedschaft hat. Hieraus folgt auch ferner, daß jede Baugenossenschaft, im Gegensatz zu den übrigen Arten Genossenschaften, nach einer Reihe von Jahren segensreicher Wirksamkeit zu einer Endigung ihrer Thätigkeit genöthigt sein wird, indem dann der Ort, wo sie ihren Sitz hat, mit Wohnungen so ausreichend versehen ist, daß die durch Vermehrung der Einwohner und Zuzug entstehenden Lücken durch die Privatindustrie vollkommen genügend ausgefüllt werden; die Genossenschaft auch in Folge des stärkern Wohnungsangebots die Preise der kleineren Wohnungen so weit heruntergedrückt hat, daß sie die Konkurrenz mit den Einzelunternehmern (die stets manche Vortheile vor den Genossenschaften voraus haben) schwer bestehen, also nicht mehr mit Vortheil in der Errichtung neuer Häuser fortfahren kann." (Aus dem Aufsatze des Herausgebers „Die auf dem Prinzip der Selbsthülfe beruhende Baugenossenschaft", in „Die Wohnungsfrage mit besonderer Rücksicht auf die arbeitenden Klassen" u. s. w. — Abdruck aus Heft 11 des „Arbeiterfreundes", 1865, S. 278.) Demgemäß wird bei Baugenossenschaften die Beschränkung auf eine bestimmte Zeit auch da leicht vorkommen, wo man an der nicht geschlossenen Mitgliederzahl festhält. Die einzige bis jetzt bekannte deutsche Baugenossenschaft, welche im Jahre 1862 zu Hamburg gegründet wurde, ist keine „Genossenschaft" im Sinne des gegenwärtigen Gesetzes, indem sich zu derselben 48 Arbeiter vereinigten, welche Grund und Boden erwarben und darauf für sich 48 Wohnhäuser errichteten. Obschon sie sonst also „sowohl im Statut als in der wirklichen Verwaltung das genossenschaftliche Prinzip der Selbsthülfe, Selbstverwaltung und Selbstverantwortlichkeit auf's Strengste wahrt", würde diese Genossenschaft, wenn sie in Preußen ihren Sitz hätte, wegen der geschlossenen Mitgliederzahl die Rechte einer eingetragenen Genossenschaft nicht erwerben können (vergl. den Aufsatz des Herausgebers „Bericht über die in Deutschland bestehenden Baugesellschaften und Baugenossenschaften" in der vorher aufgeführten Schrift und im Arbeiterfreund Heft 11, S. 309 ff.)

[19]) Da die zur Eintragung geeigneten Genossenschaften von nicht ge-

5) den Betrag der Geschäftsantheile der einzelnen Genossen-

---

schlossener Mitgliederzahl sein müssen, so hat der Gesellschafts-Vertrag die Bedingungen des Ein- und Austritts der Genossenschafter zu enthalten. In Betreff des Eintritts neuer Mitglieder liegt es nun freilich in der Macht der Genossenschafts-Organe, die Genossenschaft thatsächlich geschlossen zu halten. Denn es ist geradezu unmöglich, eine Genossenschaft zu zwingen, Personen, die ihr nicht gefallen, aufzunehmen. Anders steht es mit dem Austritt. (Vergl. die §§. 37 u. 38 des Gesetzes). Es kann keinem Zweifel unterliegen, daß künftighin eine eingetragene Genossenschaft, ebenso wie eine jede Handelsgesellschaft, Mitglied einer andern eingetragenen Genossenschaft werden kann. Dieser Umstand wird vielleicht für die Zukunft der Konsumvereine von nicht geringer Bedeutung werden. Schon jetzt beginnen diese, sich zu scheuen, den von ihren Mitgliedern — sofern sie Lohnarbeiter sind — allgemein aufgestellten Hauptzweck, das Sparen eines kleinen im Konsumverein anzulegenden Kapitals, durch ihre Einrichtungen zu sehr zu begünstigen; sie bekommen sonst Geldüberschüsse, die sie im Konsumgeschäft nicht anlegen können. Manche Vereine helfen sich dadurch, daß sie mit diesen Geldern ein Vorschußgeschäft begründen. Dies ist absolut verwerflich, schon deshalb, weil das Geschäft einer Volksbank nicht so leicht ist, um sich nebenher ohne Vernachlässigung des Hauptgeschäfts betreiben zu lassen. Auch eine künstliche Ausdehnung des letzteren, z. B. durch Anlegung mehrerer Verkaufsläden bei kaum genügender Kundschaft für den ersten Laden, gefährdet das Mitgliedervermögen. Der Verkauf an Fremde, zu welchem oft gerade der Geldüberfluß Anstoß giebt, dürfte ebenfalls wenig abhelfen. Alles das drängt zur Minderung der zulässigen Höchstbeträge der Mitglieder-Guthaben. Die Erfahrungen der älteren Englischen Konsumvereine werden noch am ersten Abhülfe schaffen. Bei den Pionieren von Rochdale schloß das Jahr 1865 mit 90 Thlr. durchschnittlichem Guthaben für jedes Mitglied ab. Die Durchschnittssätze von Guthaben und Nutzen kopfweise und in Prozenten vom Umsatz berechnet, ergeben eine fast ganz regelmäßige Steigerung von Jahr zu Jahr. (Vergl. die Tabelle in der Einleitung). Dies ist nur dadurch zu erreichen gewesen, daß die Pioniere einen bedeutenden Theil des in den Geschäftsantheilen steckenden Mitglieder-Vermögens in anderen Genossenschaften, also in einer Genossenschaftsmühle, in einem Waaren-Engrosgeschäft, in einer Spinnerei, in einer Baugenossenschaft anlegten. Auf diesen bei den englischen Konsumvereinen allgemeinen Brauch (vergl. z. B. das Statut des Konsumvereins zu Manchester Nr. 21 in E. Pfeiffer's Schrift über Konsumvereine, S. 146) nimmt auch das englische Genossenschaftsgesetz Rücksicht, indem es unter den Bestimmungen, welche alle Statuten der sich unter dasselbe stellenden Genossenschaften enthalten müssen, die Befugniß aufführt, einen Theil des Kapitals in einer andern eingetragenen Aktien-Gesellschaft oder Genossenschaft mit beschränkter Haftung anzulegen.

Die deutschen Konsumvereine werden in wenigen Jahren auf denselben Brauch kommen, und haben dann den Vorzug, selbst Mitglieder des neuen Unternehmens werden zu können. Der erste Fall dieser Art tritt bei der von Berliner Konsumvereinen und Konsumvereins-Mitgliedern begründeten Berliner

schafter und die Art der Bildung dieser Antheile;[20])

Genossenschafts-Bäckerei ein. Diese wird sich demnächst unter das Genossenschaftsgesetz nach einem Statut stellen, in welchem die Mitgliedschaft anderer eingetragener Genossenschaften ausdrücklich vorgesehen ist und Sonderbestimmungen über Geschäftsantheile, Stimmberechtigung u. s. w. hervorgerufen hat.

[20]) Der Gesellschaftsvertrag einer Kommandit-Gesellschaft auf Aktien muß statt dessen „die Zahl und den Betrag der Aktien oder Aktienantheile (Art. 175 Nr. 5 des Handelsgesetzbuchs) und der Gesellschaftsvertrag der Aktien-Gesellschaft die Höhe des Grundkapitals und der einzelnen Aktien oder Aktienantheile" u. s. w. (Art. 209 des Handelsgesetzbuchs) enthalten. Bei diesen beiden Arten der Handelsgesellschaften steht also durch den Gesellschaftsvertrag fest: 1) die Höhe des Grundkapitals (bei der Kommandit-Gesellschaft auf Aktien bestehend in den Einlagen der persönlich haftenden Gesellschafter plus dem Aktienkapital der Kommanditisten); 2) die Höhe, der Betrag der einzelnen Aktien oder Aktienantheile.

Daß in ersterem Punkte die Genossenschaft abweicht, ist klar. Sie unterscheidet sich von jenen Handelsgesellschaften durch die Ungeschlossenheit des Umfanges, indem sie „nicht bloß in der Personenzahl, sondern auch in der Höhe des Kapitals keine feste Grenze erfordert und ohne Gefahr für die Existenz ein Steigen und Fallen erträgt, zum Theil sogar begünstigt." (Bericht des Abg.-Hauses Nr. 55, S. 5.)

Die Abweichung in Betreff des zweiten Punktes liegt weniger klar vor. Aktien sind die Einheiten, in welche das Vermögen einer Gesellschaft vertheilt wird behufs Ueberlassung an die einzelnen Gesellschafter; Aktienantheile sind die Bruchtheile, in welche von vorn herein jene Einheiten wieder zerlegt sind. In dem Begriff der Aktie liegt also die Gleichheit in der Höhe derselben. Anders bei den Geschäftsantheilen der Genossenschaften. Da das Genossenschafts-Kapital steigt und fällt, je nach dem Eintritt oder Austritt der Genossenschafter, so könnte es gleichgültig scheinen, ob der Vertrag überhaupt der Kapitalbetheiligung des Einzelnen eine Grenze setzt oder nicht. Dem ist aber nicht so. Wäre einzelnen Mitgliedern eine übermäßig hohe Betheiligung gestattet, so könnte die Genossenschaft durch den Austritt eines einzelnen Mitgliedes in Gefahr kommen und somit, da sie das Ausscheiden nicht verbieten kann, niemals fest und sicher über ihre Mittel zum Geschäftsbetriebe disponiren. Die Nichtgeschlossenheit der Mitgliederzahl bedingt also eine Maximalgrenze für die Betheiligung des Einzelnen. Dem entsprechend hatte der erste Entwurf Schulze's resp. der Kommission von 1863 den betreffenden Passus dahin gefaßt:

> „den Normalbetrag der durch Voll- oder Theilzahlungen oder terminliche Einlagen, sowie durch die Zuschreibung von Dividenden zu bildenden Geschäfts-Antheile der einzelnen Mitglieder und den niedrigsten Satz der terminlichen Einlagen".

Richtiger wäre gewesen, statt Normalbetrag „Höchstbetrag" zu setzen. Seitdem hat die genossenschaftliche Bewegung, namentlich in den Konsumvereinen, aus sich eine noch buntere Mannigfaltigkeit in der Behandlung der Geschäftsbetheiligung der Genossenschafter entwickelt. Die durch den Regierungsentwurf

6) die Grundsätze, nach welchen die Bilanz aufzunehmen

---

zuerst vorgeschlagene Fassung des Gesetzes ist daher eine erhebliche Verbesserung. Hält man fest, daß der Begriff des „Geschäftsantheils" nicht wie der der Aktie die gleiche Höhe voraussetzt, so ist klar, daß die Nr. 5 des §. 3 nur irgend eine Begrenzung der Geschäftsantheile, nicht aber gleiche Maximal- oder Minimalbeträge für alle Mitglieder oder ein und dieselbe Weise für für Entstehung der Antheile vorschreibt. Uebertragbarkeit an andere Mitglieder, Kündbarkeit von Geschäftsantheils-Quoten sind nicht verboten. Um dies deutlicher zu machen, einige Beispiele aus der Praxis der Genossenschaften:

A. Die älteren Vorschußvereine pflegten nur den Höchstbetrag der Geschäftsantheile zu bestimmen (20, 30, 50, 100 Thlr.) und den Mitgliedern die Pflicht aufzuerlegen, darauf baare Einlagen, deren niedrigsten Satz (etwa 2½, 5 oder 10 Sgr.) das Statut feststellte, so lange allmonatlich zu machen, bis dadurch und durch die Dividenden der Vollbetrag der Geschäftsantheile erreicht war. Darüber hinaus wurde keine Zahlung angenommen. Oft erlosch auch die Verbindlichkeit zu den Monatsbeiträgen, die meist durch Boten abgeholt wurden, schon wenn die Hälfte oder zwei Drittel des Höchstbetrages erreicht war; die zweite Hälfte oder das letzte Drittel mußte dann, sofern keine Ergänzung durch freiwillige Zahlungen stattfand, bloß durch Einbehaltung der Dividenden erwachsen. Die wirkliche Höhe der einzelnen Geschäftsantheile schwankte somit zwischen der niedrigsten Monatseinlage (z. B. 2½ Sgr.) und dem Höchstbetrage (z. B. 100 Thlr.).

Das Bedürfniß, ein stärkeres Gesellschafts-Kapital, ein schnelleres Anwachsen also der Einzelbetheiligung, zu erzielen, ohne die Gleichberechtigung zu verletzen, führte, namentlich bei größern Vereinen, bald zu allerlei Abweichungen.

Sehr beliebt wurde es, Mitgliedern, welche das Maximum des Geschäftsantheils erreicht hatten, zu gestatten, einen „zweiten Geschäftsantheil", ein zweites Guthaben, von demselben oder einem noch höheren Maximalbetrage durch Einzahlungen und durch Zurückbehaltung der Dividenden zu erwerben. Die Frage des „doppelten Guthabenmaximums", die Frage also, ob der Vorschußverein „die Grenze der Berechtigung mit der Grenze der Verpflichtung zusammenfallen" lassen, oder „neben dem obligatorischen Maximum noch ein darüber hinausgehendes fakultatives Maximum stellen" soll, hat die größeren Vereine lebhaft beschäftigt. Um ferner die Vorschuß entnehmenden Mitglieder zu nöthigen, mit ihren Geschäftsantheilen innerhalb des Maximums nicht zurückzubleiben, wurde vielfach eingeführt, daß von allen Vorschüssen oder von Vorschüssen einer gewissen Höhe (mindestens 50 oder 100 Thlr.) 1 oder 2 pCt. zur Verstärkung des noch nicht vollgezahlten Geschäftsantheils zurückbehalten und gutgeschrieben werden sollten. Und wo der doppelte Geschäftsantheil bereits bestand, fanden diese Abzüge bei allen jenen Vorschüssen oder wieder, sofern die letzteren einen weiter gerückten Minimalsatz überstiegen, auch bis in den zweiten Geschäftsantheil hinein statt, so daß für die Entnehmer bedeutenderer Vorschüsse, also für diejenigen Mitglieder, welche das Risiko des Vereins erheblich erhöhen, der zweite Geschäftsantheil obligatorisch wurde. (Vergl. Blätter für Genossenschaftswesen, 1866, Nr. 5 und Nr. 12).

und der Gewinn zu berechnen ist, und die Art und

Es kann nicht zweifelhaft sein, daß alle diese Einrichtungen dem §. 3 Nr. 4 nicht entgegen sind.

B. Bei den Konsumvereinen hat man in Deutschland öfters die Geschäftsantheile ebenso gebildet und begrenzt, wie bei den Vorschußvereinen. Die Erfahrung lehrte bald, daß in dieser Beziehung die gleichmäßige Behandlung beider Arten Genossenschaften unzuträglich sei. Man schloß sich deshalb mehr und mehr den englischen Mustern an. Die Pioniere von Rochdale stellten zunächst die Verpflichtung für ihre aus armen Flanellwebern bestehenden Mitglieder hin, daß jeder einen Antheil (Aktie) von 1 Pfund ($6^2/_3$ Thlr.) durch Wochenzahlungen von mindestens $2^1/_2$ Pence und Einbehaltung der Dividende erwerben müsse. Später wurde die Verpflichtung auf 5 Pfund erhöht und den Mitgliedern zugleich das Recht höherer Betheiligung zugestanden. Als jedoch nach einigen Jahren das Anwachsen der Mitglieder und ihres Kapitals mit der Ausdehnung des Geschäfts eine größere Stetigkeit angenommen hatte, wurde die Kapitalbetheiligung der Mitglieder in einer noch heute mit geringen Abweichungen bei allen englischen Konsumvereinen bestehenden Weise dahin festgestellt:

Es wird unterschieden zwischen übertragbaren und kündbaren Aktien (shares) von je 1 Pfund. Jedes Mitglied muß von den ersteren eine von dem Verein durch Vollzahlung oder Ratenzahlungen von $2^1/_2$ Schilling (25 Sgr.) vierteljährlich und durch Zuschreibung der Dividenden erwerben. Die Ratenzahlungen, mit Ausnahme der ersten von einem Schilling, können bei regelmäßiger Waarenentnahme ganz unterbleiben. Die kündbaren Aktien entstehen durch Zuschreibung vom Gewinnantheil; Einzahlungen sind darauf nicht gestattet. Sie sind nicht übertragbar, können aber mit statutarisch bestimmten Fristen gekündigt werden. Der Gewinn wird demnach auch nur in ganzen Pfunden (Aktien) ausgezahlt. Da die übertragbaren Aktien nicht gekündigt werden können, so muß sie ein ausscheidendes Mitglied an ein anderes Mitglied verkaufen. Jedes Mitglied muß eine übertragbare Aktie halten; es darf niemals mehr als zusammen 200 Aktien beider Art (200 Pfund) besitzen. (Diese Höchstbetheiligung des Einzelnen ist auch durch das Gesetz vom 11. August 1862 vorgeschrieben.) Beide Arten Aktien, die übertragbaren und die kündbaren, erhalten 5 pCt. jährlicher Zinsen zugeschrieben, aber immer nur, wenn sie vollbezahlt sind, also nach ganzen Pfunden. Der Gewinn wird unter die Vereinsmitglieder nach Verhältniß ihrer Einkäufe vertheilt. Bei Geldüberfluß kann die Genossenschaft Aktien der meistbetheiligten Mitglieder zurückkaufen. Diese können dann zwar ihr Geld der Kasse lassen, sie erhalten aber davon keine Zinsen. Von deutschen Konsumvereinen haben neuerdings viele dieses altbewährte englische Verfahren nachzuahmen gesucht. Sie geben Antheilsscheine von gleichem Betrage aus. Allein die praktische Schwierigkeit für sie besteht darin, daß sie bei sonst korrektem Verfahren, namentlich bei Verkauf nur gegen baar, leicht Geldüberfluß bekommen, so daß eine durchschnittliche Kapitalbetheiligung der Mitglieder von mehr als 10 Thlr. kaum durchführbar ist. Bereits in voriger Anmerkung ist erörtert, daß die englischen Konsumvereine mehr Kapital brauchen können, einmal weil sie stets an Nicht-

Weise, wie die Prüfung der Bilanz erfolgt;[21])

---

mitglieder verkaufen, und sodann, weil sie bedeutende Summen in anderen genossenschaftlichen Unternehmungen anlegen.

Es fragt sich, inwiefern das englische Verfahren bei unseren eingetragenen Genossenschaften gesetzlich zulässig sein würde. Die Nr. 5 des §. 3 bietet in keiner Weise ein Hinderniß. Die zwei Arten des Geschäftsantheils, die Kündbarkeit der einen Art, die Uebertragbarkeit der andern, sofern das Mitglied mehrere Einheiten derselben besitzt, — das alles gestattet sowohl die Fassung der Nr. 5 des §. 3, als der übrige Inhalt des Gesetzes. Das einzige, was man allenfalls als durch die §§. 12, 15 und 38 des Gesetzes verboten ansehen könnte, wäre, daß ausscheidenden Mitgliedern die Zurückzahlung des Stammantheils verweigert wird. (Vergl. die Anmerkung zu §. 38.)

Unzulässig erscheint die neuerdings bei einzelnen deutschen Konsumvereinen getroffene Bestimmung, wonach der ganze Geschäftsantheil des Konsumvereins-Mitgliedes lediglich aus Dividenden erworben werden kann, somit das neueintretende Mitglied zunächst gar nichts einzuzahlen braucht und bis zur ersten Dividendenvertheilung gar keinen Stammantheil besitzt. Diese Einrichtung muß jeder sich unter das Genossenschaftsgesetz stellende Konsumverein dahin abändern, daß eine Einzahlung, und sei sie noch so gering, von dem beitretenden Mitgliede zu leisten ist.

C. Einzelne Rohstoff-Assoziationen haben die Vorschrift, daß jedes Mitglied auf den Geschäftsantheil einen bestimmten Geldbetrag (nicht mehr und nicht weniger) einmal oder eine gewisse Anzahl mal oder allmonatlich unbegrenzt einzahlen muß, und daß außerdem unbegrenzt die Dividende gutgeschrieben wird. Sofern die Einzahlungen der Summe nach bestimmt sind, kann man annehmen, daß der Bestimmung des §. 3 Nr. 5 genügt sei, auch wenn keine Maximalgrenze für die Geschäftsantheile hingestellt ist. Da jede Genossenschaft die Maximalgrenze von beliebiger Höhe festsetzen kann, liegt freilich durchaus kein sachlicher Grund vor, die Festsetzung zu unterlassen und sich auf die Gunst einer immerhin sehr zweifelhaften Auslegung des Gesetzes zu verlassen. — Ebenso steht es mit denjenigen Produktivgenossenschaften, welche in der Anmerkung [18]) zu diesem §. charakterisirt sind.

Bei den Genossenschaften werden in der Regel die Ausdrücke Geschäftsantheil, Guthaben, Stammantheil für gleichbedeutend gebraucht. (Vergl. §. 15 und §. 46 dieses Gesetzes.)

[21]) Für die Bilanz sind die Artikel 29—31 des Handelsgesetzbuchs von Bedeutung (vergl. §. 10 des Gesetzes). Darnach „hat jeder Kaufmann bei dem Beginne seines Gewerbes seine Grundstücke, seine Forderungen und Schulden, den Betrag seines baaren Geldes und seine andern Vermögensstücke anzugeben und einen das Verhältniß des Vermögens und der Schulden darstellenden Abschluß zu machen; er hat demnächst in jedem Jahr ein solches Inventar und eine solche Bilanz seines Vermögens anzufertigen. Bei der Aufnahme des Inventars und der Bilanz sind sämmtliche Vermögensstücke und Forderungen nach dem Werthe anzusetzen, welcher ihnen zur Zeit der Aufnahme beizulegen ist. Zweifelhafte Forderungen sind nach ihrem wahren Werthe anzusetzen, uneinbringliche Forderungen aber abzuschreiben.“ Wo ein großes

7) die Art der Wahl und Zusammensetzung des Vorstandes [22]) und die Formen für die Legitimation der Mitglieder des Vorstandes; [23])

Waarenlager ist, genügt es, die Inventur desselben alle zwei Jahre aufzunehmen, u. s. w. Die Vorschrift des Art. 30, wonach Inventur und Bilanz von allen persönlich haftenden Gesellschaftern zu unterzeichnen ist, findet auf Genossenschaften keine Anwendung; es erscheint aber, gerade dieser Vorschrift halber, angemessen, in den Gesellschaftsvertrag eine Bestimmung darüber aufzunehmen, wer Inventur und Bilanz zu unterschreiben hat. Ueber die Prüfung der Bilanz vergl. §. 9 und §. 27 des Ges. und Anmerkungen dazu.

Die Bestimmung des Strafgesetzbuches (Art. 261), wonach Kaufleute, welche ihre Zahlungen eingestellt haben, wegen einfachen Bankerutts mit Gefängniß bis zu zwei Jahren bestraft werden, wenn sie unterlassen haben, „die Bilanz ihres Vermögens jährlich zu ziehen, obgleich dies gesetzlich vorgeschrieben oder nach Beschaffenheit ihres Geschäfts erforderlich war", kann auf die Vorsteher oder die Mitglieder von Genossenschaften nicht angewendet werden, da es dazu einer ausdrücklichen Vorschrift bedürfte.

Die Grundsätze, nach welchen der Gewinn „zu berechnen ist", nicht aber Vorschriften über die Vertheilung des Gewinns, muß der Gesellschaftsvertrag enthalten. (Vergl. §. 8 des Ges.)

[22]) Die entsprechende Nr. 7 des Art. 209 des Handelsgesetzbuchs hat als Erforderniß für den Gesellschaftsvertrag der Aktiengesellschaften: „die Art der Bestellung und Zusammensetzung des Vorstandes und die Formen für die Legitimation der Mitglieder desselben und für die Beamten der Gesellschaft."

Davon abweichend muß also nach §. 3 Nr. 7 unseres Gesetzes der Vorstand gewählt werden, es kann kein erbliches, oder durch Behörden zu besetzendes Amt werden, auch durch Reihenfolge oder Loos (was bei kleinen Produktiv- oder Rohstoffgenossenschaften denkbar wäre) darf die Person der Vorsteher nicht bestimmt werden. (Vergl. Anmerk. zu §. 16 des Gesetzes.)

[23]) Die dem Art. 209 des Handelsgesetzbuchs entlehnten Worte „die Formen für die Legitimation der Mitglieder des Vorstandes" fehlten im Regierungsentwurf und den Kommissionsentwürfen des Abgeordnetenhauses. Im Plenum ist der Zusatz auf Antrag des Abgeordneten Rechtsanwalt Sommer beschlossen. Für denselben wurde geltend gemacht: Wenn das Gesetz weder die Formen der Legitimation bestimme, noch diese Bestimmung ausdrücklich dem Gesellschaftsvertrage überlasse, so würden die Handelsrichter wahrscheinlich notarielle Abfassung der Wahlprotokolle oder wenigstens Unterzeichnung derselben durch alle Genossenschafter, die bei der Wahl mitgewirkt haben, verlangen, während gegenwärtig die Protokolle die Anwesenden gar nicht namhaft aufführten und nur von dem Vorstande und dem Schriftführer unterzeichnet zu werden pflegten.

Aus dieser Motivirung ergiebt sich, daß hier nur von den Formen der nach §. 17 erforderlichen Legitimation gegenüber dem Handelsrichter, der die Eintragung in das Genossenschaftsregister zu verfügen hat, die Rede sein kann. Die Eintragung in dieses Register legitimirt die Vorsteher dritten Personen gegenüber vollständig.

8) die Form, in welcher die Zusammenberufung der Genossenschafter geschieht;[24])

9) die Bedingungen des Stimmrechts der Genossenschafter[25])

Demnach hat z. B. auch Schulze-Delitzsch in seinem „Musterstatut für Vorschußvereine nach dem Preußischen Genossenschaftsgesetz" neben Bestimmungen über die Protokolle der Generalversammlungen einen besonderen Paragraphen mit der Ueberschrift „Legitimation":

„Die Legitimation der Vorstandsmitglieder wird durch das über die Wahlverhandlung aufzunehmende Protokoll der Generalversammlung geführt.

Die Wahlen sind sofort beim Handelsgericht, unter Einreichung zweier Abschriften des Wahlprotokolls durch den Vorstand in Person anzuzeigen und schriftliche Erklärung der Gewählten über Annahme der Wahl beizufügen u. s. w."

[24]) So lange Genossenschaften nicht ihr eignes Versammlungshaus haben, können sie nicht gut ein für allemal durch das Statut Tag und Stunde der ordentlichen Generalversammlungen festsetzen, (z. B. „Am 3. Montag eines jeden Monats hat um 8 Uhr Abends eine Generalversammlung stattzufinden," Nr. 4 der Statuten des Manchester Konsumvereins, bei Pfeiffer, S. 137). Die übliche Form ist Bekanntmachung der Generalversammlung durch eine Zeitung. Bei kleinen Konsumvereinen pflegt man sich mit einer Bekanntmachung durch Aushang im Verkaufslokal zu begnügen, weil vorausgesetzt wird, daß jedes Mitglied fast täglich dorthin kommt. Bei den Rohstoffgenossenschaften und bei kleinen Vorschußvereinen kommen allein oder neben der Zeitungsannonce Umlauf- oder besondere Einladungszettel vor. Jedenfalls wird die Genossenschaft wohlthun, die Gültigkeit der Generalversammlungs-Beschlüsse nur von der Zeitungs-Bekanntmachung abhängig zu machen. Den Konsumvereinen, welche den Aushang in den Verkaufslokalen neben dem Inserate festhalten wollen, empfehlen wir z. B. einen Zusatz zu dem betreffenden Paragraphen dahin:

„Der Aushang in den Verkaufslokalen muß drei Tage vor dem Versammlungstage angeheftet sein, was durch ein schriftliches Attest eines Mitgliedes des Verwaltungsrathes oder der Direktion nachgewiesen wird. Die Gültigkeit der Generalversammlung wird dadurch nicht beeinträchtigt, daß die Aushänge vorzeitig abgenommen oder abgerissen und verloren gegangen sind."

[25]) Zu den Bedingungen des Stimmrechts gehört vor Allem, ob jeder Genossenschafter ohne Unterschied, wie hoch sein Geschäftsantheil ist, eine Stimme hat, oder unter welchen Bedingungen ein ungleiches Stimmrecht der Genossenschafter stattfindet (vergl. §. 9) des Gesetzes und Anmerkung dazu). Ferner, ob gesetzliche Vertreter (z. B. Vormünder, Väter für Minderjährige, Ehemänner für Frauen u. dgl.) und ob Bevollmächtigte zuzulassen sind. Bisher haben die Genossenschaften aus Gründen, die keiner Auseinandersetzung bedürfen, in der Regel nur selbständige, großjährige Männer und Frauenspersonen, unter Ausschluß der Ehefrauen, als stimmberechtigte Mitglieder aufgenommen. Nur die Konsumvereine kümmerten sich wenig um Alter und Geschlecht, da es ihnen, sofern sie nur gegen baar verkauften, nicht darauf ankam,

und die Form, in welcher dasselbe ausgeübt wird;[26])

10) die Gegenstände, über welche nicht schon durch einfache Stimmenmehrheit der auf Zusammenberufung erschienenen Genossenschafter, sondern nur durch eine größere Stimmenmehrheit oder nach anderen Erfordernissen Beschluß gefaßt werden kann;[27])

11) die Form, in welcher die von der Genossenschaft ausgehenden Bekanntmachungen erfolgen, sowie die öffentlichen Blätter,[28]) in welche dieselben aufzunehmen

---

ob eine einklagbare Verpflichtung des Einzelnen zu Stande kam. Stellvertreter und Bevollmächtigte wurden gar nicht zugelassen. Endlich würde zu den Bedingungen des Stimmrechts auch gehören, wenn Genossenschafter bei gewissen Abstimmungen, z. B. bei Anträgen über ihre Ausstoßung, oder wenn sie sonst ein besonderes, dem Interesse der Genossenschaft entgegenstehendes Interesse haben, nicht mitstimmen dürfen.

[26]) Die Form, in welcher das Stimmrecht der Genossenschafter ausgeübt wird, pflegt, abgesehen von Wahlen, nicht in den Genossenschafts-Statuten vorgesehen zu sein. Die ganzen Verhandlungen, einschließlich der Abstimmungen, werden meist nach „allgemeinem parlamentarischem Brauch" geleitet. Nur kommen namentliche Abstimmungen nicht vor; auch ist statt Aufstehen und Sitzenbleiben das Handaufheben üblich. Wir würden zur Beseitigung von Zweifeln den Genossenschaften empfehlen, in ihre Statuten nach den Vorschriften über die Wahlen eine Bestimmung etwa dahin aufzunehmen:

„Ueber Anträge auf Ausschließung von Genossenschaftern wird durch Kugelung (Stimmzettel) abgestimmt. Bei allen anderen Beschlüssen wird die Mehrheit durch Handerheben mit Probe und Gegenprobe ermittelt. Erklärt der Vorsitzende den Ausfall der Abstimmung für unentschieden, oder erheben zehn Genossenschafter gegen das verkündete Ergebniß Zweifel, so wird durch zwei vom Vorsitzenden ernannte Zähler gezählt. Namentliche Abstimmung findet nicht statt."

[27]) Nur Beschlüsse über Auflösung der Genossenschaft pflegen erheblich erschwert zu sein, z. B. dadurch, daß zwei Drittel der Anwesenden in einer von der Hälfte der Genossenschaftsmitglieder besuchten Generalversammlung, oder auch in zwei mit einer Zwischenzeit von vier Wochen stattfindenden Generalversammlungen dafür stimmen müssen. Auch zu Statutenänderungen, welche bei allen Genossenschaften reichlich vorkommen, ist zuweilen eine Mehrheit von zwei Dritteln der Anwesenden, aber ohne andere Beschränkung erforderlich.

[28]) Diese Nr. 11, mit Nr. 8 des Art. 175 und Nr. 11 des Art. 209 des Handelsgesetzbuchs übereinstimmend, war in den Regierungs-Entwürfen fortgelassen, dahingegen in einem §. 55 zur Aufnahme sowohl der von den Organen der Genossenschaft, als auch der vom Handelsgerichte zu erlassenden Bekanntmachungen das Regierungs-Amtsblatt bestimmt, weil „dasselbe von allen Lokalbehörden gehalten werden muß und deshalb den betheiligten Genossen-

sind;[29])

12) die Bestimmung, daß alle Genossenschafter für die Ver=

---

schaften überall zugänglich ist.“ (Motive S. 36.) „In der Kommission des Abgeordnetenhauses fand diese Art der Veröffentlichung keinen unbedingten Vertheidiger. Man hielt sie für sich allein nicht ausreichend und neben der Insertion in andern Blättern überflüssig und zu kostspielig. Im Ausliegen der Amtsblätter bei den Behörden sah man keinen Zusammenhang mit der wünschenswerthen Publicität, und es wurde überdies das wesentliche Hinderniß betont, daß das Amtsblatt zu selten erscheine und die Insertion zu umständlich sei, um dem oft eiligen Bedürfniß der Veröffentlichung zu genügen.“ (Bericht Nr. 55, S. 14 und 16.) Auch in der Kommission des Herrenhauses nahm man mit Rücksicht auf das verhältnißmäßig seltene Erscheinen des Amtsblattes und dessen geringere Verbreitung davon Abstand, die Wiederaufnahme der Bestimmung des Regierungsentwurfs zu empfehlen (Bericht Nr. 132, S. 8).

[29]) Im Abgeordnetenhause wurde konservativer Seits beantragt, hinter Nr. 11 des Entwurfs einzuschieben:

„12) die Bestimmung, daß durch baare Einzahlungen und Zuschreibungen aus dem Reingewinn ein Genossenschaftsvermögen gebildet werde, welches mindestens dem dritten Theile des Nominalbetrages der sämmtlichen Geschäftsantheile gleichkommt, und daß dasselbe nur in Staatspapieren und bankmäßigen Wechseln angelegt werden darf;

13) die Bestimmung, daß die Gesammtsumme aller Verbindlichkeiten niemals den dreifachen Betrag der Gesammtsumme aller Geschäftsantheile und des Genossenschaftsvermögens übersteigen darf.“

Darnach sollten also nach zwei Richtungen hin Normativ-Bestimmungen eingefügt werden

in Nr. 12 zum Schutz der Genossenschafter: über Bildung eines Reservefonds (der hier und in Nr. 13 konfuser Weise Genossenschaftsvermögen genannt wird);

in Nr. 13 zum Schutz des Publikums: über eine für die Vorschußvereine empfehlenswerthe und denselben von allgemeinen Genossenschaftstagen empfohlene Begrenzung der Kreditaufnahme.

Beides ist mit Recht abgelehnt. Was speziell den Reservefond anlangt, so hat derselbe für Genossenschaften mit Solidarhaft eine untergeordnete wirthschaftliche Bedeutung. Die Vorschußvereine haben ihn wol durchweg, um bei Verlusten, die für Banken unausbleiblich sind, den Schaden einer einzelnen Geschäftsperiode zu vertheilen und Abschreibungen auf Geschäftsantheile zu vermeiden. In neuerer Zeit ist unter den Genossenschaftsmännern eine prinzipielle Opposition gegen den Reservefond aufgetaucht. (Vergl. Aufsätze von Moritz Wiggers und Eugen Richter in Nr. 17 und 20 der Blätter für Genossenschaftswesen 1866 und Mittheilungen über den achten allgemeinen Vereinstag zu Cassel im Oktober 1866 (S. 14). Die deutschen Konsumvereine hatten im Gegensatz zu den englischen, welche den Reservefond überhaupt nicht kennen, meistens Bestimmungen darüber, ähnlich den Vorschußvereins-Statuten festgestellt, sind aber jetzt mehr und mehr zu dem englischen Grundsatze übergegangen. (Vergl. Eug. Richter, Konsumvereine rc., S. 68 ff.) Ein wirth-

bindlichkeiten der Genossenschaft solidarisch und mit ihrem ganzen Vermögen haften.[30])

---

schaftliches Bedürfniß zur Gründung eines Reservefonds dürfte bei ihnen nicht vorhanden sein, sofern sie keinen Kredit geben und auch wenig Kredit nehmen.

In der Kommission des Herrenhauses wurde ein dem erwähnten ähnliches Amendement gestellt, wonach nur für Vorschuß- und Kreditvereine eine Normativbestimmung über den Reservefond vorgeschrieben werden sollte. Es sollte darnach als Nr. 13 am Schluß des §. 3 eingefügt werden:

„13) für Vorschuß- und Kreditvereine die Bestimmung, daß dieselben verpflichtet sind, mindestens 3 pCt. der jährlichen Dividende zur Bildung eines Reservefonds zurückzulegen und damit so lange fortzufahren, bis dieser Fonds den fünften Theil aller Genossenschaftsantheile beträgt."

Aus den Motiven geht hervor, daß unter der unverständlichen Bezeichnung „3 pCt. der Dividende" nichts anderes als 3 pCt. desjenigen Reingewinnes gemeint sind, welcher sonst als Dividende vertheilt werden könnte. Der ähnlich schiefe Ausdruck „Genossenschaftsantheile" wird wol „Geschäftsantheile" bedeuten sollen. Die Regierungs-Kommissarien wendeten gegen dieses Amendement treffend ein, „daß dasselbe der Vertragsfreiheit widerstreite; daß die Genossenschaften selbst im Stande seien, zu beurtheilen, was ihnen fromme; daß solche Bestimmungen auch nicht bei offenen Handelsgesellschaften vorkämen." Die Kommission nahm das Amendement dennoch an. Im Plenum nahm sich der Referent Dernburg (Professor der Rechtswissenschaft) des Reservefonds warm an; weil ihm aber die „3 pCt. der Dividende" zu gering vorkamen und er fürchtete, wenn sie im Gesetz stünden, würden die Genossenschafter niemals höhere Prozente zum Reservefond geben, so beantragte er seinerseits zu beschließen:

„13) für Vorschuß- und Kreditvereine die Bestimmung über die Bildung des Reservefonds und den Betrag der Prozente der jährlichen Dividende, welche zu dessen Ansammlung verwendet werden sollen."

und außerdem im §. 4 als Nr. 7 einzufügen:

7) die Bestimmungen über den Reservefond.

Wenn diese Bestimmungen publizirt würden, meinte er, würden die Gründer, um dem Publikum Vertrauen einzuflößen, für einen recht hohen Reservefond Sorge tragen. Glücklicherweise ist das Amendement abgelehnt und dadurch das Gesetz vor einer Bestimmung bewahrt worden, die an sich nicht gerade erheblich, durch ihre mangelhafte Fassung bei jedem Juristen und jedem Genossenschafter Anstoß erregen müßte.

Den Genossenschaften steht nunmehr vollkommen frei, einen Reservefond einzuführen oder fortzulassen, und wo er eingeführt ist, damit zu schalten und walten wie es ihnen beliebt.

30) Ueber das Prinzip der Solidarhaft vergl. Einleitung.

Es ist hier nöthig, das Verhältniß des §. 3 Nr. 12 zu dem §. 11, Absatz 1, und zum Schlußsatz des §. 50 zu erörtern. Alle drei Bestimmungen sind wörtlich dem Gesetzentwurf der Regierung vom 2. Februar 1866 entlehnt (§§. 3, 12, 51); dieser Entwurf wiederum hat die Bestimmungen der §§. 12 und 51, erstere wörtlich, letztere mit einer beim §. 51 näher zu erwähnenden

Abweichung, dem Kommissions-Bericht von 1863 entnommen, wohingegen §. 3 Nr. 12 neu eingefügt ist. Die Vorschrift des §. 51, — wonach die Berechtigung der Gläubiger, wegen des Ausfalls ihrer Forderungen, sobald der über das Vermögen der Genossenschaft eröffnete Konkurs (Falliment) beendet ist, die ihnen solidarisch haftenden Genossenschafter in Anspruch zu nehmen, davon abhängig gemacht wird, daß die Forderungen im Konkursverfahren (Falliment) angemeldet und verifizirt sind, — ist augenscheinlich für Abfassung des Gesellschaftsvertrages gleichgültig. Sie regelt nur, wie das Recht der Genossenschaftsgläubiger aus der konstituirten resp. gesetzlichen Solidarhaft geltend gemacht werden kann. Die Verschiedenhert des §. 3 Nr. 12 und des §. 11, insofern nach letzterem die solidarische Haft gegen die Genossenschafter nur bei nicht ausreichendem Genossenschaftsvermögen eintritt, während ersterer §., ohne jener Beschränkung zu erwähnen, die Bestimmung der solidarischen Haft aller Genossenschafter in den Gesellschaftsvertrag aufzunehmen befiehlt, giebt zu folgenden Fragen Anlaß:

1. Genügt es, in den Gesellschaftsvertrag die Bestimmung genau nach Inhalt des §. 11 aufzunehmen?

2. Sind die rechtlichen Folgen verschieden, je nachdem die eingetragene Genossenschaft in ihrem Gesellschaftsvertrage bei Feststellung der Solidarhaft die Beschränkung des §. 11 des Gesetzes aufnimmt oder fortläßt?

3. Ist es rechtlich zulässig, daß eine eingetragene Genossenschaft durch eine Bestimmung ihres Gesellschaftsvertrages die Einschränkung des §. 11 beseitigt, so daß der Gläubiger der Genossenschaft wegen seiner ganzen Forderung sofort jeden Genossenschafter in Anspruch nehmen kann, auch wenn ausreichendes Genossenschaftsvermögen vorhanden ist?

Im Abgeordnetenhause hatte Prof. Glaser beantragt, den vorerwähnten Zusätzen die Nr. 12 in einer mit §. 12 übereinstimmenden Fassung folgen zu lassen. Aus seiner nicht besonders klaren Begründung ging hervor, daß er darin eine materielle Aenderung nicht sah. Schulze-Delitzsch erklärte das Amendement, welches dasselbe wie das Gesetz sage, für überflüssig, der Inhalt desselben brauche nicht hier nochmal besonders erwähnt zu werden. v. Vincke, indem er augenscheinlich die Bestimmung des §. 11 ganz übersah, meinte, die Sache werde dadurch nur weitläufiger; für das Publikum würde jedenfalls angenehm sein, ohne jede Prinzipalverpflichtung sofort in der Solidarhaft eine genügende Deckung zu haben. Eine dritte Meinung äußerte der Referent Lasker. Ihm schien das Amendement Glaser auf einem Irrthum zu beruhen: „Richtig ist, daß die Eventualhaft im §. 11 des Kommissions-Entwurfs als materielles Recht eingeführt wird, aber es ist keineswegs die Absicht des Gesetzes, alle Genossenschaften an die nur eventuelle Solidarhaft zu binden, sondern das Gesetz will nur das unerläßliche Minimum der Solidarhaft feststellen. Wir können aber die Nr. 12 des §. 3 nicht nach dem Vorschlage des Amendements Glaser abändern, wenn wir nicht die Bestimmung der Kommissions- und Regierungsvorlage dahin abändern wollen, daß den einzelnen Genossenschaften verboten wäre, eine ausgedehntere Solidarhaft einzugehen."

Uns scheint die Ansicht des Referenten, der zu Folge von den obigen

Fragen die zu 2) und 3) zu bejahen sein dürften, nicht richtig. Weder Schulze's Antrag von 1863 noch der Entwurf der Kommission von 1863 schrieb den Genossenschaften vor, eine Bestimmung über die Solidarhaft in das Statut zu setzen. Die Solidarhaft mit der Beschränkung des jetzigen ersten Absatzes des §. 11 (die Fassung beruht auf einem Antrag des Herausgebers) sollte stets eintreten; Abänderungen durch den Gesellschaftsvertrag sollten nicht zulässig sein. (Vergl. §§. 11 und 15 im Kommissions-Entwurf von 1863, Drucksachen Nr. 168, II. Session 1863.)

So hat es auch die Staatsregierung aufgefaßt. Sie sagt in den Motiven zum Gesetzentwurfe (S. 24), jene Kommission habe als leitenden Grundsatz aufgestellt:

> „daß die Solidarhaft der Genossen auf eine Solidar-Bürgschaft reduzirt werde, welche dann in Kraft tritt, wenn das Vermögen der Genossenschaft zur Befriedigung ihrer Gläubiger nicht ausreicht."

Eine Abweichung hiervon beabsichtigte die Staatsregierung durch den §. 3 keineswegs. Die Motive lauten zu §. 3:

„Der §. 3 ist im Wesentlichen dem Art. 209 des Handelsgesetzbuches nachgebildet. Abweichend von dem Inhalte des letzteren ist im §. 3 statt der Bestimmung über die Höhe des Grundkapitals und der Aktien, die Verpflichtung der Genossenschafter zur Solidarhaft (§. 3 Nr. 11) unter die Grundbedingungen des Genossenschafts-Vertrages aufgenommen. Die solidarische Haftbarkeit der einzelnen Genossenschafter für die von der Genossenschaft kontrahirten Schulden bildet die Basis der Kreditfähigkeit der in Preußen bestehenden Genossenschaften und damit zugleich die Grundursache der von den letzteren bisher erzielten Erfolge. Eine vertragsmäßige Abänderung des Prinzips der Solidarhaft ist daher den Genossenschaften — als das Wesen der letzteren alterirend — nicht gestattet. Die unbedingte gesetzliche Feststellung jenes Prinzips entspricht den Interessen der Genossenschaften selbst, wie der mit ihnen kontrahirenden Gläubiger. Zugleich wird dadurch einer mißbräuchlichen Benutzung des Genossenschafts-Gesetzes zur Umgehung der für Gründung von Aktien-Gesellschaften erforderlichen Staats-Genehmigung (durch Bildung von Genossenschaften mit beschränkter Haftbarkeit) vorgebeugt."

Zu §. 12 aber:

„Im §. 12 ist das Rechtsverhältniß der einzelnen Genossenschaften in Beziehung auf ihre Verhaftung für die Genossenschaftsschulden gegen dritte Personen bestimmt. Die bestehenden Genossenschaften haben, wie schon oben angeführt ist, als Grundsatz angenommen, daß die einzelnen Genossenschafter für die Schulden der Genossenschaft solidarisch haften. Diese Solidarhaft ist im §. 12 beibehalten, indessen dadurch, daß den Genossenschafts-Gläubigern die Verpflichtung auferlegt wird, ihre Befriedigung zunächst aus dem Genossenschafts-Vermögen zu suchen, in die zweite Linie gerückt worden. Die solidarisch verpflichteten Genossenschafter erhalten dadurch den Genossenschafts-Gläubigern gegenüber statt der Stellung der Hauptschuldner die Stellung der Bürgen. Diese veränderte Rechtslage der einzelnen Genossenschafter steht damit im Einklang, daß den Genossenschaften selbst jetzt Rechtsfähigkeit beigelegt wird. Da die letzteren nunmehr die ihnen bis jetzt fehlende Befugniß

§. 4.[31])

Der Gesellschaftsvertrag muß bei dem Handelsgerichte (Art. 73

---

erhalten sollen, die Träger von Verbindlichkeiten zu werden, so erscheint es gerechtfertigt, daß sie für die Erfüllung dieser von ihnen kontrahirten Verbindlichkeiten zunächst zu haften, dieselben als Hauptschuldner mit ihrem (dem Genossenschafts-) Vermögen zu vertreten haben, während nur im Falle der Insuffizienz der letzteren die Genossenschafts-Gläubiger wegen des Ausfalls das Privatvermögen der einzelnen Gesellschaftsmitglieder in Anspruch nehmen können. Die Sicherheit der Genossenschafts-Gläubiger wird hierdurch nicht beeinträchtigt, da ihnen das Vermögen aller Genossenschafter nach wie vor verhaftet bleibt. Sie erhalten nur einen Schuldner mehr, die Genossenschaft selbst, gegen welche sie zunächst ihre Ansprüche zu richten haben, während ihnen seither — so lange der Genossenschaft als solcher die Rechtsfähigkeit fehlte — nur die einzelnen Genossenschafter als Verpflichtete gegenüberstanden."

Aus alledem ergiebt sich als Antwort auf die vorstehend aufgeworfenen Fragen:

zu 1) Jeder Genossenschaft steht frei, in ihren Gesellschaftsvertrag die Bestimmung über die Solidarhaft nach der Fassung des §. 3 oder nach der Fassung des §. 11 aufzunehmen;

zu 2) Die rechtlichen Folgen sind in beiden Fällen dieselben;

zu 3) Es ist unzulässig, die prinzipale Solidarhaft der Genossenschafter durch den Gesellschaftsvertrag einzuführen; die Solidarbürgschaft ist ein essentiale des neuen Rechtsinstituts, der eingetragenen Genossenschaft. (Vergl. das Verbot des §. 8 des Gesetzes.) Will die Genossenschaft einem Dritten gegenüber eine Verbindlichkeit übernehmen, bei welcher neben ihr, der juristischen Person, einzelne oder alle Genossenschafter als wirkliche Korrealverpflichtete eintreten, so kann dies nur durch eine besondere Erklärung der letzteren geschehen. Eine solche Korrealverpflichtung einzugehen, kann der einzelne Genosse nicht durch Gesellschaftsbeschluß gezwungen werden. (Vergl. die Ausführungen des Dr. Auerbach in seinem Aufsatze: „Die deutschen Genossenschaften" Bd. 7 in Goldschmidt's Zeitschrift für das gesammte Handelsrecht 1864 S. 1—28 und 338—387.)

[31]) Der Regierungs-Entwurf hatte zwischen diesem und dem vorigen §. eine Bestimmung, wonach ein Antrag auf Anerkennung der Genossenschaft vom Vorstande an den Oberpräsidenten der Provinz unter Beifügung des Gesellschaftsvertrages und eines Verzeichnisses der Genossenschafter zu richten sei und der Oberpräsident die Anerkennung durch Attest aussprechen sollte. Eine gleiche Genehmigung sollte nach einem folgenden §. die Bedingung der Gültigkeit eines jeden den Gesellschaftsvertrag abändernden Beschlusses sein. Die Motive führten darüber aus:

Die Sicherheit des mit den Genossenschaften kontrahirenden Publikums erfordere, daß die rechtliche Existenz der Genossenschaft unzweifelhaft festgestellt werde. Namentlich die für die Staatsregierung erhebliche Frage, ob die Genossenschaft nicht unerlaubte Nebenzwecke zum Gegenstande ihrer statutarischen Festsetzungen gemacht habe, erheische, daß die Feststellung durch

des Einführungsgesetzes zum Allgemeinen Deutschen Handelsgesetz-

---

Prüfung und Anerkennung des Staates geschehe. Die Frage, ob ein die Anerkennung als Genossenschaft beanspruchender Verein seinem Zwecke nach zu den im §. 1 bezeichneten Kategorien gehöre, sei wesentlich administrativer Natur; die Entscheidung derselben werde daher nicht den Gerichten, sondern den Administrativ-Behörden übertragen. Unter den letzteren seien die Ober-Präsidenten gewählt, um eine größere Gleichförmigkeit in der Behandlung der derselben Provinz angehörigen Genossenschaften herbeizuführen.

Um diesen Punkt und die damit zusammenhängenden Bestimmungen über anderweitige amtliche Einwirkung (vergl. §. 26) drehten sich die erheblichsten Differenzen zwischen der Kommission des Abgeordnetenhauses und dem Ministerium. Für das Anerkennungsrecht des Oberpräsidenten wurde nichts anderes geltend gemacht, weder in der Kommission noch im Abgeordnetenhause, als die alten landläufigen Redensarten, mit denen Büreaukraten und Absolutisten jede Bevormundung, jeden Eingriff der Staatsgewalt in den wirthschaftlichen Verkehr von jeher zu rechtfertigen suchten (vergl. namentlich Glaser, S. 1214 der stenographischen Berichte).

Gegen den Hinweis auf die nothwendige staatliche Genehmigung für Aktiengesellschaften (Art. 208 des Handelsgesetzbuchs) wurde von den Gegnern jener Bestimmung hervorgehoben, daß in den sehr industriell entwickelten Ländern England und Belgien für Aktiengesellschaften eine staatliche Genehmigung nicht gefordert werde, und daß man dieselbe, wo sie bestehe, wie in Preußen, nur aus der beschränkten Haftbarkeit der Aktionäre herleite; man meine den nur auf den Antheilen basirenden Kredit durch eine vorangehende Kontrolle der Behörde zu schützen. Bei den Kommandit-Gesellschaften, wo neben den Kommanditisten mit beschränkter Haftbarkeit nur noch Einer oder einige Wenige mit ihrem ganzen Vermögen haften, schreibe das Gesetz weder Bestätigung noch Anerkennung vor; um so weniger passe diese für die Genossenschaft, welche für alle Mitglieder die Solidarhaft begründe.

Nachdem im Abgeordnetenhause das von den Genossenschaften in vielen Petitionen als völlig unannehmbar bezeichnete Anerkennungsrecht des Ober-Präsidenten fast einstimmig abgelehnt war, erklärte der Handelsminister in der Kommission des Herrenhauses, gegen den Fortfall dieses Anerkennungsrechts keine Schwierigkeiten erheben zu wollen, da die Einmischung des Staates in gewerbliche Unternehmungen allerdings mit manchen Bedenken verbunden sei und die Genossenschaften ohnehin auch bei Versagung der Anerkennung durch den Oberpräsidenten fortbestehen und nur der Vortheile des neuen Gesetzes entbehren würden. In der Kommission des Herrenhauses sprach sich zwar keine Stimme für Anerkennung durch den Oberpräsidenten aus, man versuchte indeß die Staatsbeeinflussung durch zwei Anträge wieder hineinzubringen des Inhalts:

a. die Königl. Regierung ist befugt, einen Kommissar zu bestellen, der das Recht hat, den Versammlungen der Genossenschaftsorgane beizuwohnen und von den Büchern, Rechnungen und sonstigen Schriftstücken, sowie ihren Kassen und Anstalten Einsicht zu nehmen;

b. zur Vermittelung des Geschäftsbetriebes der Genossenschaften, welche dies in Anspruch nehmen, wird die Königl. Staatsregierung eine Zentralkasse einrichten und diese mit einem Betriebsfonds von zwei Millionen Thalern dotiren. (Bericht 132 S. 11.)

Diese von der Staatsregierung energisch bekämpften Anträge wurden schließlich mit geringer Mehrheit verworfen. Aus der Diskussion ist ein wesentlicher Umstand zu vermerken: Ein Appellationsgerichts- und ein früherer Ober-Präsident erachteten es für unzweifelhaft, daß die Regierung schon jetzt das Recht habe, die Bücher einer Genossenschaft durch einen Kommissar einsehen, etwaige Unordnungen aufdecken und nach Maßgabe des Befundes weiter verfügen zu lassen. Die Staatsregierung hat hierüber keine Erklärung abgegeben. Mit Recht hat aber ein anderer Oberpräsident a. D. (v. Kleist-Retzow) dem widersprochen: Die Regierung dürfe einen Kommissar in Gesellschaften nur senden, wenn bestimmte polizeiliche oder kriminelle Gründe vorliegen.

Die Frage des Oberaufsichtsrechts des Staates ist auch in Zukunft für die Genossenschaften von Wichtigkeit. Ueber dieses Recht haben preußische Behörden öfters Anschauungen, welche durch die Gesetze nicht zu begründen sind, aus dem absoluten Staate zurückbehalten, und der Mangel der Privatanklage und die Kompetenzkonfliktsgesetze hemmen, daß eine bessere Einsicht Platz greife. Mit dem Aufsichtsrecht verhält es sich folgendermaßen. Die Instruktion zur Geschäftsführung der Regierungen vom 23. Oktober 1817 (Gesetz-Sammlung Seite 248) überwies der ersten Abtheilung der Regierung im §. 2 Nr. 5 „das gesammte Kommunalwesen, insoweit dem Staate eine Einmischung darüber vorbehalten worden; ferner die Aufsicht über alle Korporationen, Gesellschaften, Verbindungen, öffentliche Institute und Anstalten, sofern selbige nicht bloß einen gewerblichen Zweck haben; folglich auch über die Brand- und andere Versicherungsanstalten und -Gesellschaften." Genossenschaften könnte man hier höchstens unter die „Gesellschaften, sofern selbige nicht bloß einen gewerblichen Zweck haben" unterbringen wollen. Dagegen sprechen aber im Allgemeinen schon die Vorschriften, welche dieselbe Instruktion in dem §. 7 den Regierungen ertheilt:

„Es muß daher bei allen ihren Ansichten, Vorschlägen und Maßregeln der Grundsatz leitend sein, Niemanden in dem Genuß seines Eigenthums, seiner bürgerlichen Gerechtsame und Freiheit, so lange er in den gesetzlichen Grenzen bleibt, weiter einzuschränken, als es zur Beförderung des allgemeinen Wohles nöthig ist; einem Jeden innerhalb der gesetzlichen Schranken die möglichst freie Entwickelung seiner Anlagen, Fähigkeiten und Kräfte in moralischer sowohl als physischer Hinsicht zu gestatten, und alle dagegen noch obwaltenden Hindernisse bald möglichst auf eine legale Weise hinwegzuräumen."

Uebrigens werden die meisten Genossenschaften zu den Gesellschaften zu zählen sein, die bloß einen gewerblichen Zweck haben. Die Vorschußvereine, welche nur an Mitglieder ausleihen, treiben zwar selbst kein Gewerbe, aber sie bezwecken, ihren Mitgliedern die Vorbedingungen ihres Gewerbebetriebes zu verschaffen, nämlich das Geld, was sie zu ihrem Gewerbebetriebe nöthig haben. Das Aufsichtsrecht über die Gesellschaften, wie es in der Instruktion

buche vom 24. Juni 1861.)[32]), in dessen Bezirk die Genossenschaft ihren Sitz hat, in das Genossenschaftsregister, welches einen Theil des Handelsregisters bildet[33]), eingetragen[34]) und im Aus-

---

vom 23. Oktober 1817 ausgesprochen war, ist durch Art. 29—31 der Verfassung und durch das Gesetz vom 11. März 1850 erheblich eingeschränkt. Danach sind alle Gesellschaften, welche keine Korporationsrechte haben, keine Einwirkung auf öffentliche Angelegenheiten bezwecken (§. 2 des Ges. vom 11. März 1857) und deren Zwecke den Strafgesetzen nicht zuwiderlaufen, jeder Aufsicht der Regierung enthoben, es sei denn, daß eine solche Aufsicht durch ein Spezial-Gesetz vorgeschrieben sei.

[32]) Art. 73 des Ges. vom 24. Juni 1861 besagt: „Die Errichtung und Organisation von Handelsgerichten in allen Landestheilen der Monarchie wird einem besonderen Gesetze vorbehalten. Bis zum Erlasse desselben treten in den Landestheilen, in welchen nicht bereits besondere Handelsgerichte bestehen, die Kreisgerichte oder Stadtgerichte an die Stelle der Handelsgerichte. Die Kommerz- und Admiralitätskollegien zu Königsberg und Danzig, sowie die für Handelssachen bestehenden Gerichtsabtheilungen zu Stettin, Memel und Elbing bleiben vorläufig in ihren bisherigen Einrichtungen und mit ihrer bisherigen Zuständigkeit bestehen. Denselben wird zugleich die Führung des Handelsregisters für ihre Sprengel übertragen.... Der Justizminister bestimmt für die einzelnen Gerichte, zu welchen Zweiggerichte gehören, ob und inwiefern das Handelsregister von den letzteren oder von dem Hauptgerichte zu führen sei." Vergl. unten die Instruktion des Justizministers vom 2. Mai 1867, §. 5.

[33]) Schulze-Delitzsch hatte in seinem Gesetzentwurf, wodurch er gleichsam „einen zusätzlichen Abschnitt" zum Handelsgesetzbuch selbst, über eine darin übersehene, und jedenfalls verwandte Gesellschaftsform in's Leben rufen wollte, die Eintragung in das Handelsregister ohne nähere Bezeichnung vorgeschlagen. Ein den drei ersten Abtheilungen des Handelsregisters in Preußen: Firmenregister, Prokurenregister, Gesellschaftsregister (vgl. Instruktion vom 12. Dezember 1861) entsprechendes Genossenschaftsregister als ferneren Theil des Handelsregisters zu bilden, wurde zuerst von der Abgeordnetenhaus-Kommission von 1863 auf Antrag des Herausgebers angenommen. Die Motive des Ministerial-Entwurfs vom 2. Februar 1866, welcher sich hier dem Kommissions-Entwurfe von 1863 anschloß, besagen darüber: „Für die Veröffentlichung der Firmen der Genossenschaft, der Personen ihres Vorstandes in der im Genossenschafts-Vertrage etwa bestimmten besonderen Form, in welcher der Vorstand seine Erklärungen in verbindender Art auszustellen hat, sprechen dieselben Gründe, aus welchen diese Veröffentlichung bei den Firmen der kaufmännischen Gesellschaften durch das Handelsregister im Handelsgesetzbuch vorgeschrieben ist. Da das Handelsregister lediglich für die in Gemäßheit des letztern Gesetzes zu publizirenden Bekanntmachungen bestimmt ist, so ist zur Unterscheidung der Genossenschaften von den Handelsgesellschaften ein besonderes, dem Handelsregister nachgebildetes Genossenschaftsregister vorgeschrieben." Bei dieser Gegenüberstellung ist übersehen, daß das Genossenschaftsregister einen Theil des Handelsregisters bilden soll, also viel-

mehr dem Gesellschaftsregister korrespondirt. Das Gleiche scheint auch bei Erlaß der Ministerial-Instruktion vom 2. Mai 1867 übersehen zu sein. Statt im Allgemeinen auf die Instruktion vom 12. Dezember 1861, betreffend die Führung des Handelsregisters, zu verweisen, und nur die nöthigen Ergänzungen zu verfügen, behandelt sie das Genossenschaftsregister nicht als einen Theil des Handelsregisters, sondern ganz gesondert von demselben. Als Beamten zur Führung des Genossenschaftsregisters sind nur „in der Regel die nämlichen Beamten zu bestimmen, denen die Führung des Handelsregisters übertragen ist" (vgl. §. 6 der Instruktion vom 2. Mai 1867); sogar die Blätter zu den öffentlichen Bekanntmachungen können andere sein (vgl. Anmerkung 35). Daß dies ein wirklicher Fehler der Ministerial-Instruktion ist, leuchtet sofort ein, wenn man erwägt, daß für die Genossenschaften die in Betreff der Kaufleute im Allg. Deutschen Handelsgesetzbuche in dem Einführungsgesetze vom 24. Juni 1861 gegebenen Bestimmungen nach §. 10 des Genossenschaftsgesetzes Gültigkeit haben, also viele Genossenschaften in die Lage kommen werden, mit dem Handelsrichter und dem Handelsregister in Beziehung zu treten, nämlich alle diejenigen, welche Prokuristen annehmen. An die Möglichkeit dieses Falles scheinen die Verfasser der Ministerial-Instruktion vom 2. Mai 1867 freilich nicht gedacht zu haben (vgl. Anmerkung 35 und Anmerkung zu §. 10).

[34]) Das Handelsregister soll die thatsächlichen Vorgänge im Geschäftsleben, welche für den kaufmännischen Verkehr eine rechtliche Bedeutung haben, zur öffentlichen Kenntniß bringen. (Vgl. Anschütz und v. Völderndorff Kommentar zum Allg. Deutschen Handelsgesetzbuch Bd. I. S. 98—133). Demgemäß verordnen die Artikel 12—14 des Handelsgesetzbuchs: Das Handelsgesetzbuch ist öffentlich: 1) Jeder ist berechtigt, es während der gewöhnlichen Dienststunden einzusehen. 2) Jeder ist berechtigt, gegen Erlegung der Kosten von den Eintragungen eine einfache oder beglaubigte Abschrift zu fordern. 3) Das Handelsgericht hat die Eintragungen durch eine oder mehrere Anzeigen in öffentlichen Blättern unverzüglich bekannt zu machen. Das Handelsgericht hat alljährlich im Monat Dezember die öffentlichen Blätter zu bestimmen, in welchen im Laufe des nächsten Jahres diese Bekanntmachungen erfolgen sollen. — Die Instruktion vom 2. Mai 1867 wiederholt die Bestimmungen der Artikel 12—14 des Handelsgesetzbuchs für das Genossenschaftsregister. — Ueber die Wirkung der Eintragung und Veröffentlichung vergl. Thöl Handelsrecht, 4. Auflage §. 19d., Endemann's Handelsrecht 1865 §. 21, namentlich aber Anschütz und Völderndorff a. a. O. Letztere stellen folgende allgemeine Grundsätze auf, welche sie später nach den verschiedenen denkbaren Fällen erläutern:

„Jede im Vertrauen auf den veröffentlichten Inhalt des Handelsregisters vorgenommene Handlung, so weit sie mit den hierher bezüglichen Rechtsverhältnissen in Verbindung steht, bringt in Ansehung desjenigen, welcher nach den im Register befindlichen Einträgen und in gutem Glauben gehandelt hat alle jene rechtlichen Wirkungen hervor, welche der vorgenommenen Handlung nach jenen Einträgen entsprechen. Und Niemand kann die Unkenntniß dessen, was im Handelsregister eingetragen ist, zu seinem Vortheile anführen, außer er wäre nicht in bösem Glauben. Der durch die Oeffentlichkeit des Registers bedingte gute oder böse Glaube erscheint demnach als die Wirkung, welche

zuge veröffentlicht werden.[35])

Der Auszug muß enthalten:[36])

1) das Datum des Gesellschaftsvertrages;

2) die Firma und den Sitz der Genossenschaft;

3) den Gegenstand des Unternehmens;

---

für den Rechtsverkehr aus den Einträgen und deren Bekanntmachung hervorgeht, und wodurch sich die einzelnen Gesetzesbestimmungen erklären."

[35]) Der Regierungsentwurf vom 2. Februar 1866 wollte nach einem besondern §. 55 diese Veröffentlichungen nicht durch die jährlich für das Handelsregister zu bestimmenden Blätter, sondern durch die Regierungs-Amtsblätter erlassen wissen. (Vgl. oben Anmerk. 28 zu §. 3.) Nachdem der §. 55 dieses Entwurfs gestrichen ist, darf die Veröffentlichung, da das Genossenschaftsregister einen Theil des Handelsregisters bildet, strenggenommen nur in denjenigen öffentlichen Blättern erfolgen, welche — nicht etwa nach einer Instruktion der Justizbehörden — sondern nach ausdrücklicher Bestimmung des Art. 12 des Handelsgesetzbuchs von jedem Handelsgericht für seinen Bezirk alljährlich im Monat December auszuwählen und als solche bekannt zu machen sind, in welchen im Laufe des nächstfolgenden Jahres alle Eintragungen in das Handelsregister veröffentlicht werden sollen. Man kann die Minister für Handel, Gewerbe und öffentliche Arbeiten und der Justiz, denen der §. 57 des Gesetzes „die näheren geschäftlichen Anordnungen über die Führung des Genossenschaftsregisters vorbehalten" hat, auch nicht für befugt erachten, im Wege „geschäftlicher Anordnungen" andere Bestimmungen über die Auswahl der Blätter zu treffen. Dennoch ist dies geschehen, wol lediglich, weil man die Worte „welches einen Theil des Handelsregisters bildet" gänzlich übersah. (Vergl. Anmerk. 33.) Die vom Justizminister allein erlassene Instruktion vom 2. Mai 1867 bestimmt im §. 2:

„Jedes Handelsgericht hat für seinen Bezirk alljährlich im Dezember die öffentlichen Blätter zu bestimmen, in welchen im Laufe des nächstfolgenden Jahres die Eintragungen in das Genossenschaftsregister bekannt gemacht werden sollen. Der Beschluß ist durch den Anzeiger des Regierungs-Amtsblattes und durch die vom Handelsgericht bezeichneten Blätter ein oder mehrere Male zu veröffentlichen. Geht eins dieser Blätter im Laufe des Jahres ein, so ist demselben ein anderes zu substituiren und öffentlich bekannt zu machen. Für die in der Zwischenzeit erfolgenden Bekanntmachungen genügt die Einrückung in die noch bestehenden Blätter. Für das Jahr 1867 ist die Veröffentlichung sogleich bei Eintritt der Gesetzeskraft des Gesetzes vom 27. März 1867 durch den Anzeiger des Regierungs-Amtsblattes zu bewirken."

Wir würden den Handelsgerichten dringend empfehlen, dem Gesetze gemäß die Bekanntmachungen nur in denjenigen Blättern zu erlassen, in welchen sie die Eintragungen in das Handelsregister veröffentlichen.

[36]) Man vergl. die Art. 176 u. 210 des Handelsgesetzbuchs, in welchen über die Veröffentlichung von Auszügen bei Kommanditgesellschaften auf Aktien und Aktiengesellschaften die Anordnungen getroffen sind.

4) die Zeitdauer der Genossenschaft, im Falle dieselbe auf eine bestimmte Zeit beschränkt sein soll;

5) die Namen und den Wohnort der zeitigen Vorstandsmitglieder;

6) die Form, in welcher die von der Genossenschaft ausgehenden Bekanntmachungen erfolgen, sowie die öffentlichen Blätter, in welche dieselben aufzunehmen sind.

Zugleich ist bekannt zu machen, daß das Verzeichniß der Genossenschafter jederzeit bei dem Handelsgerichte eingesehen werden könne.[37])

Ist in dem Gesellschaftsvertrage eine Form bestimmt, in welcher der Vorstand seine Willenserklärungen kund giebt und für die Genossenschaft zeichnet, so ist auch diese Bestimmung zu veröffentlichen.[38])

---

[37]) Diese Bestimmung ist seit dem Kommissionsentwurf von 1863 in allen Entwürfen festgehalten. Auffallend ist, daß nirgends im Gesetze vorgeschrieben ist, wo das Handelsgericht dieses Verzeichniß herbekommt. Die §. 24 des Gesetzes, welcher dem Vorstande die Verpflichtung auferlegt, quartaliter über Eintritt und Austritt von Genossenschaftern Anzeige zu machen und jährlich im Januar ein vollständiges Verzeichniß der Genossenschafter einzureichen, damit das Handelsgericht „danach die Liste der Genossenschafter berichtige und vervollständige", setzt die Existenz einer Urliste voraus, ohne über ihre Beschaffung etwas zu bestimmen. Es liegt hier allerdings eine Lücke vor. Dieselbe ist dadurch entstanden, daß man den §. 4 des Regierungs-Entwurfes, in welchem das vom Vorstande dem Oberpräsidenten mit dem Antrage auf Anerkennung zu überreichende Mitgliederverzeichniß erwähnt war, (vergl. Anmerk. 31) im Abgeordnetenhause gestrichen hat, ohne daß eine andere Bestimmung über dieses Verzeichniß an geeigneter Stelle aufgenommen wurde. In dem Kommissionsentwurfe von 1863 kam eine solche Bestimmung erst in einem nachfolgenden §. 5 vor, von dessen übrigem Inhalt vielleicht auch die Bestimmung eine Berücksichtigung verdient hätte, daß der Vorstand die Genossenschaft Behufs Eintragung anzumelden hat. Nach Streichung des §. 4 des Regierungs-Entwurfs muß man diese Verpflichtung des Vorstandes erst aus den §§. 17 und 54 des Gesetzes folgern. Die Ministerial-Instruktion vom 2. Mai 1867 holt beides im §. 21 nach.

[38]) Dieser Satz, wörtlich entnommen dem Art. 210 des Handelsgesetzbuchs (Aktiengesellschaften), bezieht sich auf §. 18 des Gesetzes, welcher seinerseits mit Artikel 229 des Handelsgesetzbuchs übereinstimmt. — Nach dem Wortlaute würde die Veröffentlichung der Form, in welcher der Vorstand zu zeichnen hat, auch dann nothwendig sein, wenn der Gesellschaftsvertrag lediglich diejenige Form feststellt, welche das Gesetz für den Fall vorschreibt, daß der Gesellschaftsvertrag nichts darüber bestimmt hat.

§. 5.

Vor erfolgter Eintragung[39]) in das Genossenschaftsregister hat die Genossenschaft[40]) die Rechte einer eingetragenen Genossen-

---

[39]) Nicht die Veröffentlichung des Auszuges des Gesellschaftsvertrages (§. 4) bestimmt den Zeitpunkt, wo die Genossenschaft die Rechte dieses Gesetzes erwirbt, sondern die Eintragung. (Vgl. Art. 178 u. Art. 211 des Handelsgesetzbuchs.)

Dieser Paragraph ist den Artikeln 178 u. 211 des Handelsgesetzbuchs nachgebildet, wonach vor erfolgter Genehmigung und Eintragung in das Handelsregister die Kommanditgesellschaft auf Aktien resp. die Aktiengesellschaft als solche nicht besteht. „Einer Bestimmung über die Rechtsverhältnisse der Genossenschaften vor der Eintragung, wie solche in dem Artikel 211 des Handelsgesetzbuchs für die Aktiengesellschaften getroffen ist, bedarf es nicht, weil die Genossenschaften als Gesellschaften auch ohne staatliche Genehmigung existiren können, und ihre Rechte in diesem Falle sich nach den allgemeinen Gesetzen über den Sozietäts-Vertrag richten.“ (Motiv zum Regier.-Entw. S. 27.)

[40]) Die Ueberleitung der bereits bestehenden Genossenschaften in die Form der eingetragenen Genossenschaften wird zu vielen Bedenken Anlaß geben. Wenn das Gesetz keine Bestimmung darüber enthält, wie solche Ueberleitung zu geschehen hat, so wird der Richter bei Anwendung desselben auf Genossenschaften, welche schon früher bestanden, nicht außer Augen lassen dürfen, daß das Gesetz nach der übereinstimmenden Absicht der drei gesetzgebenden Faktoren in erster Linie bestimmt ist, den vielen bereits bestehenden Genossenschaften möglich zu machen, ohne erhebliche Schwierigkeit die Rechtsfähigkeit zu erwerben. Wir wollen Einiges hervorheben:

1. Die Genossenschaft, welche sich unter das Gesetz stellen will, muß ihren bisherigen Gesellschaftsvertrag abändern. Derselbe wird schwerlich allen Erfordernissen des §. 3 entsprechen, außerdem ist mindestens eine Ergänzung der Firma durch den Zusatz „eingetragene Genossenschaft“ nöthig. Bloße Zusätze (Abänderungen einzelner Paragraphen der Statuten) zum alten Gesellschaftsvertrage werden nicht genügen. Denn das Gesetz stellt an den Gesellschaftsvertrag selbst die Anforderungen des §. 3, und es kann mindestens zweifelhaft sein, ob es auch gestattet ist, von vornherein einen mit dem Gesetze nicht übereinstimmenden Gesellschaftsvertrag und eine Anzahl Abänderungen desselben, welche die Uebereinstimmung erst hervorbringen, zugleich einzutragen. Eine neue Redaktion des ganzen Gesellschaftsvertrages ist daher nothwendig.

2. Der Beschluß über Annahme des neuen Gesellschaftsvertrages muß statutenmäßig, d. h. in Gemäßheit der im alten Statut über Abänderung desselben enthaltenen Bestimmungen zu Stande kommen. Denn die Genossenschaft muß im eigenen Interesse ängstlich bedacht sein, alle ihr bisher anklebenden Rechte und Pflichten sich auch in der neuen Verfassung unverkürzt zu bewahren. Sie muß deshalb im Eingang des neuen Gesellschaftsvertrages den historischen Verlauf der Sache klar legen. (Vgl. Vorschläge in Nr. 29 der Blätter für Genossenschaftswesen, 1867).

3. Der neue Gesellschaftsvertrag muß in der Generalversammlung, in

welcher er angenommen wird, unterzeichnet werden. Denn zu einem „schriftlich abgefaßten" Vertrag (§. 2 des Ges.) gehört nothwendig die Unterschrift von Kontrahenten. Damit steht der letzte Absatz des §. 2 nicht im Widerspruch. Wenn nach demselben zum Beitritt der einzelnen Genossenschafter schriftliche Erklärung genügt, so kann dies bezogen werden auf den Beitritt zu derjenigen Genossenschaft, welche in Folge des von einzelnen Personen unterzeichneten Gesellschaftsvertrages bereits besteht.

4. Vorstand und Ausschuß sind, sobald der neue Gesellschaftsvertrag angenommen ist, auf Grund desselben neu zu wählen, auch wenn in Betreff dieser Vereinsorgane der neue Gesellschaftsvertrag nur die Bestimmungen des alten Statuts wiederholen sollte. Denn da die „jeweiligen Mitglieder des Vorstandes" sofort nach ihrer Bestellung anzumelden (§. 17 des Ges.) und Namen und Wohnort der „zeitigen Vorstandsmitglieder" bei der Eintragung der Genossenschaft zu veröffentlichen sind (§. 4 des Ges.), so liegt dem Handelsrichter die Prüfung der Legitimation der Vorstandsmitglieder, und zwar lediglich auf Grund des neuen Gesellschaftsvertrages ob. Auf frühere Wahlprotokolle kann er sich schon deshalb nicht verweisen lassen, weil die rechtliche Stellung der Vorstandsmitglieder einer eingetragenen Genossenschaft wesentlich verschieden ist von derjenigen der Vorstandsmitglieder nicht eingetragener Genossenschaften, und weil ferner die Bestimmungen des neuen Gesellschaftsvertrages über „die Formen für die Legitimation der Mitglieder des Vorstandes" nicht rückwirkend anwendbar sind auf die Mitglieder des Vorstandes der nicht eingetragenen Genossenschaft. (Vergl. S. 17, Anmerk. 23.) Aus diesem Grunde würde die Genossenschaft der Neuwahl des Vorstandes und Ausschusses nicht schon dadurch aus dem Wege gehen, daß sie in dem neuen Gesellschaftsvertrag setzt:

„Der bisherige Vorstand und Ausschuß fungiren noch bis zum 1. Januar 1868" u. s. f.

Dies zu erreichen, würde jedenfalls nöthig sein, im Gesellschaftsvertrage den Namen jedes einzelnen Vorstands- und Ausschußmitgliedes aufzuführen und ihre Unterwerfung unter die Bestimmungen des Genossenschaftsgesetzes ausdrücklich auszusprechen. Als hinreichend würden wir es demnach, z. B. für eine Volksbank erachten, wenn deren neuer Gesellschaftsvertrag folgende Uebergangsbestimmungen enthielte:

„Die für das Geschäftsjahr 1867 gewählten Vorstands- und Ausschußmitglieder, nämlich

1) der Direktor . . . (Namen)
2) der Kassirer . . . „
3) der Kontroleur. . „ } Vorstandsmitglieder.
4) . . . . u. s. w.

verbleiben in ihren Funktionen bis zum 1. Januar 1868 mit der Maßgabe, daß alle ihre Rechte und Pflichten sich fortan nach diesem Gesellschaftsvertrage und dem Genossenschaftsgesetze vom 27. März 1867 feststellen. Sie haben solches durch Unterschrift dieses Gesellschaftsvertrages anzuerkennen. Erst für das Geschäftsjahr 1868 haben Neuwahlen in Gemäßheit der §§. . . stattzufinden."

5. Mitglieder der eingetragenen Genossenschaft sind nicht bloß die Unterzeichner des neuen Gesellschaftsvertrages und die später schriftlich beigetretenen, sondern alle alten Mitglieder der Genossenschaft. Denn wenn die alten Mitglieder der Sozietät gegenüber durch das frühere Statut wirklich gesetzlich verpflichtet waren, und wenn der neue Gesellschaftsvertrag statutenmäßig zu Stande gekommen ist, so ist dieses für die alten Mitglieder genau ebenso rechtsverbindlich, wie es das frühere Statut war. Freilich kommen Genossenschaften vor, in denen früher der Zutritt so formlos stattfand, daß den Genossen strenggenommen eine rechtliche Verpflichtung überhaupt nicht erwuchs; in diesen wird die wirkliche Verpflichtung erst durch Unterzeichnung des neuen Gesellschaftsvertrages oder durch schriftliche Beitrittserklärung entstehen.

Auch im ersteren Falle muß die Genossenschaft von allen alten Mitgliedern durch eine Uebergangsbestimmung des Gesellschaftsvertrags eine nachträgliche schriftliche Erklärung der Mitgliedschaft unter der Verwarnung fordern, daß, wer diese Erklärung verweigert, ausgestoßen oder als an einem bestimmten Tage freiwillig ausgeschieden erachtet werde. Die Genossenschaft muß für immer die Möglichkeit abschneiden, daß wieder die Legitimation der nicht eingetragen gewesenen Genossenschaft ein Gegenstand der richterlichen Prüfung werde; sie muß sich die Sicherheit verschaffen, daß die Verpflichtungen jedes Mitgliedes fortan klar, deutlich und unzweifelhaft seien.

Für diese Erklärung der Mitgliedschaft kann nicht dieselbe Formel benutzt werden, wie für den Beitritt neuer Mitglieder (vgl. Anmerkung 15 zu §. 2, S. 9). Es muß vielmehr darin konstatirt werden, wann der Unterzeichner der Genossenschaft beigetreten ist, und daß die damalige Genossenschaft mit der jetzt eingetragenen identisch ist.

Zum Beispiel:

„Hierdurch erkläre ich, daß ich dem Vorschußvereine zu Insterburg, welcher gegenwärtig die Firma: „Volksbank zu Insterburg. Eingetragene Genossenschaft" führt, am 3. Juli 1866 als Mitglied beigetreten bin.

Insterburg, den . . . . . 1867."

Die vorerwähnte Uebergangsbestimmung des Gesellschaftsvertrages würde etwa dahin lauten:

„Die bisherigen Mitglieder der Volksbank, welche den gegenwärtigen Gesellschaftsvertrag nicht bei seiner Annahme mitvollzogen haben, sind verpflichtet, bis zum 31. Dezember 1867 ein schriftliches Anerkenntniß ihrer Mitgliedschaft abzugeben. Wer dieses Anerkenntniß unterläßt, verliert seine Mitgliedschaft und wird denjenigen Mitgliedern gleichgeachtet, welche behufs freiwilligen Ausscheidens am . . . . gekündigt haben."

oder aber

. . . „verliert seine Mitgliedschaft und wird solchen Mitgliedern gleichgeachtet, welche wegen Nichterfüllung der statutenmäßigen Verpflichtungen innerhalb des letzten Quartals durch Gesellschaftsbeschluß aus der Genossenschaft ausgestoßen sind."

(Vgl. §§. 37 u. 38 des Ges. nebst Anmerkung.) Zur schnellen Klarstellung der Rechte und Pflichten der alten Mitglieder zu der eingetragenen Genossenschaft wird man also jedem derselben unter Hinweis auf diese Statutbestimmung das Formular über das Anerkenntniß der Mitgliedschaft vorlegen oder übersenden.

6. Das Verzeichniß der zur Zeit der Anmeldung zur Genossenschaft gehörenden Genossenschafter, welches nach §. 4 des Gesetzes und §. 21 der Ministerialinstruktion vom Vorstand bei der Anmeldung der Genossenschaft eingereicht werden muß, hat alle Mitglieder zu enthalten, mögen sie den neuen Gesellschaftsvertrag oder ein Anerkenntniß der Mitgliedschaft unterzeichnet haben oder nicht. Für die Vollständigkeit und Richtigkeit dieses Verzeichnisses müssen die Vorsteher haften; sie können für Unrichtigkeiten bestraft werden. (§. 55 des Gesetzes.) Aber das Gesetz schreibt nirgends vor, daß der Handelsrichter das Verzeichniß von Amtswegen zu prüfen verpflichtet oder auch nur berechtigt sei. Noch viel weniger gestattet es ihm, die Eintragung der Genossenschaft in das Register von der Vollständigkeit und Korrektheit des Mitgliederverzeichnisses abhängig zu machen. Dennoch ist letzteres einem Konsumvereine passirt, welcher nach seinem alten Statute die Zahlung eines Eintrittsgeldes als Beitrittserklärung ansah, aber bei der Anmeldung das Verzeichniß aller alten Mitglieder überreichte. Hier lag freilich auf der Hand, daß die alten Mitglieder nicht einmal an die alten Statuten gebunden waren, weil durch Einzahlung eines Eintrittsgeldes nach Preuß. Landrecht die Mitgliedschaft einer Sozietät nicht erworben werden kann. Der Handelsrichter mußte den Vorstand auf diesen Mangel aufmerksam machen, vielleicht war er auch berechtigt, ihm zu erklären, daß er dieses Verzeichniß nicht auslegen könne, und ein anderes der gesetzlich verpflichteten Mitglieder zu überreichen sei. Statt dessen erklärte er für „erforderlich, daß die sämmtlichen älteren Mitglieder die neuen Statuten durch ihre Namensunterschrift vollziehen oder der auf Grund der neuen Statuten neugebildeten eingetragenen Genossenschaft nochmals formgültig, also schriftlich, beitreten" und fügte hinzu: „Bevor diesem Anstande genügt ist, müssen wir die Eintragung der angemeldeten Genossenschaft in das Register ablehnen."

7. Der eingetragenen Genossenschaft ist zu empfehlen, zur Klarstellung aller Rechtsverhältnisse das alte Geschäft gleichsam vollständig zu liqidiren. Z. B. bei den Volksbanken müssen alle ausstehenden Forderungen von denjenigen Genossenschaftsbeamten, auf deren Namen als nomineller Gläubiger bisher die Wechsel, Schuldscheine, Hypotheken u. s. w. geschrieben waren, der Genossenschaft als solcher durch Indossament und Cession übereignet werden. Die Schuldscheine über die von der Volksbank aufgenommenen Darlehne, bisher von den Vorstandsmitgliedern auf Grund der Statuten mit solidarisch verbindlicher Kraft für alle Mitglieder ausgestellt, die Sparbücher, welche eine gleiche Generalverpflichtungs-Formel enthalten, müssen eingezogen werden und neue Urkunden der gleichen Art von dem Vorstande der eingetragenen Genossenschaft ausgestellt werden. Dies liegt zunächst im Interesse aller Gläubiger. Denn diesen konnten, sobald sie aus einem Schuldscheine Mitglieder der Volksbank, welche den Schuldschein nicht selbst unterschrieben hatten, als solidarisch verpflichtet in Anspruch nehmen wollten, von den Verklagten

schaft nicht.[41])

§. 6.

Jede Abänderung des Gesellschaftsvertrages muß schriftlich erfolgen und dem Handelsgerichte unter Ueberreichung zweier Abschriften des Gesellschaftsbeschlusses[42]) angemeldet werden.[43])

---

erhebliche Einwendungen in betreff ihrer Passiv-Legitimation entgegengesetzt werden. Mit dem Interesse der Gläubiger trifft das der sämmtlichen früheren Vereinsmitglieder und namentlich der Unterzeichner der Schuldurkunden überein. Sie alle müssen wünschen, daß die auf ihnen lastende Solidarhaft in die Solidarbürgschaft der §§. 11 und 50 des Gesetzes mit der kurzen Verjährung des §. 51 desselben verwandelt werde.

Bei den andern Arten Genossenschaften, namentlich Konsumvereinen und Rohstoffassoziationen, wird in gleicher Weise die Erneuerung der Miethsverträge, der Verträge mit den Lagerhaltern, der Kautionsurkunden u. dgl., dem Interesse beider Theile entsprechen. (Vgl. die Aufsätze in Nr. 29 u. 30 der Blätter für Genossenschaftswesen, 1867.)

[41]) Folgerichtig müßte einer Genossenschaft auch die Befugniß zustehen, die Eintragung in das Genossenschaftsregister rückgängig zu machen und dann nach allgemeinen Landesgesetzen fortzubestehen.

Dem entsprechend hatte der Herausgeber in der Kommission von 1863 Bestimmungen vorgeschlagen, wie ein solches Recht geltend zu machen sei, daß dazu namentlich, im Fall der Gesellschaftsvertrag nichts Anderes bestimme, ein Beschluß der Generalversammlung und ein Antrag des gesammten Vorstandes gehöre und dergl. Die damalige Kommission hielt eine derartige Bestimmung nicht für erforderlich. Der Antrag ist auch später von keiner Seite wieder aufgenommen. Wir meinen, daß dadurch der freien Bewegung ein nicht unerhebliches Hinderniß in den Weg gelegt ist. — Es würde z. B. einer Bezirksregierung, welcher eine oder die andere Genossenschaft unbequem wäre, ein leichtes sein, alljährlich eine Handlung oder Unterlassung derselben zu ermitteln, welche sie als das Gemeinwohl gefährdend ansieht, und demgemäß auf Grund des §. 34 des Gesetzes so oft ein Verfahren zu beantragen, bis die Genossenschaft durch Erkenntniß aufgelöst wird, oder es vorzieht, sich selber aufzulösen. Warum soll sich eine Genossenschaft solchen Verfolgungen nicht dadurch entziehen können, daß sie auf alle Vortheile des Gesetzes verzichtet und eine andere rechtliche Form annimmt?

[42]) Eine Beglaubigung der Abschriften ist nicht vorgeschrieben. Sie ist überflüssig, weil die Anmeldung von dem Vorstande in Person oder durch notariell oder gerichtlich beglaubigte Erklärung erfolgen muß (vgl. §. 17 des Ges. u. §. 3 der Minist.-Instrukt.). Dies gewährt um so mehr hinreichende Garantie gegen Betrug oder Fälschung, als der Beschluß in das Protokollbuch eingetragen sein muß, welches nach §. 32 des Ges. von jedem Genossenschafter und von der Staatsbehörde, also der Polizei, jederzeit eingesehen werden kann.

[43]) Der §. 6 ist den Art. 198 u. 214 des Handelsgesetzbuchs nachgebildet. Die beiden ersten Absätze sind dem Kommissionsentwurf von 1863, der letzte Absatz dem Regierungsentwurf entlehnt. Die Hinzufügung des letzten Ab-

Mit dem Abänderungsbeschlusse wird in gleicher Weise wie mit dem ursprünglichen Vertrage verfahren. Eine Veröffentlichung desselben findet nur in so weit statt, als sich dadurch die in den früheren Bekanntmachungen enthaltenen Punkte ändern.

Der Beschluß hat keine rechtliche Wirkung, bevor derselbe bei dem Handelsgerichte, in dessen Bezirk die Genossenschaft ihren Sitz hat, in das Genossenschaftsregister eingetragen ist.

§. 7.

Bei jedem Handelsgerichte, in dessen Bezirk die Genossenschaft eine Zweigniederlassung[44]) hat, muß diese Behufs der Ein-

---

satzes kann nicht als Verbesserung erachtet werden. Das Handelsgesetzbuch, welches für Aktiengesellschaften und Kommanditgesellschaften auf Aktien die staatliche Genehmigung vorschreibt und demgemäß verordnet, daß vor erfolgter Genehmigung und Eintragung in das Handelsregister diese Gesellschaften als solche nicht existiren (Art. 178 u. 211), verfährt ganz konsequent, wenn es für Beschlüsse, die den Gesellschaftsvertrag abändern, zu ihrer rechtlichen Wirkung ebenfalls staatliche Genehmigung und Eintragung in das Handelsregister anordnet (Art. 198 u. 214). Denn die Aktiengesellschaft, die Kommanditgesellschaft auf Aktien besteht als rechtliche Person eben nur unter der Voraussetzung des bestimmten genehmigten Gesellschaftsvertrages. Wenn nun der Regierungsentwurf, welcher den Genossenschaften die Rechte dieses Gesetzes erst nach Anerkennung durch den Oberpräsidenten verwilligen wollte, zur Rechtsgültigkeit auch für jeden den Gesellschaftsvertrag abändernden Beschluß die Anerkennung durch den Oberpräsidenten und die Eintragung in das Handelsregister verlangte, so ließ sich dies allenfalls begründen. Allein jetzt ist die Anerkennung durch den Oberpräsidenten für die Genossenschaften fortgefallen; der ganze Gesellschaftsvertrag bindet auch vor der Eintragung die Mitglieder der Genossenschaft, und nur gewisse Rechte, namentlich Dritten gegenüber, entstehen erst mit der Eintragung. Wozu jetzt die den Gesellschaftsvertrag abändernden Beschlüsse so lange ohne jede rechtliche Wirkung, also auch für die Mitglieder, sein sollen, bis die Beschlüsse eingetragen sind, dafür ist kein Grund ersichtlich, auch in den Kommissionen und Plenarsitzungen des Landtages nicht vorgebracht.

Die Folgen dieser Bestimmung können für die Genossenschaft im höchsten Grade unbequem sein. Koch freilich deutet dieselbe Bestimmung bei der Kommanditgesellschaft auf Aktien dahin, daß die Abänderung nur „gegen Dritte" keine rechtliche Wirkung habe (vgl. seine Anmerkung 70 zu Art. 198 in seinem Kommentar). Wäre diese Deutung, mit der er wohl vereinzelt dasteht, richtig, was wir nicht anerkennen, so würde sie auch für den §. 6 unsers Gesetzes gelten und dadurch der gegenwärtigen Bestimmung ihre Härte wesentlich genommen sein.

[44]) Dieser Paragraph, entsprechend den Artikeln 86, 152 u. 212 des Handelsgesetzbuchs, ist dem Entwurfe von 1863 entlehnt. Der Regierungsentwurf hatte diese Bestimmung nicht aufgenommen, weil er annahm, Zweig-

tragung in das Genossenschaftsregister angemeldet werden und ist

---

niederlassungen seien immer als selbstständige Genossenschaften aufzufassen; da nun aber bei mehreren Genossenschaften Zweigniederlassungen an fremden Orten bereits existiren und mit Nutzen wirken, so liegt kein genügender Grund vor, die Wirksamkeit der Genossenschaft auf die zufällige Grenze der Gemeinde zu beschränken. Bei Vorschußvereinen pflegen aus den Zweigniederlassungen in der Regel später selbstständige Genossenschaften zu werden, schon deshalb, weil nach wirthschaftlichen Erfahrungen in Zeiten einer Krisis jedes centralisirte Kredit-Institut alle Mittel nach dem Zentrum, nach der Zentralanstalt ziehen und die Zweigniederlassungen mehr oder weniger im Stich lassen muß. Indessen kann dieser Umstand um so weniger die Ausschließung aller Zweigniederlassungen für Genossenschaften rechtfertigen, als bei andern Arten Genossenschaften jene Bedenken nicht zutreffen.

Die Frage, wann eine Zweig-Handelsniederlassung als vorhanden anzunehmen ist, bereitet den Handelsrechts-Schriftstellern und Handelsgerichten große Schwierigkeiten. Die Frage, was eine Zweigniederlassung einer Genossenschaft sei, wird in Betreff solcher Genossenschaften, die keinen Handel betreiben, sondern nur mit ihren Mitgliedern Geschäfte machen, noch weit schwieriger zu beantworten sein. Es muß hier um so mehr darauf näher eingegangen werden, als manche Genossenschaften Nebenetablissements oder andre Einrichtungen haben, welche schon jetzt oder doch bei weiterer Ausbildung derselben leicht als Zweigniederlassungen aufgefaßt werden könnten, obschon sie es keineswegs sind.

Mit Zweig-Handelsniederlassungen sind zunächst nicht zu verwechseln die völlig getrennten selbstständigen Geschäfte (Häuser) eines und desselben Inhabers. Stehen verschiedene Etablissements desselben Inhabers in geschäftlichen Zusammenhang mit einander, so kann das eine „ein kaufmännisch unselbstständiges, untergeordnetes Glied (Nebenetablissement) des andern (Hauptetablissements) bilden". Dann liegt keine Zweigniederlassung, sondern nur eine Hülfsniederlassung vor. Diese hat weder Firma noch gesonderte Buchführung. Die Zweigniederlassung hat die Firma der Hauptniederlassung, sie hat zwar keine von dieser vollkommen getrennte Existenz, aber eine gewisse kaufmännische Selbstständigkeit; eine zur Führung dieses Geschäftes berechtigte Person schließt am Orte der Zweigniederlassung die Rechtsgeschäfte wirksam ab, eine gesonderte Buchführung und die spezielle Eintragung der Firma als Zweigniederlassung macht das Verhältniß zum Hauptetablissement äußerlich erkennbar. (Nach Anschütz und Völderndorf a. a. O. S. 173 ff. Vgl. Makower's Kommentar, Anmerkung 16 zu Art. 21 des Handelsgesetzbuchs. Endemann §. 16.)

Sind diese Kennzeichen die richtigen für die Entscheidung der Frage, ob im gegebenen Falle eine Zweig-Handelsniederlassung vorhanden sei oder nicht, so wird man nach ihnen auch die Frage bei allen denjenigen Genossenschaften zu beantworten haben, welche wirklich Handel treiben, namentlich bei allen Produktivgenossenschaften. Bei den übrigen Genossenschaften wird analog eine nach ähnlichen Kennzeichen festzustellende gewisse Selbstständigkeit des eigentlich genossenschaftlichen Geschäftsbetriebes die Zweigniederlassung von dem Hülfsetablissement unterscheiden. Der Vorschußverein zu Luckau z. B. errichtete

dabei Alles zu beobachten, was die §§. 4 bis 6 für das Hauptgeschäft vorschreiben.

---

vor einer Reihe von Jahren in mehreren niederlausitzischen Städten Zweigkassen mit gesondertem Vorstande und Ausschusse; jede solche Kasse nahm nicht nur Spareinlagen und Darlehne für den Gesammtverein, der sich demnächst Niederlausitzische Kreditgesellschaft nannte, in Empfang, sondern bewilligte auch durch seinen Ausschuß Vorschüsse, zahlte dieselben aus und prolongirte sie; die überflüssigen Gelder wurden nach Luckau abgeführt, von ebendaher umgekehrt der Geldbedarf gedeckt. Die Bücher wurden gesondert geführt, so daß die Zweigkasse in den Büchern zu Luckau als Debitor und Kreditor vorkam und umgekehrt. Es ist augenscheinlich, daß hier Zweigniederlassungen vorhanden waren. Die weitere Entwickelung der Niederlausitzischen Kreditgesellschaft bestätigte dies. Da sie im Verkehr mit den Zweigkassen den Mangel der Rechtsfähigkeit härter empfand, als andre Volksbanken, so verwandelte sie sich in eine Kommanditgesellschaft mit Aktien und ließ nun alle Zweigkassen, soweit sich diese nicht loslösten und selbstständige Vorschußvereine wurden, als Zweig-Handelsniederlassungen in das Handelsregister eintragen.

Der Bonner Kreditverein hat in einzelnen Landdistrikten Filialvereine gegründet, von denen er in seinem Jahresbericht für 1865 (vgl. Blätter für Genossenschaftswesen pro 1866, Nr. 17, S. 68) Folgendes mittheilte: „Jeder Filialverein wählte seinen eigenen Vorstand ganz analog dem unsrigen, bestehend aus einem Vorsitzenden, einem Schriftführer, einem Kassirer und 5 bis 7 Beisitzern, denen die Aufgabe zufällt, die Stammliste ihrer Mitglieder zu führen, nachdem sie diese das Statut unsers Vereins haben unterschreiben lassen, ferner die Eintrittsgelder und Monatsbeiträge zu erheben und an unsere Kasse abzuführen, die Gesuche um Vorschüsse von ihren Mitgliedern aufzunehmen, und sich gutachtlich über die Sicherheit der Vorschußnachsuchenden und ihrer Bürgen zu äußern und den Bürgschaftsschein von dem Bürgen unter Attestirung der Echtheit der Unterschrift vollziehen zu lassen und bei unserer Kasse zur Entscheidung unsres Vorstandes einzureichen. Diese Entscheidung erfolgt in der Wochensitzung an jedem Mittwoch, und des Donnerstags kommt der Vorschußnachsuchende zur Kasse, um bei genehmigtem Gesuche den Schuldschein zu unterschreiben und den Vorschuß in Empfang zu nehmen." — Diese Filialvereine des Bonner Kreditvereins sind keine Zweigniederlassungen; von einer Selbstständigkeit des eigentlich genossenschaftlichen Geschäftsbetriebes und von einer gesonderten Buchführung ist bei ihnen keine Rede, ihre Beamten begutachten nur die Vorschußgesuche, die Entscheidung liegt nicht bei ihnen. Es sind hier also blos genossenschaftliche Hülfsetablissements vorhanden, welche keine andere rechtliche Stellung einnehmen, als die „Vertrauensmänner", welche die Insterburger Volksbank zu einer gleichen Geschäftsvermittelung in jedem Kirchspiele des Insterburger Kreises für dieses eingesetzt hat.

Errichtet ein Konsumverein in einer andern Gemeinde einen Verkaufsladen mit einem besonders eingesetzten Verkäufer (Lagerhalter, Lagerverwalter), so ist, falls der letztere dieselben Befugnisse hat als der Lagerhalter in dem Haupt-Verkaufsladen, eine Zweigniederlassung nicht vorhanden. Denn das

Abschnitt II.

Von den Rechtsverhältnissen der Genossenschafter unter einander, sowie den Rechtsverhältnissen derselben und der Genossenschaft gegen Dritte.[45])

§. 8.

Das Rechtsverhältniß der Genossenschafter unter einander richtet sich zunächst nach dem Gesellschaftsvertrage. Letzterer darf von den Bestimmungen der nachfolgenden Paragraphen nur in denjenigen Punkten abweichen, bei welchen dies ausdrücklich für zulässig erklärt ist.[46])

Verkaufen der Waaren ist nur ein kleiner Theil des genossenschaftlichen Geschäftsbetriebs. Man kann sich aber möglich denken, daß ein Konsumverein eine wirkliche „Zweigniederlassung“ im Sinne des Gesetzes gründete. Dazu würde außer dem besonderen Laden namentlich noch ein besonderer Vorstand gehören, der nicht blos die Befugniß hätte, den Laden aus dem Zentrallager des Hauptvereins versorgen zu lassen, sondern auch selbstständig Einkäufe, wenn auch nicht aller, so doch einzelner Waarensorten zu machen, der ferner verpflichtet wäre, für das Zweiggeschäft vollständig gesonderte Bücher zu führen.

Bei Zweigniederlassungen von Genossenschaften sind die Mitglieder am Orte oder im Geschäftsbezirk der Zweigniederlassung wirkliche, gleichberechtigte Mitglieder der ganzen Genossenschaft. Der Gewinn oder Verlust der Zweigniederlassung wird der Uebersicht halber besonders berechnet werden müssen; vertheilt aber wird er nicht gesondert, sondern mit dem Gewinn und Verlust des Gesammtgeschäfts.

[45]) Die Anordnung, wonach Abschnitt II. die Rechtsverhältnisse der Genossenschafter unter einander, sowie die Rechtsverhältnisse derselben und der Genossenschaft gegen Dritte, und Abschnitt III. den Vorstand, den Aufsichtsrath und die Generalversammlung, also die Organe der Genossenschaft insbesondere behandelt, weicht von der Anordnung des Handelsgesetzbuchs, namentlich bei der offenen Handelsgesellschaft, ab. (Vgl. Zweites Buch, Erster Titel, Zweiter und Dritter Abschnitt.) Jedenfalls erleichtert die Anordnung des Gesetzes die Uebersicht und das Verständniß.

[46]) Der ganze §. 9 ist seinem Inhalte nach schon in Schulze's erstem Antrage von 1862 enthalten. Die Fassung rührt im Wesentlichen aus der Kommission von 1863 her.

Der zweite Satz des ersten Absatzes spricht abweichend von den §§. 90 u. 157 des Handelsgesetzbuchs, denen der erste Satz entlehnt ist, nicht die subsidiäre Geltung der Gesetzesbestimmungen bei prinzipieller Geltung des Gesellschaftsvertrages aus, sondern beschränkt die prinzipielle Geltung des Gesellschaftsvertrages auf solche Bestimmungen, bei welchen das Gesetz Abweichungen für zulässig erklärt. Dies ist ganz folgerichtig. Die Genossenschaften

Der Gewinn und Verlust wird in Ermangelung einer anderen Bestimmung des Gesellschaftsvertrages unter die Genossenschafter nach Köpfen vertheilt.[47])

---

müssen für die erlangte Rechtsfähigkeit gewisse Normativbestimmungen konzediren. Es ist möglich, daß unter den Bestimmungen, von denen nicht abgewichen werden darf, einzelne sind, von denen Abweichungen zu gestatten, sich im dringenden Interesse der freien Entwickelung des Genossenschaftswesens als wünschenswerth herausstellen wird. Die Genossenschafter werden mit Bezug auf eine künftige Revision des Gesetzes diesen Punkt besonders scharf in's Auge zu fassen haben. Diejenigen Bestimmungen, von denen das Gesetz ausdrücklich Abweichungen gestattet, sind:

a) Vertheilung von Gewinn und Verlust (§. 8, Absatz 2),
b) Stimmrecht des einzelnen Genossenschafters (§. 9),
c) Zahl der Vorstandsmitglieder (§. 16),
d) Zeichnung des Vorstandes für die Genossenschaft (§. 18),
e) Bestellung eines Aufsichtsraths (§. 27),
f) Berufung der Generalversammlung (§. 30),
g) Zahl der Genossenschafter, auf deren Antrag eine Generalversammlung berufen werden muß (§. 30),
h) Kündigungsfrist und Zeit des Austritts eines Genossenschafters (§. 37),
i) Endigung der Mitgliedschaft durch den Tod (§. 37),
k) Rechte der ausscheidenden und ausgestoßenen Genossenschafter (§. 38),
l) Uebertragung der Liquidation der Genossenschaft an den Vorstand (§. 39),
m) Oeffentliche Versteigerung der Immobilien bei der Liquidation (§. 42),
n) Vertheilung des bei der Liquidation verbleibenden Ueberschusses (§. 46 c.)

[47]) Die Bestimmung des letzten Absatzes des §. 8 ist nachgebildet dem Art. 109 des Handelsgesetzbuchs, der eine gleiche Vertheilung von Gewinn oder Verlust unter die Genossenschafter der offenen Handelsgesellschaft „in Ermangelung einer anderen Vereinbarung" vorschreibt. Diese Vertheilung ist aber trotzdem wesentlich anders, als die durch den §. 8 für Genossenschaften angeordnete. Denn nach Art. 106 müssen jedem Gesellschafter zunächst von seinem Antheile am Gesellschaftsvermögen 4 Prozent Zinsen gutgeschrieben werden; vor Deckung dieser Zinsen ist kein Gewinn vorhanden und der Verlust der Gesellschaft wird durch dieselben vermehrt oder gebildet. Eine gleiche Bestimmung existirt aber für Genossenschaften nicht. — Bei Berathung des Art. 109 des Handelsgesetzbuchs ist man übrigens sehr getheilter Ansicht gewesen, ob es nicht vorzuziehen sei, ein anderes Prinzip für Theilung des Gewinnes als für Theilung des Verlustes festzustellen, ob nicht namentlich der Gewinn nach Köpfen und der Verlust nach Verhältniß der Antheile am Gesellschaftsvermögen zu vertheilen sei. — Bei der Kommanditgesellschaft und der stillen Gesellschaft soll beim Mangel einer Vereinbarung die Betheiligung an Gewinn und Verlust nach richterlichem Ermessen nöthigenfalls unter Zuziehung von Sachverständigen festgestellt werden. (Art. 162. 254 des Handelsgesetzbuchs.) Eine solche Bestimmung würde für Genossenschaften wegen der

größeren Mitgliederzahl ganz unpassend sein. In Wirklichkeit wird die Vorschrift des §. 8 kaum jemals in Anwendung kommen. Denn wie Gewinn und Verlust zu vertheilen sind, ist für die Genossenschafter von vornherein eine so wichtige Frage, daß sie bei der Berathung des Gesellschaftsvertrages sicherlich nicht übersehen wird.

Auerbach sucht in seinem Aufsatze über „die deutschen Genossenschaften" (Goldschmidt's Zeitschrift für das gesammte Handelsrecht Bd. 7 1864. S. 361) zu begründen, daß es angemessener sei, „die Vertheilung des Gewinns oder Verlusts subsidiarisch, nämlich im Hinblick auf den zu vermuthenden Willen der Genossen nicht nach Köpfen, sondern nach Höhe der Geschäftsantheile" zu bestimmen: die gleichmäßige Vertheilung des Gewinns oder Verlusts unter die Genossen entspreche im Allgemeinen dem Prinzipe der offenen Handelsgesellschaft, welche auf gleichmäßigen oder als solchen zu betrachtenden Beiträgen der Mitglieder beruhe, neben welcher die gleichmäßige Selbstverpflichtung der Genossen aus den Sozietätsverbindlichkeiten bestehe. Letztere theilten freilich die Genossenschaften anscheinend mit den offenen Handelsgesellschaften. Jedoch verhalte es sich auch hiermit im Grunde anders. Da der Beitritt zur Genossenschaft Jedermann freistehe und insbesondere im Interesse der minder bemittelten Klassen liege, so könne es nicht fehlen, daß zwischen den Vermögensverhältnissen und der darauf basirten Solvenz und dem Kredite der einzelnen Mitglieder eine Ungleichheit bestehe. Die Vereinsgläubiger würden sich vorkommendenfalls eher an die wohlhabenden als an die unbemittelten Genossenschafter halten. Schon hiernach sei das Risiko, wenn auch formell, doch der Sache nach nicht gleich. Außerdem würden die Wohlhabenden in der Regel früher, als die es nicht seien, größere oder normale Geschäftsantheile besitzen. Ferner gründe sich die Betheiligung der Genossenschafter als solcher gleichartig auf Kapitaleinlagen, nicht auch auf persönliche Mitwirkung, welche bei den offenen Handelsgesellschaften häufig das sonst gestörte Gleichgewicht in der gesellschaftlichen Leistung herstelle. Die Genossenschaft bilde insofern einen Kapitalverein, ähnlich der Aktiengesellschaft. Auch sollten die Geschäftsantheile mit Recht nicht zu einem gewissen Prozentsatze fest verzinst werden. Der mit größeren Einlagen Betheiligte hätte daher vor demjenigen, der es minder sei, Nichts voraus, wenn nicht die Höhe jener den Maßstab für die Gewinnantheile bilde. So begründe es Schulze auch für die Vorschußvereine u. s. w. — Auerbach hat bei dieser ganzen Auseinandersetzung anscheinend nur die Vorschußvereine im Auge. Seine Voraussetzung, daß der Wohlhabendere in der Regel auch einen höheren Geschäftsantheil habe, trifft keineswegs zu. Die große Verschiedenheit der einzelnen Arten Genossenschaften gerade in Beziehung auf Bildung der Geschäftsantheile spricht durchaus gegen seinen Vorschlag. Bei Gesellschaften mit Solidarhaft, kann beim Mangel einer Verabredung nur die Absicht einer kopfweisen Vertheilung von Gewinn und Verlust vermuthet werden; darum ist die Bestimmung des Art. 105 des Handelsgesetzbuchs durchaus folgerichtig, und nicht wegen anderer Aehnlichkeit mit der offenen Handelsgesellschaft, sondern lediglich wegen der Solidarhaft mußte die gleiche Bestimmung für die Genossenschaft festgestellt werden.

Bei den bisher verbreiteten Arten Genossenschaften sind die üblichen Bestimmungen über die Betheiligung an Gewinn und Verlust folgende:

A. Volksbanken. Der Gewinn wird, abgesehen von Zuschüssen zum Reservefond, auf die Geschäftsantheile d. h. nicht nach ihrem im Lauf der Jahre zu erreichenden Höchstbetrage, sondern nach ihrem wirklichen Bestande bei Beginn des Geschäftsjahres vertheilt. Der Verlust wird in erster Linie vom Reservefond getragen; erst nach dessen Aufopferung von den Geschäftsantheilen der Mitglieder nach Verhältniß der Höhe derselben abgeschrieben, und wenn auch die Geschäftsantheile nicht mehr zur Deckung sämmtlicher Schulden ausreichen, wird der Rest des zu deckenden Verlustes auf die Mitglieder, vermöge ihrer solidarischen Haft, kopfweise vertheilt. (Vgl. Schulze, Vorschuß- und Kreditvereine als Volksbanken, 4. Aufl. S. 92 u. ff.)

B. Rohstoff-Assoziationen. Bei den Rohstoff-Assoziationen wird der Geschäftsgewinn an die Mitglieder nach Höhe des während des Geschäftsjahres entnommenen Waarenbetrags vertheilt, wohingegen die Geschäftsantheile nur verzinst werden. Die Verluste werden wol meist kopfweise von den Geschäftsantheilen abgeschrieben.

Schulze-Delitzsch hat in seinem kürzlich erschienenen Normalstatut für Rohstoffgenossenschaften, die sich unter das Genossenschaftsgesetz stellen wollen, (Blätter für Genossenschaftswesen 1867, Nr. 23 u. 24) besondere Vorschläge gemacht und eingehend motivirt. An die Vertheilung des Gewinns auf den Waareneinkauf müsse festgehalten werden, weil den Vereinen, wollen sie gedeihen, vor allem um Mitglieder zu thun ist, die vom Vereinslager Waaren kaufen. Die Gerechtigkeit erfordere, das Risiko nicht auf die Geschäftsantheile, sondern so viel als möglich auf den Waareneinkauf zu legen. Und dies geschehe dadurch, daß

1) Verluste in erster Linie aus dem Ertrage desselben Jahres gedeckt werden;
2) ein starker Reservefond angesammelt werde, der die Mitglieder möglichst vor dem Angreifen ihrer Geschäftsantheile schütze;
3) die Geschäftsantheile ausschließlich aus den, nach der Höhe des Waareneinkaufs gewährten Dividenden angesammelt und an dritter Stelle für Deckung von Verlusten in Anspruch genommen werden. Da durch die Ansammlung der Dividenden aber kein ausreichendes Betriebskapital erwachse, so müßten
4) die Mitglieder zu „unkündbaren Kapitaleinlagen" verpflichtet werden, mit Einhaltung eines Minimalbetrages, aber nach oben unbegrenzt.

Soweit nun Verluste auch nicht durch die Geschäftsantheile zu 3 gedeckt würden, müßten sie kopfweise vertheilt und den Mitgliedern von ihren „unkündbaren Kapitaleinlagen" abgezogen werden. Zu solcher Trennung der durch Einzahlungen entstehenden „unkündbaren Kapitaleinlagen" (welche nur als besondere Art Darlehen anzusehen) von den Geschäftsantheilen nöthige der §. 48 des Gesetzes. Dieser gestatte nicht, daß Verluste auf den Geschäftsantheil gleichmäßig nach Köpfen vertheilt würden, oder mache es wenigstens unmöglich, diejenigen, die weniger auf ihren Geschäftsantheil einzahlten, als zur Deckung des Verlustes auf ihren Kopf kommen würde und deren Ausfall die andern, welche mehr einzahlten, einstweilen decken müßten, nachher für diesen Betrag im Wege des Rückgriffs in Anspruch zu nehmen.

Diese Motive haben nun zu den §§. 55—68, 84 u. 85 der Musterstatuten geführt. Darnach hat jedes Mitglied (außer einem Eintrittsgelde zum Reservefond) bei seiner Aufnahme zur Bildung eines Geschäftsantheils 1 Thlr. einzuzahlen. Der Geschäftsantheil wird auf 100 Thlr. festgesetzt und entsteht, abgesehen von jenem einen Thaler, nur durch Zuschreibung der Zinsen und Dividenden. Außerdem ist jedes Mitglied verpflichtet, allmonatlich mindestens ... Sgr. als unkündbare Kapitaleinlage einzusteuern. Diese unkündbaren Kapitaleinlagen haben den rechtlichen Charakter von Darlehnen, werden alljährlich verzinst und sind unbegrenzt, bis die Generalversammlung die Festsetzung eines Höchstbetrages beschließt. Der Reservefond wird durch die Eintrittsgelder der Mitglieder und durch Antheile am Reingewinn (10 bis 20 Proz.) gebildet, und bis zur Höhe von 5 Prozent des Betriebsfonds angesammelt und nach Abschreibung von Verlusten wieder darauf gebracht. Der Reingewinn wird an die Mitglieder nach Verhältniß der von denselben in die Kasse für innerhalb der Rechnungsperiode entnommene Waaren gezahlten Beträge vertheilt. Der Reservefond wird bei allen Verlusten, welche aus dem Geschäftsertrage des Jahres nicht übertragen werden können, und ebenso wenn das Genossenschaftsvermögen zur Deckung der Schulden unzureichend ist, zunächst in Anspruch genommen und erst nach seiner Erschöpfung auf die Geschäftsantheile zurückgegriffen, welche im Verhältniß ihrer Höhe an der Verlustdeckung Theil nehmen. Reichen auch diese zur Deckung der Verluste nicht aus, so wird der noch verbleibende Defekt in Gemäßheit der alle Mitglieder gleichmäßig treffenden Solidarhaft auf dieselben gleichmäßig nach Köpfen vertheilt und der Betrag einem jeden von den unkündbaren Kapitaleinlagen, soweit dieselben reichen, abgeschrieben, das alsdann noch Fehlende aber aus ihrem sonstigen Vermögen gedeckt.

Wir können uns mit dieser Vertheilung der Verluste nicht unbedingt einverstanden erklären, namentlich meinen wir, daß nicht immer die Gerechtigkeit erfordere, das Risiko möglichst auf den Waareneinkauf zu legen. Bei der Rohstoffassoziation treten eine Anzahl Gewerbtreibende desselben Gewerbes zum gemeinschaftlichen Einkauf ihres Bedarfs an Rohstoff zusammen. Vereinigten sie sich nur zu einem einzelnen Handelsgeschäft dieser Art, so würden sie bei der Vertheilung des im Großen Eingekauften an die Theilhaber den Einkaufspreis mit Aufschlag der Unkosten berechnen. Da nun beim Zusammentreten zur Assoziation vorausgesetzt wird, daß jedes einzelne Mitglied seinen ganzen Bedarf durch die Assoziation bezieht, so besteht auch bei der dauernden Vereinigung der Gegenstand des Unternehmens in Vertheilung des gemeinschaftlich Eingekauften unter die Betheiligten nach ihrem Bedarf. Folgerichtig muß daher der Gewinn, welcher in der Differenz des Tagespreises und des Einkaufspreises plus der Geschäftsunkosten besteht, nach Höhe des Waareneinkaufs der Mitglieder unter sie vertheilt werden. Will man nun die Verluste gerecht vertheilen, so wird zunächst festzustellen sein, wodurch dieselben entstehen. Bei einer reinen Rohstoffassoziation können Verluste nur entstehen durch ungünstigen, d. h. zu theuren

Einkauf, durch Heruntergehen der Tagespreise, durch Verderb der Waaren in Folge schlechter Lagerung und durch nicht voraus zu sehende von Außen kommende Ereignisse, wie Diebstahl, Feuersbrunst und dergl. Bei den letzten beiden Arten von Verlusten würde es zwar gerecht sein, dieselben kopfweise zu vertheilen, allein sie werden so selten vorkommen, daß man darauf nicht besonders Rücksicht zu nehmen braucht. Die übrigen Verluste müssen gerechter Weise die Mitglieder nach ihrem Bedarf, wie er sich in den Einkäufen kundgiebt, tragen. Da solche Verluste in Folge von Preisschwankungen von Zeit zu Zeit eintreten müssen und mit den Gewinnen anderer Jahre korrespondiren, so ist es durchaus angemessen, sie durch Bildung eines starken Reservefonds aus dem Reingewinn auf eine größere Periode, als das Geschäftsjahr ist, zu vertheilen und dadurch auch diejenigen Mitglieder, welche nach einer Reihe günstiger Jahre ausgeschieden sind, indirekt zu betheiligen. Die Vertheilung auf den Einkauf in einer größeren Anzahl Jahre wird noch konsequenter durchgeführt, wenn die Geschäftsantheile zum größten Theile aus den aufgesammelten Dividenden bestehen und die aus Reserve und Jahresertrag nicht zu deckenden Verluste auf diese Geschäftsantheile nach Verhältniß ihrer Höhe vertheilt werden. Bis dahin also kommen wir zu demselben Ergebniß wie Schulze. Nur erscheint uns zweifelhaft, ob es nicht angemessen ist, den Reservefond für einen bestimmten Theil dieser Verluste, welche durch Preisherabsetzungen der auf Lager befindlichen Waaren festgestellt werden, in erster Linie, also noch vor dem Ertrage des laufenden Geschäftsjahres in Anspruch zu nehmen. Daß solche Verluste über die Höhe von Reservefond und Geschäftsantheile hinaus vorkommen, ist nur dann möglich, wenn große gewagte Spekulations-Ankäufe gemacht werden, was dem Wesen einer Rohstoffassoziation widerspricht. Der nach Erschöpfung der ganzen Geschäftsantheile verbleibende Defekt interessirt uns daher wenig; streng genommen müßte man ihn nicht kopfweise, sondern nach Höhe der Geschäftsantheile auf die Mitglieder vertheilen.

Diese ganzen Grundsätze treffen aber nicht mehr zu, sobald eine Rohstoffassoziation mit ihrem eigentlichen Unternehmen das Waarenkreditiren an ihre Mitglieder geschäftsmäßig verbindet und es sich um den hieraus erwachsenen Gewinn oder Verlust handelt. Leider ist dies, trotz Schulze's Abmahnungen, noch immer Regel und die Ursache so vieler Bankerotte von Rohstoffassoziationen. (Vergl. Einleitung.) Für den Kredit müssen angemessene Zinsen gezahlt werden; der Zinsfuß ist nur dann richtig bemessen, wenn er so hoch ist, daß dadurch neben dem Ersatz für das dem Geschäftsbetrieb entzogene Kapital, noch eine Versicherungsprämie gegen etwanige Verluste gedeckt wird. Gewinn und Verlust aus diesem Waarenverkauf auf Kredit nach der Höhe des Waareneinkaufs der Mitglieder zu vertheilen, liegt kein Grund vor. Der Gewinn entsteht aus einem mit großem Risiko verknüpften Nebengeschäft, welches die solidarisch haftenden Mitglieder mindestens in derselben Weise bedroht, wie bei den Volksbanken. Darnach wäre es angemessener, Gewinn und Verlust aus dem Verkauf auf Kredit zu sondern und kopfweise zu vertheilen oder aber den Gewinn für die Mitglieder, sei es zu einer Spezialreserve, sei es zu besondern Geschäftsantheilen behufs Deckung von Verlusten aus diesem Verkauf auf Kredit aufzusammeln und Verluste, welche daraus nicht gedeckt werden können, kopfweise einzuziehen. Es würde ungerecht sein, wollte man bei diesen Verlusten vorzugsweise diejenigen Mitglieder heranziehen, welche die meisten Waaren kauften und bezahlten. Freilich, wenn man ihnen den entsprechenden Gewinn zuwendet, trotzdem der Waareneinkauf als Vertheilungsmaßstab dafür nicht paßt, so können sie sich nicht beklagen, wenn sie auch bei dem Verlust stärker betheiligt werden. Allein ein richtiges Prinzip läßt sich bei der willkürlichen Zusammenwerfung des aus den beiden völlig verschiedenen Geschäftsbranchen erwachsenen Gewinns und Verlustes überhaupt nicht durchführen.

C. Konsumvereine. Der Gewinn wird in England, wie bei allen besseren Vereinen Deutschlands an die Mitglieder nach dem Waarenbezuge innerhalb der Rechnungsperiode (des Geschäftsquartals) vertheilt. Die vorzugsweise aus zugeschriebenen Zinsen und Dividenden gebildeten Geschäftsantheile erhalten aus dem Reingewinn nur vorweg Zinsen. Eug. Richter rühmt in seiner Schrift über Konsumvereine S. 70 mit Recht die Vortrefflichkeit dieser eigenthümlichen Art der Gewinnvertheilung. „Einmal wird durch die Verzinsung der Antheile eine Vergütung für deren Ungleichheit gewährt, anderntheils giebt die Gewinnvertheilung nach dem Waarenbezug den Mitgliedern einen außerordentlichen Reiz, diesen Waarenbezug dem Verein in möglichst ausgedehnter nnd stetiger Weise zu Theil werden zu lassen. Da dieser Waarenbezug in den Grenzen des Haushaltungsbedarfs gehalten wird, so ist auch dafür gesorgt, daß diese Art der Gewinnvertheilung sich nicht allzusehr von dem Prinzip der Gleichheit unter den Mitgliedern entfernt."

Für Vertheilnng der Verluste schlägt Richter a. a. O. S. 60 vor, dieselbe von den Geschäftsantheilen zu gleichen Theilen abzuschreiben. Zur Motivirung sagt er S. 71 Folgendes: „Dasselbe Prinzip wie für die Gewinnvertheilung auch der Verlustvertheilung zum Grunde zu legen, geht aus praktischen Gründen nicht an. Stände nämlich am Rechnungsabschluß ein Verlust zu befürchten, so würde das Mitglied sich der Entnahme von Waaren aus dem Verein schon deshalb enthalten, um seinen Verlustantheil nicht zu vergrößern; auch würde nach größeren Verlusten es kaum ein Mittel geben, den Gesammtbetrag der von einem Mitglied entnommenen Waaren richtig festzustellen. Man ist daher genöthigt, für die Verlustvertheilung das der Gewinnvertheilung und dem ganzen Wesen des Vereins zunächst entsprechende Prinzip der Vertheilung nach Köpfen anzunehmen. Es erscheint dies um so unbedenklicher, je seltener in einem Konsumvereine Verluste vorkommen werden, welche eine Abschreibung von den Antheilen erforderlich machen. Die meisten bestehenden Vereine haben es sogar nicht einmal nöthig befunden, über Verlustvertheilung in ihren Statuten überhaupt etwas zu vermerken."

Wir sind im Gegensatz zu Richter der Meinung, daß eine Bestimmung über Verluste, so wenig auch zu befürchten steht, daß sie praktisch angewendet werde, dem Prinzipe der Gewinnvertheilung entsprechender dahin getroffen wird:

„Sollten in Folge von Verlusten Abschreibungen von den Geschäftsantheilen der Mitglieder erforderlich sein, so erfolgen sie nach Verhältniß der Höhe der Geschäftsantheile. Soweit Verluste durch den

Reservefond und die Geschäftsantheile nicht gedeckt werden, sind sie auf alle Mitglieder gleichmäßig zu vertheilen."

Diese Bestimmung, welche wir zu einem Statutentwurf für Konsumvereine, die sich unter das Genossenschaftsgesetz stellen wollen (in Nr. 31 und 32 S. 124 der „Blätter für Genossenschaftswesen" 1867), formulirt haben, hat freilich zur Voraussetzung, daß zu den Geschäftsantheilen kein Mitglied mehr als 5 Sgr. baar einzuzahlen verpflichtet ist, und daß im Uebrigen also die Geschäftsantheile nur durch Zinsen- und Dividenden-Zuschreibung entstehen. Einen Reservefond kennen die Englischen Konsumvereine gar nicht, von den Deutschen Konsumvereinen haben ihn einzelne, andere nicht. (Vergl. oben Anmerkung 29 S. 20.)

D. Produktivgenossenschaften. Unter den Mitgliedern dieser Genossenschaften hat die Vertheilung von Gewinn und Verlust die erheblichsten Meinungsverschiedenheiten hervorgerufen. Von den Deutschen Produktivgenossenschaften können wir nicht viel mittheilen; die größeren (zuletzt noch die Maschinenbauer-Kompagnie in Chemnitz) sind bisher nach wenigen Jahren zu Grunde gegangen. Kleinere Produktivgenossenschaften, mit weniger als zehn Mitgliedern, welche sämmtlich in gemeinschaftlicher Werkstätte beschäftigt sind (vergl. S. 10, Anmerkung 18), pflegen den Reingewinn unter Verzinsung des Geschäftskapitals kopfweise zu vertheilen, d. h. den Mitgliedern gutzuschreiben, indem sie die üblichen, nicht zu niedrigen Stücklöhne zahlen; zeitweilig beschäftigte Hülfsarbeiter haben keinen Theil am Gewinn. Schulze-Delitzsch hat in einem Musterstatut („Innung der Zukunft" 1865, Nr. 7 S. 53), welches er der Form der offenen Handelsgesellschaften angepaßt hat, Vertheilung des Reingewinns, nach Abzug von 10 Prozent für den Reservefond, lediglich auf die Geschäftsantheile nach deren Höhe vorgeschlagen.

In Frankreich, wo die Produktivgenossenschaften aus den sozialistischen Bewegungen, aus der Feindschaft der Arbeit gegen das Kapital hervorgegangen sind, und wo dieselben bis vor Kurzem nur arbeitende Mitglieder kannten, nahm man ursprünglich vom Reingewinn $1/_{10}$ bis $1/_5$ zu einem untheilbaren Kapital (fond indivisible oder inalinéable), welches sich als Stiftung für die arbeitende Klasse in der immerwährenden Genossenschaft von Geschlecht zu Geschlecht vererben sollte, $1/_{10}$—$2/_5$ zum Reservefond, und der Ueberrest wurde unter die Arbeiter, gleichviel ob sie Mitglieder oder Hülfsarbeiter, Lohnarbeiter der Genossenschaft (auxiliaires), waren, nach Verhältniß der Arbeitstage vertheilt. — Inzwischen haben die Französischen Genossenschaften die sozialistischen Besonderheiten in der harten Schule der Erfahrung mehr und mehr abgestreift. Die im August 1865 von einem aus Schriftstellern, Juristen und praktischen Genossenschaftsmännern zusammengesetzten Komité ausgearbeiteten Musterstatuten mit Einleitung geben davon Zeugniß. (Beilage zu Nr. 10 der Association.) Die Mehrheit der Kommission war dafür, zur Produktivgenossenschaft auch nicht arbeitende, nur mit Kapital betheiligte Mitglieder zuzulassen. Ueber Vertheilung des Gewinns konnte man sich nicht einigen und stellte 4 Vorschläge zur Auswahl:

1) Dem Genossenschaftskapital sind nur 6 Prozent Zinsen zuzuschreiben,

der Rest ist unter die Mitglieder nach Verhältniß der von ihnen während der Rechnungsperiode empfangenen Löhne zu vertheilen.

2) $^1/_5$ ist zur Tantième für Vorstand (gérance) und Beamte nach Verhältniß des Gehalts, $^1/_5$ zum Reservefond zu verwenden; $^3/_5$ erhalten die Mitglieder im Verhältniß zu den während des Jahres empfangenen Löhnen und Zinsen. (Auf 200,000 Frks. Genossenschaftskapital, wovon zu 5 Prozent 10,000 Frks. Zinsen gezahlt werden, den gleichen Antheil wie auf 10,000 Frks. Löhne.)

3) Der Ueberschuß der Aktiva über die Passiva stellt die Ergänzung des Arbeitslohns und den Unternehmergewinn dar, und ist demgemäß unter diese beiden Elemente verhältnißmäßig zu theilen. Das Verhältniß der während des Geschäftsjahrs verausgabten Löhne zu den während derselben Zeit gemachten andern Ausgaben bildet den Maßstab.

4) Die Statuten müssen einen bestimmten Prozentsatz des Reingewinns für die Arbeit und einen bestimmten Prozentsatz für das Kapital festsetzen. Den passenden Prozentsatz für die einzelne Genossenschaft zu finden, muß deren Einsicht überlassen bleiben.

In allen vier Fällen erhalten die nicht der Genossenschaft als Mitglieder angehörigen Arbeiter, die travailleurs auxiliaires, da sie für Verluste nicht verantwortlich sind, von dem Antheil, welcher auf sie als Ergänzung des Arbeitslohns fallen würde, wenn sie Mitglieder wären, nur die Hälfte, während die andere Hälfte zum Reservefond kommt. — Verluste werden von den Geschäftsantheilen im Verhältniß ihrer Höhe abgeschrieben.

In England entstehen fast alle Produktivgenossenschaften auf gleiche Weise: das zu dem Unternehmen erforderliche Kapital wird in Aktien (Geschäftsantheilen) von einem oder mehreren Pfunden aufgebracht; die Mitglieder setzen die Verwaltung ein, diese disponirt über die Arbeit in den genossenschaftlichen Werkstätten ganz frei, fragt also bei Auswahl der Arbeiter gar nicht, ob sie Mitglieder sind oder nicht. Sind sie nicht Mitglieder, so wird ihnen in der Regel freilich durch kleine Lohnabzüge eine zur Erlangung der Mitgliedschaft ausreichende Aktie gebildet. In einer der ersten großen Produktivgenossenschaften, in der Spinnerei der Pioniere von Rochdale — Rochdale Cooperative Manufacturing Compagnie — gab man den Arbeitern anfänglich einen nicht sehr erheblichen Antheil am Reingewinn, welcher nach halbjährlichem Abschlusse vertheilt wird. Nach Abzug aller Geschäftsunkosten, worunter neben den ortsüblichen Arbeitslöhnen auch 5 Prozent Zinsen für die Geschäftsantheile sich befanden, wurden vom Ueberschuß zunächst die üblichen Abschreibungen vom Inventar gemacht und ein Beitrag zum Reservefond genommen, dann aber der Rest als Dividende für Kapital und Arbeit dergestalt verwendet, daß auf jedes Pfund gezahlten Arbeitslohns derselbe Gewinn, wie auf jedes Pfund Kapital, vertheilt wurde. Diese Bestimmung wurde indeß in wenigen Jahren, trotzdem die Abänderung des Statuts eine Majorität von drei Viertel erforderte, nach hartem Kampfe wieder abgeschafft, da nur dem Kapital, nicht auch der Arbeit, die ja nicht an Verlusten theilnehme, der Gewinn gebühre. Auch die meisten andern Produktivgenossenschaften Eng-

§. 9.

Die Rechte, welche den Genossenschaftern in Angelegenheiten der Genossenschaft, insbesondere in Beziehung auf die Führung der Geschäfte, die Einsicht und Prüfung der Bilanz und die Bestimmung der Gewinnvertheilung zustehen, werden von der Gesammtheit der Genossen[48]) in der Generalversammlung ausgeübt.[49])

---

lands, welche anfänglich dies Rochdaler Muster nachgeahmt hatten, sollen jetzt dem Kapital den ganzen Gewinn zubilligen. (Vergl. Huber „Konkordia" Heft 8 1861 S. 37 und Ed. Pfeiffer „Ueber Genossenschaftswesen" 1863 S. 94 ff.)

[48]) Hier werden zufolge einer Ungenauigkeit in der Redaktion des Gesetzes die Mitglieder der Genossenschaften Genossen genannt, während sonst durch das ganze Gesetz hindurch der Ausdruck Genossenschafter gebraucht wird.

[49]) Dieser Paragraph ist genau übereinstimmend mit dem Art. 224 des Handelsgesetzbuchs, welcher das Gleiche für Aktiengesellschaften verordnet. Die Rechte der Mitglieder sind in den einzelnen Arten Handelsgesellschaften durchaus verschieden.

In der offenen Handelsgesellschaft kann jeder Gesellschafter, auch wenn er nicht in dem Geschäftsbetriebe der Gesellschaft thätig ist, sich persönlich von dem Gange der Gesellschaftsangelegenheiten unterrichten; er kann jederzeit in das Geschäftslokal kommen, die Handelsbücher und Papiere der Gesellschaft einsehen und auf ihrer Grundlage eine Bilanz zu seiner Ueberbsicht anfertigen (Art. 105).

Der Kommanditist hat diese Rechte nicht. Er kann nur eine abschriftliche Mittheilung der jährlichen Bilanz verlangen und die Richtigkeit derselben unter Einsicht der Bücher und Papiere prüfen. Auch kann das Handelsgericht auf seinen Antrag, wenn wichtige Gründe dazu vorliegen, die Mittheilung einer Bilanz oder sonstiger Aufklärungen nebst Vorlegung der Bücher und Papiere zu jeder Zeit anordnen (Art. 160). Genau dieselben Rechte, wie der Kommanditist, hat der (Deutsche) stille Gesellschafter (Art. 253). In der Kommanditgesellschaft auf Aktien stehen sie dem Kommanditisten nur mit der Beschränkung zu, daß sie bloß die Gesammtheit derselben in der Generalversammlung ausüben darf (Art. 186).

Es ist fraglich, ob die gleiche Beschränkung der Genossenschafter, wie der Aktionäre bei der Aktiengesellschaft und Kommanditgesellschaft auf Aktien, wirklich geboten war; es ist namentlich kein Grund ersichtlich, warum der solidarisch haftende Genossenschafter nicht einmal das Recht des stillen Gesellschafters oder Kommanditisten zur eigenen Prüfung der Bilanz durch Einsicht der Bücher und Papiere haben soll. Der Ministerialentwurf bringt in seinen Motiven diese Bestimmung in Verbindung mit den §§. 9 und 11:

> „Zu §§. 9 bis 11. Da die Errichtung der Genossenschaften auf freier Vereinbarung ihrer Mitglieder beruht, so bildet die Grundlage für die Rechte und Pflichten der Letztern zunächst der Gesellschaftsvertrag. Die Verkehrserleichterung erfordert aber, daß der Genossen-

Jeder Genossenschafter hat hierbei eine Stimme, wenn nicht der Gesellschaftsvertrag ein Anderes festsetzt.[50])

schaft unter ihrer Firma Rechtsfähigkeit beigelegt wird — §. 11 —, während die den Genossenschaftern als solchen zustehenden Rechte nur von der Gesammtheit derselben in der Generalversammlung auszuüben sind — §. 10."

Das Englische Genossenschaftsgesetz vom 7. August 1862 verordnet in Nr. 22, daß jedes Mitglied die Bücher und Mitgliederliste zu jeder passenden Stunde in dem Bureau der Genossenschaft einsehen darf; ferner in Nr. 24, daß jedes Mitglied unentgeltlich eine Abschrift des Jahresabschlusses vom Kassirer oder Schriftführer der Genossenschaft fordern kann.

[50]) In der Kommission des Herrenhauses wurde, wie es in dem Bericht (Nr. 132 der Drucksachen S. 9) wörtlich heißt, zum zweiten Alinea des §. 9 Folgendes bemerkt: Diese Bestimmung lasse sich einerseits dahin verstehen, daß einzelne Genossenschafter, je nach ihrer größeren Betheiligung mit Kapitaleinlagen, mehrere Stimmen in der Generalversammlung erhalten könnten. Dies erscheine durchaus als zweckmäßig und ein solcher Modus unter Umständen sehr empfehlenswerth. Es lasse aber die Bestimmung des Alinea auch die Deutung zu, daß der Genossenschaftsvertrag einzelnen Genossen das Stimmrecht schlechthin entziehen könne. Eine solche Klausel des Gesellschaftsvertrages erscheine der solidarischen Haftung der Genossen gegenüber als inkongruent. Es wurde das Amendement gestellt, anstatt des 2. Absatzes zu setzen:

Jeder Genossenschafter hat hierbei mindestens eine Stimme.

Andererseits wurde von den Regierungs-Kommissarien die Vertragsfreiheit betont und die Ausschließung Einzelner vom Stimmrecht hiernach für zulässig erklärt. Das Amendement wurde mit 9 gegen 4 Stimmen verworfen. Der Paragraph darauf einstimmig angenommen. — Im Plenum des Herrenhauses ist das Amendement nicht wieder aufgenommen.

Von der ihnen hier gestatteten „Vertragsfreiheit" werden die Genossenschaften schwerlich Gebrauch machen. Der bei Aktiengesellschaften und Kommandit-Gesellschaften auf Aktien übliche Brauch der Vorstands- und Aufsichtsrathsmitglieder, durch Blanko-Vollmachten oder -Indossamente der Aktionäre, welche auf Dienstmänner oder zu Dienstmannsthätigkeit sich hergebende Personen ausgefüllt werden, sich die Mehrheit in den Generalversammlungen dergestalt zu sichern, daß die schwindelhafteste, spitzbübischeste Verwaltung Jahre lang durch die glänzendsten Vertrauensvoten geehrt werden kann, — dieser Brauch oder richtiger gesagt dieser Unfug wird trotz des §. 9 bei den Genossenschaften, keinen Eingang finden. „Chaque associé n'a qu'une voix, quel que soit le chiffre de sa commandite" (Modèles de Statuts pour les associations de crédit mutuel, Art. 22); „in der Generalversammlung hat jedes anwesende Mitglied eine Stimme, eine Uebertragung der Stimme auf einen Andern ist nicht gestattet," (des Herausgebers Statut für Konsumvereine u. s. w. Blätter für Genossenschaftswesen Nr. 31 u. 32, 1867, §. 17) — so lauten regelmäßig die Bestimmungen, welche deutsche, französische oder englische Genossenschaften in ihren Statuten über das Stimmrecht der Mitglieder in den Generalversammlungen haben. Eine Genossenschaft, welche davon abweichend auch nur

§. 10.

Die eingetragene Genossenschaft kann unter ihrer Firma Rechte erwerben und Verbindlichkeiten eingehen[51]), Eigenthum und andere dingliche Rechte an Grundstücken erwerben[52]), vor

---

Vertretung der Abwesenden zuließe, würde dem öffentlichen Tadel nicht entgehen. Wollte aber eine Genossenschaft, wie einzelne Herrenhausmitglieder warm empfahlen, einem Mitgliede wegen größerer Kapitalbetheiligung mehr als eine Stimme zubilligen, oder wollte sie Mitgliedern, so lange ihr Geschäftsantheil nicht eine gewisse Höhe erreicht, gar kein Stimmrecht einräumen, so würde sie wegen gröblichster Versündigung gegen das genossenschaftliche Prinzip der Gleichberechtigung aller Mitglieder, das einstimmige Verdammungsurtheil der Genossenschafter auf sich ziehen. Die Genossenschaften würden sich also nichts daraus machen, wenn bei diesem Punkte die Vertragsfreiheit beschränkt wäre.

[51]) Die ersten beiden Absätze stimmen wörtlich überein mit Art. 111 und Art. 164 des Handelsgesetzbuchs, welche das Gleiche für die offene Handelsgesellschaft und für die Kommanditgesellschaft vorschreiben; man vergleiche außerdem Art. 213 von der Aktiengesellschaft, der durch das Gesetz vom 15. Februar 1864 auch auf Aktiengesellschaften ausgedehnt ist, bei denen der Gegenstand des Unternehmens nicht in Handelsgeschäften besteht. Während das Französische Recht alle Handelsgesellschaften zu juristischen Personen macht, haben bekanntlich die Verfasser des Deutschen Handelsgesetzbuchs den alten Streit, was bei uns die Handelsgesellschaften seien, unentschieden lassen wollen, ihn dadurch aber erst recht angefacht. Die eingetragene Genossenschaft bietet, da sie handelsrechtliche Persönlichkeit geworden ist, ein neues Streitobjekt dar. Wir wollen uns darauf in keiner Weise einlassen. (Vergl. Einleitung.)

Die Genossenschaft hat fortan nicht bloß thatsächlich, sondern gesetzlich, wie jede Handelsgesellschaft, Eigenthum, dingliche und andere Rechte und Berechtigungen und ebenso Verbindlichkeiten jeder Art, sie hat ihr eigenes von dem der einzelnen Genossenschafter getrenntes Vermögen, ihre Firma bleibt auch beim Wechsel aller Personen das berechtigte und verpflichtete Rechtssubjekt, mit anderen Worten, die Genossenschaft ist ein besonderes wirthschaftlich selbständiges Verkehrswesen — gleichviel ob die Theorie sie zu einer juristischen Person erheben will oder nicht.

[52]) Nach Allgemeinem Landrecht konnten nur Gesellschaften mit Korporationsrechten als „moralische Personen" Grundstücke und Kapitalien auf ihren Namen erwerben, Handelsgesellschaften und erlaubte (nicht mit Korporationsrechten privilegirte) Privatgesellschaften konnten es nicht (vergl. Thl. II Tit. 6 §. 13 Allg. Landrechts). — Das Nähere, wie nach Erlaß des Handelsgesetzbuchs im Gebiete des Allgemeinen Landrechts bei Eintragung von Grundstücken, Gerechtigkeiten, dinglichen Rechten und Hypothekenforderungen auf den Namen von Handelsgesellschaften in das Hypothekenbuch zu verfahren sei, bestimmte der Art. 23 des Einführungsgesetzes vom 24. Juni 1861 in Verbindung mit dem 7. Abschnitt (§§. 102—105) der Instruktion vom 12. Dezember

Gericht klagen und verklagt werden.[53])

Ihr ordentlicher Gerichtsstand ist bei dem Gerichte, in dessen Bezirk sie ihren Sitz hat.[54])

Die in Betreff der Kaufleute im Allgemeinen Deutschen Handelsgesetzbuche und in dem Einführungsgesetze vom 24. Juni 1861 (Gesetz-Samml. S. 449) gegebenen Bestimmungen gelten in gleicher Weise in Betreff der Genossenschaften[55]), soweit dieses

---

1861. In dem Kommissionsentwurfe von 1863 war vorgeschlagen, die Gültigkeit jenes Art. 23 des Gesetzes vom 24. Juni 1861 auch für Genossenschaften auszusprechen. Diese Bestimmung ist in den Ministerialentwurf und in das Gesetz nicht aufgenommen, dahingegen ist entsprechend dem §. 3 jenes Art. 23 in dem letzten Satz des §. 19 dieses Gesetzes bestimmt, daß die Vorstandsmitglieder beim Hypothekenbuch durch ein Attest des Handelsgerichts legitimirt werden. (Vergl. §. 19 dieses Gesetzes und §. 29 der Instruktion vom 2. Mai 1867.)

[53]) Die eingetragene Genossenschaft kann unter ihrer Firma vor Gericht klagen und verklagt werden, d. h. sie muß unter ihrer Firma vor Gericht klagen, wenn es sich um ihr eigenes Vermögen, um ihre Rechte handelt; sie muß unter ihrer Firma verklagt werden, wenn sie ihren Verpflichtungen nicht nachkommt. Sobald die Genossenschaft eine handelsrechtliche Persönlichkeit ist, so ist es unzulässig, daß die einzelnen Mitglieder oder die Gesammtheit der Mitglieder statt der Genossenschaft klage, denn die letztere ist das von dem wechselnden Mitgliederbestande unabhängige Rechtssubjekt. Wollte auf der andern Seite ein Gläubiger der Genossenschaft nicht diese, sondern einen oder mehrere der solidarisch verhafteten Mitglieder verklagen, so würden ihn die Verklagten mit Recht auf die Genossenschaft als den ihm in erster Linie verhafteten Schuldner verweisen. (Vergl. Anmerk. 30 S. 23 und Anmerk. 57 zu §. 11).

[54]) Die Genossenschaft, welche Zweigniederlassungen besitzt, hat also nur an dem Ort der Hauptniederlassung den ordentlichen Gerichtsstand. Makower macht in seinem Kommentar zum Handelsgesetzbuch (Anmerk. 39 zu §. 111 daselbst) darauf aufmerksam, daß die etwa geltenden prozessualischen Vorschriften, wonach für die Klagen aus Ansprüchen an Zweigniederlassungen an den Orten derselben besondere Gerichtsstände bestehen, nicht beseitigt wären; da die Allgem. Gerichtsordnung solche Vorschriften nicht enthalte, könnte im Bezirk derselben am Orte der Zweigniederlassung ein Gerichtsstand nur begründet sein, wenn nach dem Prozeßrechte ein außerordentlicher Gerichtsstand stattfinde, z. B. forum contractus oder gestae administrationis (§§. 148, 154 Thl. I Tit. 2 A. G.-O.).

[55]) Der letzte Absatz des §. 10 ist dem Artikel 15 des Handelsgesetzbuchs nachgebildet, welcher die Gültigkeit der in diesem Gesetzbuche in Betreff der Kaufleute gegebenen Bestimmungen für die Handelsgesellschaften ausspricht. Die Motive des Ministerialentwurfes enthalten darüber Folgendes:

„Wiewohl die Genossenschaften ihrem Hauptzwecke nach größtentheils keine Handelsgesellschaften sind, so läßt sich doch nicht vermeiden, daß sie im

Gesetz keine abweichenden Vorschriften enthält.[56])

---

geschäftlichen Verkehr auch Handelsgeschäfte vornehmen. Es würden dann auf sie die Vorschriften des Handelsgesetzbuchs insoweit Anwendung finden, als die Artikel 276, 277 dieselben auf diejenigen Handelsgeschäfte ausdehnen, welche von Nichtkaufleuten vorgenommen werden. Diese Vorschriften reichen aber nicht aus, um eine gleichmäßige rechtliche Beurtheilung der Genossenschaften in allen Landestheilen herbeizuführen. Dies tritt namentlich in dem für die Kreditoren sowohl, als für die Genossenschafter wegen ihrer Solidarhaft wichtigen Falle hervor, wenn die Genossenschaft zur Erfüllung ihrer Verbindlichkeiten durch Insolvenz außer Stand gesetzt werden sollte. Nimmt man auch an, daß in den Bezirken des Landrechts und des gemeinen Rechts über das von einer anerkannten Genossenschaft als solcher erworbene Vermögen der Konkurs eröffnet werden könne, so würde doch eine gleiche Behandlung der Genossenschaften im Bezirke des Appellationsgerichtshofes zu Köln nicht möglich sein. Denn das dort geltende Recht kennt das Fallit-Verfahren (Konkurs) überhaupt nur bei Kaufleuten (Artikel 437, Rheinisches Handelsgesetzbuch); die Einleitung desselben würde also gegen die Genossenschaften nicht stattfinden. Soll in dieser Beziehung ein gleiches Recht geschaffen werden, so ist es nothwendig, die Vorschriften des Handelsgesetzbuchs in ähnlicher Art, wie dies im Artikel 5 des Handelsgesetzbuchs rücksichtlich der Handelsgesellschaften geschehen ist, auch auf die Genossenschaften für anwendbar zu erklären, soweit der vorliegende Gesetzentwurf keine Abweichungen davon festsetzt. Diese Bestimmung ist deshalb im §. 11, letztes Alinea, aufgenommen und bildet die Grundlage für die im V. Abschnitt enthaltenen Vorschriften über das Liquidations- und Konkursverfahren."

In Betreff der G e n o s s e n s c h a f t e n, nicht in Betreff der G e n o s s e n s c h a f t e r sollen nach dem §. 10 des Gesetzes die in Betreff der Kaufleute u. s. w. gegebenen Bestimmungen gelten. Die eingetragene Genossenschaft als solche, nicht der einzelne Genossenschafter bekommt durch das Gesetz alle Rechte und Pflichten eines Kaufmanns. Daß bei der offenen Handelsgesellschaft a l l e, bei der Kommanditgesellschaft die persönlich haftenden Gesellschafter wirklich Kaufleute im Sinne des Handelsgesetzbuchs sind, nehmen freilich die meisten Schriftsteller an. (Anschütz und Völderndorff a. a. O. Seite 45, Makower a. a. O. Anmerk. 28 zu Art. 4 Seite 11. Die entgegengesetzte Meinung, daß „der Handelsgesellschafter als solcher nicht Kaufmann im Sinne des Gesetzbuchs sei" begründet ausführlich und scharfsinnig v. Hahn in seinem Kommentar [Braunschweig 1862—66] Bd. I. Seite 9 ff.) Einstimmigkeit herrscht aber darüber, daß der Aktionär, der Kommanditist und der stille Gesellschafter durch ihre Betheiligung an der Handelsgesellschaft noch nicht Kaufleute werden. Wenn nun die Vorstandsmitglieder einer Aktiengesellschaft, bei welcher der Gegenstand des Unternehmens in Handelsgeschäften besteht, bloß durch den Betrieb der Handelsgeschäfte für die Gesellschaft noch nicht Kaufleute werden, so kann man dies noch weniger von den Vorstandsmitgliedern der Genossenschaft annehmen, da das Gesetz für die letztere — wenn sie nicht wirklich Handelsgeschäfte betreibt — die Eigenschaft des Kaufmanns nur fingirt.

[56]) Die Genossenschaft erhält durch den dritten Absatz des §. 10 die-

jenigen Rechte und Pflichten, welche das Deutsche Handelsgesetzbuch und das Einführungsgesetz vom 24. Juni 1861 für die Kaufleute festsetzen. Die Tragweite dieser Bestimmung richtig zu beurtheilen ist sehr schwierig. Geht man die Bestimmungen des Handelsgesetzbuches durch, so werden bei vielen Artikeln, in denen der Kaufmann nicht besonders erwähnt, vielmehr nur von Handelsgeschäften die Rede ist, Zweifel entstehen, ob und auf welche Genossenschaftsgeschäfte sie anwendbar sind, oder mit anderen Worten, welche Geschäfte der Genossenschaft als Handelsgeschäfte im Sinne des Handelsgesetzbuchs anzusehen sind. Sodann sind in vielen Artikeln des „Von den Handelsgeschäften im Allgemeinen“ überschriebenen ersten Titels des vierten Buches des Handelsgesetzbuchs Rechtsfolgen davon abhängig gemacht, daß „ein Kaufmann“, sei es schlechthin, oder „im Betrieb“ oder „in Ausübung seines Handelsgewerbes“ das Subjekt des Rechtsverhältnisses ist, oder auch daß ein Kaufmann ein „Handelsgeschäft“ abschließt. Wenn diese verschiedenen Ausdrücke schon dann Schwierigkeiten bereiten, wenn es sich um ihre Anwendung auf wirkliche Kaufleute handelt, wie viel mehr werden diese Schwierigkeiten wachsen, wenn an Stelle der wirklichen Kaufleute eingetragene Genossenschaften treten.

Soweit die Genossenschaften bisher schon Handelsgeschäfte im Sinne des Deutschen Handelsgesetzbuchs betrieben haben, hat natürlich das Gesetz nichts geändert. Allein diese Frage lag nur klar bei den Produktivgenossenschaften. Die Produktivgenossenschaften treiben gewerbsmäßig Handwerk oder Fabrikation und stehen in allen einschlagenden Beziehungen, je nach Umfang des Geschäfts, dem Handwerker oder dem Fabrikanten vollkommen gleich. In Betreff der anderen Arten Genossenschaften sind in der juristischen Literatur die verschiedensten Meinungen vertreten. Was

a. die Volksbanken anlangt, so treiben diese Banquiergeschäfte, indem sie bankmäßigen Kredit gewähren und vermitteln. Das Ausstellen, Indossiren, Akzeptiren von Wechseln, das Kontokorrentgeschäft, die Annahme von Depositen, das Lombardgeschäft, alles dies sind Banquiergeschäfte. Eine nicht eingetragene Volksbank betreibt nur dann Handelsgeschäfte, wenn sie ihr Banquiergeschäft gewerbemäßig betreibt (Art. 272 des Handelsgesetzbuchs). Was unter gewerbemäßig im Sinne des Handelsgesetzbuchs, namentlich im Sinne der Artikel 21 und 272 zu verstehen sei, darüber sind die handelsrechtlichen Schriftsteller durchaus nicht einig. Wenn man mit dem vorzüglichsten Kommentator des Handelsgesetzbuches, mit v. Hahn (a. a. O. Bd. I. zu Art. 4 Seite 9) das Kennzeichen des gewerbemäßigen Betriebes von Handelsgeschäften nur darin findet, „daß der Wille nicht durch die Gelegenheit zum vortheilhaften Abschluß eines oder mehrerer Handelsgeschäfte bestimmt erscheint und daß nicht die Absicht vorliegt, einzelne bestimmte Handelsgeschäfte abzuschließen, sondern daß der Wille von vornherein auf den Abschluß von ganzen Reihen von Handelsgeschäften, welche eine zusammengehörige Masse bilden, gerichtet ist“; so muß man mit ihm auch alle Geschäfte der Volksbanken, wie „aller derartiger nicht auf Realisirung von Gewinn durch den Unternehmer gerichteten Anstalten“ zu den Handelsgeschäften rechnen (v. Hahn a. a. O. Bd. II. Seite 26 zu Art. 272). Indessen steht diese Ansicht ziemlich vereinzelt da. Wir nehmen mit den meisten Handelsrechtslehrern (z. B. Anschütz und Völderndorf Anmerk. 4 zu Art. 4 Seite 36; Koch Anmerk. 9 zu Art. 272 Seite 284; Makower Anmerk. 6 zu Art. 4 Seite 12; Goldschmidt Handbuch des Handelsrechts Bd. I. S. 335), deren Definitionen von gewerbemäßig unter einander gar sehr verschieden sind, doch die eine allen ihren Definitionen gemeinsame Voraussetzung als nothwendig an, daß die Absicht auf Erwerb eines Einkommens gerichtet sein muß. Dies ist bei Volksbanken, die nur mit ihren Mitgliedern Banquiergeschäfte machen, nicht der Fall. (Vergl. Schulze-Delitzsch Ausführungen a. a. O. Seite 22; anderer Meinung ist Auerbach a. a. O. Seite 12 ff.; zweifelhaft läßt die Frage Kreisrichter Lesse im Abgeordnetenhause Sitzung vom 17. Dez. 1866, S. 1266 stenograph. Berichte).

b. Rohstoffassoziationen. Der Kauf von Waaren, um dieselben „weiter zu veräußern", gehört nach Art. 271 zu den absoluten Handelsgeschäften. Die Weiterveräußerung der zu diesem Zwecke angeschafften Waaren ist aber nur, wenn es „gewerblich" d. h. von einem Kaufmann geschieht, ein Handelsgeschäft. (Art. 273.) Daraus folgt: der Einkauf der Rohstoffe bei Rohstoffgenossenschaften ist ein Handelsgeschäft, da die Absicht stets auf Weiterveräußerung — ob an Mitglieder oder Dritte ist gleichgültig — gerichtet ist, der Verkauf aber ist kein Handelsgeschäft. (Vergl. die sich widersprechenden Erkenntnisse des Appellhofes zu Cöln vom 16. Dez. 1862 und 19. Nov. 1863 in Goldschmidt's Zeitschrift Bd. 7 S. 481 und Bd. 8 S. 613).

c. Bei Konsumvereinen, welche nur an Mitglieder verkaufen, liegt die Sache genau wie bei den Rohstoffassoziationen. Konsumvereine, welche an Jedermann verkaufen, betreiben immer ein Handelsgewerbe, bei ihnen ist also die Weiterveräußerung der Waaren ein Handelsgeschäft.

Durchaus verändert wird die Sachlage für eingetragene Genossenschaften. Eingetragene Volksbanken, für welche fortan alle Bestimmungen des Handelsgesetzbuchs in Betreff der Kaufleute, das heißt der gewerbemäßig Handel betreibenden Personen (Artikel 4) gelten sollen, treiben ihre Banquiergeschäfte als Handelsgeschäfte, weil nach dem letzten Absatze des Artikel 272 und nach Artikel 273 Banquiergeschäfte auch alsdann Handelsgeschäfte sind, wenn sie von einem Kaufmanne im Betriebe seines Handelsgewerbes, d. h. von einem Kaufmanne als solchen gemacht werden. Wenn der §. 10 des Genossenschaftsgesetzes den eingetragenen Genossenschaften die Rechte und Pflichten eines Kaufmanns beilegt, so macht er den genossenschaftlichen Geschäftsbetrieb zu einem gewerbmäßigen Handelsgeschäfts-Betrieb; denn „„die Begriffe „gewerbemäßig Handelsgeschäfte betreiben" und „Kaufmann sein" decken einander vollständig."" (Vgl. von Hahn a. a. O. Bd. II, Vorbemerkung II zum zweiten Abschnitt, Buch IV. Tit. 1. S. 50—58). Aus denselben Gründen bekommt bei einer eingetragenen Rohstoff-Assoziation und bei einem eingetragenen Konsumverein die Weiterveräußerung der zu diesem Zweck angeschaften Waaren an die Mitglieder durch das Gesetz den Charakter des Gewerblichen und wird demnach Handelsgeschäft im Sinne des Handelsgesetzbuchs. Hieraus folgt weiter, daß wenn in Artikeln des vierten Buchs des Handelsgesetzbuchs von Geschäften die Rede ist, welche ein Kaufmann „in Ausübung seines Handelsgewerbes" vornimmt oder „die auf seiner Seite Handelsgeschäfte" sind (z. B. Artikel 288 und 290), die Bestimmungen dieser Artikel auch für alle Geschäfte gelten, welche eingetragene Genossenschaften innerhalb ihres genossenschaftlichen Unternehmens machen. —

Von denjenigen im Genossenschaftsgesetz nicht besonders erwähnten Bestimmungen des Handelsgesetzbuchs, welche nach §. 10 auf eingetragene Genossenschaften Anwendung finden, heben wir folgende als besonders wichtig hervor:

I. Firma. Die Artikel 26 und 27 schützen die Genossenschaft im ausschließlichen Besitz ihrer Firma.

II. Handelsbücher. Die Genossenschaft ist zur Führung von Handelsbüchern über das Geschäft verpflichtet. (Art. 28 bis 40 des Handels-Ges.-B.) Aus den Büchern müssen die Geschäfte und die Lage des Genossenschaftsvermögens vollständig zu ersehen sein. Die empfangenen Geschäftsbriefe sind aufzubewahren; von den abgesandten Geschäftsbriefen ist eine Kopie in ein Kopirbuch einzutragen. Vor dem Beginn des Geschäfts und später alle Jahre oder allenfalls alle zwei Jahre sind Inventar und Bilanz des Vermögens anzufertigen. (Vgl. oben Anmerk. 21 zu §. 3 S. 16.) Die Bücher müssen in einer lebenden Sprache und mit den Schriftzeichen einer solchen geführt werden; sie sind einzubinden und zu foliiren und dürfen keine ungehörig leeren Stellen und keine Durchstreichungen und Rasuren zeigen. Bücher, Geschäftsbriefe, Inventare und Bilanzen sind zehn Jahre lang aufzubewahren.

III. Beweiskraft der Handelsbücher. Ordnungsmäßig geführte Handelsbücher der Genossenschaft liefern bei Streitigkeiten in Handelssachen mit einem Kaufmann oder einer andern eingetragenen Genossenschaft einen unvollständigen Beweis, welcher durch einen Eid oder andere Beweismittel ergänzt werden kann; der Richter hat jedoch über das Maß der Beweiskraft die Entscheidung, namentlich auch dann, wenn die Handelsbücher beider Theile nicht übereinstimmen. (Art. 34.)

Bei Streitigkeiten gegen Nichtkaufleute dienen die Handelsbücher nur zur Unterstützung anderer Beweise; der Richter hat zu ermessen, ob ordnungsmäßig geführten Büchern und Handelssachen in dem Maße Beweiskraft beizulegen sei, daß der einen oder andern Partei der Eid auferlegt werde.

Das richterliche Ermessen entscheidet über die Beweiskraft unregelmäßig geführter Handelsbücher. (Art. 35.)

Es besteht in Ansehung der Handelsbücher die Editionspflicht nach den Artikeln 37 bis 40 des Handelsgesetzbuchs. (Ueber die Beweiskraft der Handelsbücher vgl. namentlich von Hahn's Kommentar, Bd. I. S. 88—110.)

IV. Prokuristen und Handlungsbevollmächtigte. Die eingetragene Genossenschaft kann sich gleich einem Kaufmann durch Prokuristen und Handlungsbevollmächtigte vertreten lassen. Die in das Handelsregister (Prokurenregister) einzutragende Prokura kann mehreren Personen gemeinschaftlich ertheilt werden — Kollektivprokura — und ist jederzeit widerruflich. Der Prokurist zeichnet die Firma per procura und ist zu allen gerichtlichen und außergerichtlichen Handlungen ermächtigt, welche der genossenschaftliche Geschäftsbetrieb mit sich bringt. Die Beschränkung der Prokura ist Dritten gegenüber ohne rechtliche Wirkung. (Artikel 41 bis 46 und 52 bis 56 des Handelsgesetzbuchs.)

In Betreff der besonderen Bevollmächtigten einer eingetragenen Genossenschaft gelten die Sätze, welche in den Artikeln 47—56 in Betreff der Handlungsbevollmächtigten niedergelegt sind. — (Ueber die Prokuristen vgl. Anmerkung 33 und §. 16 und §. 29 nebst Anmerkungen.)

V. Handlungsgehülfen. Die eingetragene Genossenschaft kann Handlungsgehülfen (Handlungsdiener, Handlungslehrlinge), also solche Personen haben, welche in dem genossenschaftlichen Geschäftsbetriebe angestellt sind, um kaufmännische Dienste zu leisten. Auf diese Gehülfen finden die Artikel 57 bis 64 Anwendung.

VI. Auslegungsregeln. Auf die Geschäfte der eingetragenen Genossenschaft sind die im Handelsgesetzbuche für Handelsgeschäfte vorgeschriebenen Auslegungsregeln anzuwenden. Dergleichen sind namentlich in den Artikeln 278 bis 281, abweichend von Bestimmungen des Allgemeinen Landrechts, vorgeschrieben. (Vergl. Makower a. a. O. Anmerkungen zu jenen Artikeln.)

VII. Kaufmännische Zinsen. Die eingetragene Genossenschaft hat die den Kaufleuten eigenthümlichen Rechte auf Zinsen — Artikel 289 bis 292 des Handelsgesetzbuchs —; besonders wichtig darunter ist das Recht vom Saldo bei Kontokorrenten mit Kaufleuten oder mit anderen eingetragenen Genossenschaften Zinsen zu nehmen. (Art. 291.)

VIII. Pflicht Aufträgen zu antworten. Die eingetragene Genossenschaft ist verpflichtet, auf erhaltene Aufträge bei bestehender Geschäftsverbindung ohne Verzug zu antworten, widrigenfalls das Schweigen als Uebernahme des Auftrages gilt. (Art. 333.)

IX. Kaufmännisches Pfandrecht. Die eingetragene Genossenschaft genießt bei ihren Geschäften mit Kaufleuten oder andern eingetragenen Genossenschaften die Vortheile, welche den Kaufleuten in Betreff Bestellung von Faustpfändern und deren Veräußerung in den Artikeln 309 bis 311 des Handelsgesetzbuchs eingeräumt sind.

X. Kaufmännisches Retentionsrecht. Die eingetragene Genossenschaft hat das den Kaufleuten in den Artikeln 313 bis 316 des Handelsgesetzbuchs eingeräumte Zurückbehaltungsrecht (Retentionsrecht). Sie kann also wegen einer fälligen Forderung gegen einen Kaufmann oder eine eingetragene Genossenschaft aus einem Geschäfte, welches auch auf Seiten des Schuldners als Handelsgeschäft erscheint, alle beweglichen Sachen und Werthpapiere des Schuldners zurückbehalten, welche mit dessen Willen auf Grund von Handelsgeschäften in ihren Besitz gekommen sind und sich noch in ihrem Gewahrsam befinden.

XI. Mündliche Form der Verträge. Bei allen, Handelsgeschäften gleichzuachtenden Geschäften der eingetragenen Genossenschaft ist die Gültigkeit der Verträge durch schriftliche Abfassung oder andere Förmlichkeiten nicht bedingt.

XII. Stille Gesellschaft. Die eingetragene Genossenschaft kann stille Gesellschafter annehmen, also einzelne Personen oder Handelsgesellschaften oder eingetragene Genossenschaften sich mit einer Vermögenseinlage gegen Antheil an Gewinn und Verlust bei ihrem Geschäftsbetrieb betheiligen lassen; sie kann sich selbst beim Handelsbetrieb eines Andern oder beim Geschäftsbetrieb einer andern eingetragenen Genossenschaft mit einer Einlage als stiller

§. 11.

Für alle Verbindlichkeiten der Genossenschaft, insofern zur Deckung derselben im Falle der Liquidation oder des Konkurses das Vermögen der Genossenschaft nicht ausreicht, haften alle Genossenschafter solidarisch mit ihrem ganzen Vermögen.[57])

Gesellschafter betheiligen. In beiden Fällen finden die Bestimmungen der Artikel 250 bis 265 des Handelsgesetzbuchs Anwendung.

Das Recht der eingetragenen Genossenschaft, stille Gesellschafter anzunehmen, kann vielleicht in Zukunft für diejenigen Arten Genossenschaften, bei denen die Solidarhaft ein größeres Hinderniß starker Betheiligung ist, als bei den Volksbanken, also namentlich für Konsumvereine und Produktivgenossenschaften, von großer Bedeutung werden. Es bildet eine bequeme Handhabe, die Bestimmungen über die Solidarhaft zu umgehen. Der stille Gesellschafter einer eingetragenen Genossenschaft hat in Betreff der Prüfung der Bilanz erheblich mehr Rechte als der Genossenschafter. — Vergl. §. 9 des Gesetzes und Anmerkung 49 Seite 48.

[57]) Ueber das Verhältniß des ersten Absatzes dieses §. 11 zum §. 3 Nr. 12 und zum Schlußsatz des §. 50 vergl. Anmerkung [30]) S. 21. Der Gläubiger einer eingetragenen Genossenschaft kann fortan nur gegen diese, nicht auch gegen einzelne der solidarisch haftenden Genossenschafter seine Ansprüche im Prozesse verfolgen. Klagte er dennoch gegen einen einzelnen Genossenschafter, so würde er auf den Einwand der Vorausklage abgewiesen werden müssen. Ist gegen die eingetragene Genossenschaft die Exekution fruchtlos vollstreckt, so liegt eine Zahlungseinstellung der Genossenschaft vor, die den Konkurs derselben zur Folge hat; der Gläubiger muß dann erst das Ergebniß des Konkurses abwarten, er ist bei Verlust seines Anspruches an die einzelnen Genossenschafter verpflichtet, seine Forderung im Konkurse anzumelden und verifiziren zu lassen, und erst nach Beendigung des Konkurses, welcher den Konkurs über das Vermögen der einzelnen Genossenschafter nicht nach sich zieht, kann er wegen des Ausfalls einzelne oder alle ihm solidarisch haftenden Genossenschafter in Anspruch nehmen. (§. 50.)

Diese Bestimmungen begründen den wesentlichsten Unterschied, welcher zwischen der Genossenschaft und der offenen Handelsgesellschaft in Betreff des Verhältnisses der Mitglieder und ihres Privatvermögens zu den Gesellschaftsgläubigern besteht. In der offenen Handelsgesellschaft, bei welcher die wirkliche Solidarhaft ihrer Mitglieder im Gegensatz zur Solidarbürgschaft besteht, kann der Gesellschaftsgläubiger gegen die Gesellschaft oder gegen einen einzelnen Gesellschafter klagen. Im ersteren Falle kann die Exekution, auch wenn genügendes und disponibles Gesellschaftsvermögen vorhanden ist, auf Antrag des Klägers sofort in das Privatvermögen des einzelnen Gesellschafters vollstreckt werden; eine Sonderung des Gesellschaftsvermögens von dem Privatvermögen der einzelnen Gesellschafter ist der Gesellschaftsgläubiger erst bei Eröffnung des Konkurses über das Gesellschaftsvermögen, welcher den Konkurs über das Privatvermögen jedes Gesellschafters nach sich zieht, anzuerkennen verpflichtet. (Art. 122 des Handelsgesetzbuchs, Art. 36 des Einführungsgesetzes

Wer in eine bestehende Genossenschaft eintritt, haftet gleich den anderen Genossenschaftern für alle, von der Genossenschaft vor seinem Eintritte eingegangenen Verbindlichkeiten.[58])

Ein entgegenstehender Vertrag ist gegen Dritte ohne rechtliche Wirkung.

§. 12.[59])

Die Privatgläubiger eines Genossenschafters sind nicht befugt, die zum Genossenschaftsvermögen gehörigen Sachen, For-

---

vom 24. Juni 1861. Preußische Konkursordnung vom 8. Mai 1855 §§. 287 u. 288.)

Im Anschluß an diese Grundsätze ist auch die Frage der Kompensation einer Gesellschaftsschuld mit einer Forderung des einzelnen Gesellschafters zu entscheiden. Klagt der Gesellschaftsgläubiger gegen die offene Handelsgesellschaft, so kann diese eine Forderung des einzelnen Gesellschafters nicht zur Kompensation benutzen, ebensowenig wie im gleichen Falle die Genossenschaft eine Forderung eines Genossenschafters; sie muß die Forderung erst für sich erwerben, um damit kompensiren zu können. Klagt der Gesellschaftsgläubiger aber (was bei der Genossenschaft überhaupt unzulässig ist) gegen einen einzelnen Gesellschafter, so kann dieser nicht bloß mit einer Gesellschaftsforderung kompensiren, sondern auch mit der Privatforderung, welche ihm an den Kläger zusteht. — Ueber den Unterschied der unbeschränkten Solidarhaft von der Solidarbürgschaft vergl. Auerbach a. a. O. in Goldschmidts Zeitschrift Bd. 7, S. 19 ff., S. 364; außerdem vergl. Endemann: Das Deutsche Handelsrecht §. 38 S. 183 ff., Kuntze: Prinzip und System der Handelsgesellschaften in Goldschmidts Zeitschrift Bd. 6 S. 217 u. S. 220—228.

Der erste Absatz des §. 11 ist, wie bereits oben (S. 23) erwähnt worden, dem Kommissionsentwurf von 1863 entlehnt. Die einzige Abweichung (zugleich eine Abweichung von der Fassung des analogen Artikels 112 des Handelsgesetzbuchs): „solidarisch mit ihrem ganzen Vermögen,“ statt „solidarisch und mit ihrem ganzen Vermögen“ ist bedeutungslos und beruht ohne Zweifel nur auf einem Fehler beim Abschreiben.

[58]) Der zweite und dritte Absatz des §. 11 entsprechen den Art. 113 und 166 des Handelsgesetzbuchs. Der neu eintretende Genossenschafter übernimmt die Solidarbürgschaft für die vor seinem Eintritt eingegangenen Verbindlichlichkeiten der Genossenschaft in gleicher Weise, wie für die bestehenden Gesellschaftsverbindlichkeiten das neue Mitglied einer offenen Handelsgesellschaft die Solidarhaft und der neue Kommanditist einer Kommanditgesellschaft die beschränkte Haft seiner Einlage übernimmt. In allen drei Fällen kann sich das neue Mitglied durch einen Vertrag mit den bisherigen Mitgliedern diesen gegenüber decken; allein gegen Dritte hat ein solcher Vertrag keine Wirkung. Diese Sätze sind folgerichtig für jede Gesellschaft, welche ein wirthschaftlich-selbstständiges Verkehrswesen ist.

[59]) In den §§. 12—15 „sind die Rechtsverhältnisse der Privatgläubiger der einzelnen Genossenschafter in Beziehung auf das von diesen in die Ge-

derungen oder Rechte, oder einen Antheil an denselben zum Behuf ihrer Befriedigung oder Sicherstellung in Anspruch zu nehmen. Gegenstand der Exekution des Arrestes oder der Beschlagnahme kann für sie nur dasjenige sein, was der Genossenschafter selbst an Zinsen und an Gewinnantheilen zu fordern berechtigt ist und was ihm bei der Auseinandersetzung zukommt.[60])

---

nossenschaft eingelegte Vermögen und ihre Anforderungen an die Genossenschaft bestimmt. Hierbei sind die Art. 119 bis 121, 126 des Handelsgesetzbuchs zum Grunde gelegt." (Motive des Ministerial-Entwurfs vom 11. Novbr. 1866. Nr. 86 der Drucksachen S. 23.) Die für die offene Handelsgesellschaft gegebenen Bestimmungen jener Artikel sollen nach Art. 169 und 170 auch für die Kommanditgesellschaft und die Bestimmung des Art. 126 nach Art. 263 auch zu Gunsten des Privatgläubigers eines stillen Gesellschafters gelten. — Es ist fraglich, ob es angemessen war, die Bestimmungen ohne eingehende Prüfung von den Handelsgesellschaften auf die Genossenschaften zu übertragen, noch dazu, da sie in der Kommission zur Berathung des Handelsgesetzbuchs erst bei der dritten Lesung angenommen sind. Die Praxis wird voraussichtlich auf mannigfaltige, durch die Unterschiede der Genossenschaft von den Handelsgesellschaften hervorgerufene Bedenken stoßen.

[60]) „Gegenstand der Exekution des Arrestes" — vor den letzten beiden Worten fehlt das Komma nur in Folge eines Druckfehlers, wie die Akten des Abgeordnetenhauses ergeben.

Zwischen Arrest und Beschlagnahme besteht nach Preußischem Rechte kein Unterschied. (Vgl. Koch Kommentar, Anmerkung 53 zum Art. 119 des Handelsgesetzbuchs.)

Wenn Exekution und Arrest „an Zinsen und an Gewinnantheilen" gestattet wird, so sind mit den Zinsen des Art. 119 des Handelsgesetzbuchs diejenigen 4 Prozent gemeint, welche nach Art. 106 dem Gesellschafter in der offenen Handelsgesellschaft von seinem Antheile am Gesellschaftsvermögen vor der Gewinnberechnung gutgeschrieben werden müssen. Da für Genossenschaften eine gleiche Bestimmung nicht existirt (vgl. Anmerkung 47 zu §. 8 S. 40), so würde es angemessener gewesen sein, im vorliegenden §. 12 die Worte „an Zinsen und" zu streichen.

Bei den meisten Genossenschaften werden die Gewinnantheile erst ausbezahlt, wenn der Genossenschafter bereits den statutenmäßig vorgeschriebenen Höchstbetrag des Geschäftsantheils erreicht hat. (Vergl. oben Anmerkung 20 und 47.) Sollte nun ein Privatgläubiger eines Genossenschafters, dessen Geschäftsantheil noch unvollständig ist, den Gewinnantheil desselben auf Grund des §. 12 als Exekutions- oder Arrestobjekt in Anspruch nehmen, so wird die Genossenschaft dennoch nicht verpflichtet sein, den Gewinnantheil vor dem Ausscheiden des Genossenschafters an den Gläubiger auszuzahlen. Denn in Folge jener Statutbestimmung ist dieser Gewinnantheil sofort bei seinem Entstehen in den Vermögensbestand der Genossenschaft übergegangen, und kann davon nur durch „die Auseinandersetzung" beim Ausscheiden des Genossenschafters gelöst werden.

§. 13.

Die Bestimmung des vorigen Paragraphen gilt auch in Betreff der Privatgläubiger, zu deren Gunsten eine Hypothek oder ein Pfandrecht an dem Vermögen eines Genossenschafters kraft des Gesetzes oder aus einem anderen Rechtsgrunde besteht. Ihre Hypothek oder ihr Pfandrecht erstreckt sich nicht auf die zum Genossenschaftsvermögen gehörigen Sachen, Forderungen und Rechte oder auf einen Antheil an denselben, sondern nur auf dasjenige, was in dem letzten Satze des vorigen Paragraphen bezeichnet ist.

Jedoch werden die Rechte, welche an dem von einem Genossenschafter in das Vermögen der Genossenschaft eingebrachten Gegenstande bereits zur Zeit des Einbringens bestanden, durch die vorstehenden Bestimmungen nicht berührt.

§. 14.

Eine Kompensation zwischen Forderungen der Genossenschaft und Privatforderungen des Genossenschaftsschuldners gegen einen Genossenschafter findet während der Dauer der Genossenschaft weder ganz noch theilweise statt. Nach Auflösung der Genossenschaft ist sie zulässig, wenn und soweit die Genossenschaftsforderung dem Genossenschafter bei der Auseinandersetzung überwiesen ist.

§. 15.

Hat ein Privatgläubiger eines Genossenschafters nach fruchtlos vollstreckter Exekution in dessen Privatvermögen die Exekution in das demselben bei der demnächstigen Auflösung[61]) der Ge-

---

[61]) Die Worte „bei der demnächstigen Auflösung der Genossenschaft" sind offenbar nur durch ein Versehen aus Artikel 125 des Handelsgesetzbuchs in den Ministerialentwurf und von da, ohne daß von irgend einer Seite darauf aufmerksam gemacht wäre, in das Gesetz übergegangen. Nachdem in den Artikeln 123 und 124 bestimmt worden, daß eine offene Handelsgesellschaft durch Tod oder Konkurs und, bei Gesellschaften von unbestimmter Dauer, durch eine sechs Monat vor Ablauf des Geschäftsjahrs erfolgende Aufkündigung eines der Gesellschafter **aufgelöst** wird, lautet Art. 126:

> „Hat ein Privatgläubiger eines Gesellschafters nach fruchtlos vollstreckter Exekution in dessen Privatvermögen die Exekution in das dem Gesellschafter bei dereinstiger Auflösung der Gesellschaft zukommende Guthaben erwirkt; so ist er berechtigt, es mag die Gesellschaft auf bestimmte oder auf unbestimmte Dauer eingegangen sein, behufs seiner Befriedigung nach vorher geschehener Aufkündigung die Auflösung der Gesellschaft zu verlangen." u. s. w.

Statt nun, wie es im entsprechenden §. 17 des Kommissionsentwurfs

nossenschaft zukommende Guthaben erwirkt, so ist er berechtigt, die Genossenschaft mag auf bestimmte oder unbestimmte Zeit eingegangen sein, Behufs seiner Befriedigung nach vorher von ihm geschehener Aufkündigung das Ausscheiden jenes Genossenschafters zu verlangen.[62])

---

von 1863 geschehen war, mit Rücksicht darauf, daß eine Genossenschaft von dem Austritt und dem Tode einzelner Mitglieder in ihrem Fortbestande gar nicht berührt wird, im Vordersatze statt „bei dereinstiger Auflösung der Gesellschaft" zu setzen „bei seinem Ausscheiden", hat der Ministerialentwurf, abgesehen von ganz bedeutungs- und zwecklosen Wortänderungen, den ganzen Absatz stehen lassen und nur am Schluß für „die Auflösung der Gesellschaft" „das Ausscheiden jenes Genossenschafters" gesetzt. — Es fragt sich, wie nunmehr von den Privatgläubigern eines Genossenschafters wird zu verfahren sein. Im Wege der Exekution oder des Arrestes können sie nach §. 13 des Gesetzes, ohne daß zuvor in andere Vermögensstücke des Genossenschafters Exekution versucht wäre, dasjenige mit Beschlag belegen, was ihrem Schuldner „bei der Auseinandersetzung zukommt", möge diese zufolge seines Todes oder Ausscheidens oder aber zufolge Auflösung der Genossenschaft erfolgen. Um jedoch „die Auseinandersetzung" wirklich herbeizuführen, werden sie die Exekution in das Privatvermögen des Genossenschafters nach §. 15 vollstrecken lassen, und wenn sie fruchtlos ausfällt, mit weiteren Exekutionsanträgen gegen sein Genossenschaftsguthaben vorzugehen haben. Wir würden ihnen anrathen, in diesen Anträgen das Guthaben des Genossenschafters als dasjenige zu bezeichnen, welches ihm „bei der demnächstigen Auflösung der Genossenschaft oder bei seinem Ausscheiden zukommt." Mit einer solchen Fassung wird sich voraussichtlich sowohl derjenige Richter befriedigt erklären, welcher verlangt, daß die Exekutionsanträge genau dem Wortlaute des §. 15 entsprechen, als auch derjenige, welcher mit uns die Aufnahme der Worte „bei der demnächstigen Auflösung der Genossenschaft" in den §. 15 für ein keine Beachtung verdienendes Versehen des Gesetzgebers halten.

[62]) In den Rechten der Genossenschaft zu dem Geschäftsantheil eines Genossenschafters wird durch die Beschlagnahme desselben auf Antrag eines Privatgläubigers des Genossenschafters oder durch die Aufkündigung der Mitgliedschaft zu Gunsten dieses Privatgläubigers, nichts geändert. Der Geschäftsantheil bleibt bis zur Auseinandersetzung im Genossenschaftsvermögen; der Gläubiger erlangt unmittelbar gegen die Genossenschaft durch jene Exekutionsmaßregeln kein weiteres Recht, als daß er die Auseinandersetzung und sodann die Ausantwortung des sich ergebenden Guthabens verlangen kann. Die Sonderrechte des Genossenschafters in Betreff seines eigenen Geschäftsantheils ruhen gewissermaßen während der Beschlagnahme, wohingegen er an den allgemeinen allen Genossenschaftern in Angelegenheiten der Genossenschaft zustehenden Befugnissen (§. 9 des Gesetzes) keine Einbuße erlitten hat. Wollte z. B. ein Mitglied einer Volksbank, dessen Geschäftsantheil mit Beschlag belegt ist, nach der Beschlagnahme einen Vorschuß haben, so kann ihm dieser gewährt werden; es fragt sich jedoch, ob sein Guthaben, welches vor der Beschlagnahme für

Die Aufkündigung muß mindestens sechs Monate vor Ablauf des Geschäftsjahres der Genossenschaft geschehen.[63])

Abschnitt III.

Von dem Vorstande, dem Aufsichtsrathe und der Generalversammlung.[64])

§. 16.

Jede Genossenschaft muß einen aus der Zahl der Genossen-

---

alle seine aus Vorschüssen oder Bürgschaften entstandenen Verbindlichkeiten auch ohne ausdrückliche Verpfändung haftet, für den neuen Vorschuß verpfändet werden kann? Wir meinen: Ja, jedoch vorbehaltlich der prioritätischen Rechte jenes Privatgläubigers, welche durch neue Sonderverpflichtungen seines Schuldners in keiner Weise gekürzt werden können.

[63]) Der Schlußsatz des §. 15 ist in der Kommission und im Plenum des Herrenhauses lebhaft angefochten. Man fand den Widerspruch mit §. 37 nicht gerechtfertigt: Nach §. 37 könne der Genossenschafter regelmäßig nach vierwöchentlicher Aufkündigung vor dem Schluß des Geschäftsjahres austreten. Nach §. 15 hingegen solle der Gläubiger sechs Monate vor Ablauf des Geschäftsjahres kündigen müssen. Nun verstehe es sich nach allgemeinen Grundsätzen (Rechtsgrundsätze nannte es der Berichterstatter Prof. Dernburg im Plenum!) von selbst, daß der Gläubiger mindestens eben so viele Rechte haben müsse, als sein Schuldner (!?). Daher rechtfertige sich der Verbesserungsantrag, in §. 15 statt 6 Monate „vier Wochen" zu setzen. Historisch erkläre sich der Widerspruch dadurch, daß der §. 15 des Gesetzes wörtlich (?!) dem Artikel 126 des Handelsgesetzbuchs nachgebildet sei, welcher wiederum mit Artikel 124 in Verbindung stehe" u. s. w. — Die Regierungskommissarien führten in der Kommission und im Plenum an: Eine Inkongruenz gegen den §. 37 liege nicht vor, da der Gläubiger nicht mindestens, sondern höchstens eben so viel Recht haben müsse, als der Genossenschafter; es sei aber im Interesse des Gläubigers nothwendig, daß ein- für allemal der Gleichmäßigkeit des Verfahrens wegen eine bestimmte Frist festgestellt werde, wenn der Gläubiger den Genossenschafter zwinge, aus der Genossenschaft auszutreten, um sich an sein Vermögen zu halten. Der Gläubiger werde übrigens dann besser gestellt als der Genossenschafter, wenn diesem statutarisch eine längere als sechsmonatliche Kündigungsfrist auferlegt sei.

[64]) Der Ministerialentwurf vom 2. Februar 1866 sagt in seinen Motiven in Betreff dieses dritten Abschnittes im Allgemeinen Folgendes:

„Bei der Redaktion des dritten Abschnittes ist in Uebereinstimmung mit dem Handelsgesetzbuche der Grundsatz angenommen:

schafter zu wählenden Vorstand haben.[65]) Sie wird durch denselben gerichtlich und außergerichtlich vertreten.

---

1) daß jede Genossenschaft einen Vorstand habe;

2) daß dieser Vorstand öffentlich bekannt gemacht werden muß;

3) daß derselbe allein die Genossenschaft nach Außen hin vertritt und alle Arten der Rechtsgeschäfte mit verbindlicher Kraft für die Genossenschaft vornehmen darf;

4) daß diese gesetzlichen Befugnisse zwar der Genossenschaft gegenüber beschränkt werden können, eine solche Beschränkung aber gegen dritte Personen keine rechtliche Wirkung äußert.

Die auf diese Grundsätze basirten §§. 17 bis 23 [im Gesetz §§. 16 bis 22] entsprechen den Bestimmungen über die Befugnisse und Verpflichtungen, welche das Handelsgesetzbuch dem Vorstande einer Aktiengesellschaft in den Artikeln 227 bis 233 und 239 beilegt" u. s. w.

[65]) Der §. 16 des Gesetzes weicht in zwei Punkten von dem entsprechenden Artikel 227 des Handelsgesetzbuchs ab:

1. Der Vorstand der Genossenschaft muß gewählt werden; auf welche Weise der der Aktiengesellschaft bestellt wird, bestimmt das Handelsgesetzbuch nicht. (Vergl. Anmerk. 23 zu §. 3 Nr. 7 S. 17.)

2. Die Mitglieder des Vorstandes der Genossenschaft müssen Genossenschafter sein; die Mitglieder des Vorstandes der Aktiengesellschaft „können Aktionäre oder Andere sein".

In der Kommission des Herrenhauses wurde der Antrag gestellt, durch Fortlassung der Worte „zu wählenden" es zu ermöglichen, „daß die Stifter einer Genossenschaft, welche etwa bei dieser Stiftung humane Zwecke verfolgten, sich einer Wahl nicht zu unterziehen brauchten." Die Kommission verwarf den Antrag, nicht weil sie diese schließlich auf den Gründer-Unfug bei Aktiengesellschaften hinauslaufende Möglichkeit nicht zulassen wollte, sondern weil die Gründer dasselbe dadurch erreichen könnten, daß sie sich zunächst zu Vorständen wählten und dann erst Andere als Theilnehmer zuzögen!

Das Gesetz bestimmt nirgends, wie und von wem die Wahl des Genossenschafts-Vorstandes vorzunehmen sei, „die Art der Wahl" soll vielmehr nach §. 3 Nr. 7 der Gesellschaftsvertrag enthalten. Bisher ist bei den Genossenschaften unbeschränkte direkte Wahl durch die Generalversammlung Regel. Wo in größeren Genossenschaften Vorstandsmitgliedern zugleich die technische Leitung, die eigentliche Geschäftsführung überwiesen ist, hat die unbeschränkte direkte Wahl durch die Generalversammlung ihre nicht zu unterschätzenden Bedenken. Namentlich wenn mit dem Amte ein angemessenes Gehalt verbunden ist, können leicht unfähige Personen gewählt werden. Größere Volksbanken haben deshalb für die Wahl des Kassirers zuweilen vorgeschrieben, daß dieselbe von der Generalversammlung auf Vorschlag des Ausschusses mit Stimmzetteln bewirkt werde und daß der Ausschuß, wenn die Mehrheit der Generalversammlung den Vorgeschlagenen verworfen habe, so lange andere geeignete Personen vorschlagen müsse, bis eine derselben die Mehrheit erlangt habe. Weniger zweckmäßig haben andere Volksbanken der Generalversammlung nur das Wahlrecht unter drei vom Ausschusse gleichzeitig vorgeschlagenen Personen

Der Vorstand kann aus einem oder mehreren Mitgliedern bestehen, diese können besoldet oder unbesoldet sein. Ihre Bestellung ist zu jeder Zeit widerruflich, unbeschadet der Entschädigungsansprüche aus bestehenden Verträgen.[66])

---

zugebilligt. Hier liegt es in der Macht des Ausschusses, neben demjenigen, dessen Wahl er wünscht, zwei durchaus ungeeignete oder unbeliebte Personen vorzuschlagen und so das Wahlrecht der Generalversammlung illusorisch zu machen. Bei älteren Konsumvereinen ist es vielfach üblich, und von Eugen Richter in seiner Schrift (Die Konsumvereine 2c.) besonders empfohlen, daß die Generalversammlung den Verwaltungsrath und dieser aus sich die Direktion wähle. Im Anschluß hieran hat der Herausgeber in seinem Statutenentwurf für Konsumvereine, welche sich unter das Genossenschaftsgesetz stellen (Blätter für Genossenschaftswesen 1867, Nr. 31 und 32, Seite 124), im §. 22 vorgeschlagen:

„Die Generalversammlung überträgt die Führung der Vereinsgeschäfte einem Vorstande und einem Verwaltungsrathe, welche jedesmal auf die Dauer eines Kalenderjahres zu wählen sind.

1. Der Vorstand besteht aus vier Mitgliedern:
   a) dem Direktor,
   b) dessen Stellvertreter,
   c) zwei Beisitzern.
2. Der Verwaltungsrath besteht aus elf Mitgliedern, nämlich:
   a) dem Vorsitzenden,
   b) dessen Stellvertreter,
   c) neun Beisitzern.

„Die Generalversammlung wählt alle funfzehn Vorstands- und Verwaltungsrathsmitglieder ohne Unterscheidung ihrer Funktionen in einem Wahlgange. Die gewählten Funfzehn vertheilen sodann in einer besonders dazu anberaumten Sitzung nach dem Wahlmodus des §. 20" (dem Modus nämlich, nach welchem die Wahlen in der Generalversammlung stattfinden) „die einzelnen Funktionen zu 1. a. b. c. und 2. a. b. c. unter sich und zwar nach der oben angegebenen Reihenfolge in fünf Wahlgängen dergestalt, daß die neun nicht zum Vorstande und nicht zu Vorsitz und Stellvertretung im Verwaltungsrath berufenen Mitglieder als Beisitzer des Verwaltungsraths übrig bleiben. Die Generalversammlung kann vor jeder Neuwahl auf Antrag des Verwaltungsraths oder eines Viertels der Vereinsmitglieder beschließen, alle oder einzelne Vorstandsmitglieder direkt zu wählen und in diesem Falle auch die Wahlperiode aller oder einzelner Vorstandsmitglieder auf längere Zeit, jedoch niemals auf länger als zehn Jahre festsetzen." (Vgl. übrigens folgende Anmerkung 66.)

[66]) Die wesentlichste Aenderung, welche die Genossenschaften, die sich unter das Genossenschaftsgesetz stellen, in ihrer Organisation vorzunehmen haben, betrifft die Stellung der Gesellschaftsorgane zu einander und zur Genossenschaft, vor allem die Stellung des Vorstandes zur letzteren. Bisher wurde in den Genossenschaften die statutenmäßige Verwaltung von der Generalversammlung einem gewählten Ausschusse, aus dem Vorstande und Beisitzern bestehend, übertragen. Der Vorstand war für die Beschlüsse der General-

Versammlung und des Ausschusses die ausführende Behörde. Er verpflichtete die Genossenschaft, d. h. jedes einzelne Mitglied, Dritten gegenüber nur soweit er in den Grenzen seiner Vollmacht handelte. — Dies wird jetzt anders. „Die Zulassung der Genossenschaften zu den Rechten der Handelsgesellschaften, ihre Einbürgerung so zu sagen in den gesetzlich anerkannten Verkehr hat natürlich auch zur Folge, daß sich dieselben den in den Gesetzen, wie in den allgemeinen Handelsbräuchen an sie herantretenden Anforderungen fügen müssen, welche theils als Erleichterungen, theils als Garantien dieses Verkehrs, namentlich zum Schutze des mit ihnen in Geschäftsbeziehung tretenden Publikums gelten. Darunter steht der im allgemeinen Deutschen Handelsgesetzbuch konsequent durchgeführte Grundsatz obenan: daß jede zum Geschäftsbetriebe vereinigte Gesellschaft durch ihre Vorstände dritten Personen gegenüber unbedingt vertreten und verpflichtet wird." (Schulze-Delitzsch, Blätter für Genossenschaftswesen pro 1867, Nr. 22.) Sobald die Genossenschaften unter die Handelsgesellschaften des Handelsgesetzbuchs eingereiht werden sollten, mußten ohne Zweifel in Betreff ihrer innern Organisation die Bestimmungen des Handelsgesetzbuchs über Aktiengesellschaften, als die am meisten den deutschrechtlichen Genossenschaften oder den Korporationen mit ihren Generalversammlungen, Mehrheitsbeschlüssen und wechselnden Vertretern analog gestalteten Handelsgesellschaften, nachgebildet werden. Es blieb, wie Schulze mit Recht hervorhebt, demzufolge nichts weiter übrig, als auf den Vorstand der Genossenschaft die Bestimmungen der Artikel 230 u. ff. des Handelsgesetzbuchs über den Vorstand der Aktiengesellschaften zu übertragen: Der Vorstand ist fortan neben der Generalversammlung das einzige nothwendige Organ der Genossenschaft. Er hat die Genossenschaft nach außen zu vertreten. Obschon er in seinen Befugnissen zur Vertretung der Genossenschaft durch Gesellschaftsvertrag und Generalversammlungsbeschlüsse beliebig beschränkt sein kann, so haben diese Beschränkungen Dritten gegenüber keine rechtliche Wirkung. Dafür ist er aber auch den Prokuristen in Ansehung der Bestellung und Abberufung gleichgestellt, seine Bestellung ist zu jeder Zeit widerruflich.

Die Bestimmung, daß die Vollmacht des Vorstandes einer Aktiengesellschaft, jetzt auch einer eingetragenen Genossenschaft, unbeschränkbar ist, ging aus demselben Grundgedanken hervor, aus welchem die Prokura (Artikel 43) und die Vertretungsbefugniß des offenen Handelsgesellschafters (Art. 116) unbeschränkbar hingestellt sind. „Um dem mit der Gesellschaft in Rechtsverhältnisse Tretenden die nöthige Sicherheit zu verschaffen, erachtete man es für erforderlich, ihn der Prüfung zu überheben, ob ein Geschäft dem Zweck der Gesellschaft entspreche, ob dessen Abschluß durch den Vorstand dem Statut oder einem Beschluß der Generalversammlung zuwiderlaufe oder nicht.... Man setzte fest, daß demjenigen, welcher aus einem Geschäft, welches der Vorstand im Namen der Gesellschaft (Art. 230) mit ihm abgeschlossen, der Gesellschaft gegenüber Rechte geltend machte, die Einrede, daß er gewußt habe oder hätte wissen müssen, daß der Vorstand über seine statutarischen Befugnisse hinausgegangen sei oder einem Beschluß der Generalversammlung zuwider gehandelt habe, nicht entgegen gesetzt werden kann." (von Hahn a. a. O. §. 2 der Anmerkung zu Art. 231 des Handelsgesetzbuchs.)

Die eingetragene Genossenschaft mit der solidarischen Haft ihrer Mitglieder hat, wie Schulze wiederholt hervorhebt, weit mehr Ursache, als die Aktiengesellschaft, geeignete Vorkehrungen zu treffen, auf daß nicht die Unbeschränkbarkeit der Vorstandsvollmacht den Genossenschaftern verderblich werde. Vor allem muß der Vorstand stets aus mehreren Mitgliedern bestehen und die Zeichnung durch mindestens zwei Vorstandsmitglieder erfolgen. Schulze empfiehlt ferner allgemein, Vorstand und Ausschuß (Aufsichtsrath, Verwaltungsrath) vollständig zu trennen, alle Vorstandsmitglieder ihrer gesteigertem Verantwortlichkeit gemäß zu besolden, niemals mehr als drei Vorstandsmitglieder zu bestellen, und bei Vereinen von höchst bedeutendem Umsatz, anstatt die Zahl der Vorstände zu verstärken, Beamte zu bestimmten Funktionen, z. B. einen Kassirer, Buchhalter u. dgl. anzustellen, jedoch die Zeichnung stets ausschließlich den Vorstehern vorzubehalten. (Blätter f. Genossenschaftswesen Nr. 33 S. 130.) Ob diese Vorschläge sich für alle Arten Genossenschaften bewähren werden, kann nur die Zukunft lehren. Behufs Prüfung der Vorschläge sind einerseits die verschiedenen vom Gesetze zugelassenen Arten, die Genossenschaft zu vertreten und andererseits die bezüglichen Bedürfnisse der Genossenschaften, wie sie sich in ihrer vielgestaltigen bisherigen Entwickelung herausgestellt haben, klar zu legen.

Das Genossenschaftsgesetz gestattet, zur Vertretung der Genossenschaft neben dem Vorstande auch

1. Prokuristen,
2. Handelsbevollmächtigte im engern Sinne,
3. Beamte und einfache Bevollmächtigte

zuzulassen — Vergl. §§. 10 u. 29 des Gesetzes und Artikel 41 bis 46, 52 bis 56, 234 u. 288 des Handelsgesetzbuchs —. Die Zulassung von Prokuristen könnte ebenso, wie sie für Aktiengesellschaften zuweilen bestritten ist (Koch Glosse: Anmerk. 118 zu Art. 234 des Handelsgesetzbuchs), auch für Genossenschaften bestritten werden. Bei dem Artikel 234 des Handelsgesetzbuchs, wodurch „die Vertretung der Gesellschaft in Bezug auf die Geschäftsführung auch“ — d. h. neben dem Vorstande — „sonstigen Bevollmächtigten oder Beamten der Gesellschaft zugewiesen werden kann“ ist der Prokuristen nicht Erwähnung geschehen, weil erfahrungsmäßig Aktiengesellschaften keine Prokuristen bestellten. Da aber der Text des Handelsgesetzbuchs durchaus nichts von der Ausschließung der Prokuristen bei Aktiengesellschaften enthält, und ein anderes Hinderniß ihrer Bestellung nicht entgegensteht, so gehört dieselbe zu den durch Art. 5 des Handelsgesetzbuchs den Aktiengesellschaften gewährten kaufmännischen Rechten. In Preußen konnte in der Praxis ein Zweifel um so weniger aufkommen, als die Ministerial-Instruktion vom 12. Dezember 1861 im §. 40 des ersten Theils über die Anmeldung einer Prokura, wenn der Prinzipal eine Aktiengesellschaft ist, Vorschriften enthält. (Vergl. Makower Anmerkung 10a zu Art. 234, von Hahn Anmerkung §§. 5—7 zu demselben Artikel, Endemann §. 60 S. 309 Anmerkung 19.) — Das Genossenschaftsgesetz hat den Art. 234 des Handelsgesetzbuchs wörtlich im §. 29 aufgenommen und dem Vorstande der Genossenschaft dieselben Befugnisse und Verpflichtungen auferlegt, welche das Handelsgesetzbuch dem Vorstande einer Aktiengesellschaft beilegt. Endlich sind der Genossenschaft die kaufmännischen Rechte durch §. 10, analog jenem Art. 5, gewährt worden. Es liegt somit nicht das geringste Bedenken vor, genau aus den vorher für die Aktiengesellschaft entwickelten Gründen, auch die Genossenschaft des kaufmännischen Rechtes, Prokuristen zu bestellen, theilhaftig zu erklären. Daß die Ministerial-Instruktion vom 2. Mai keine Bestimmung über die Anmeldung des Genossenschafts-Prokuristen u. s. w. enthält (vgl. oben Anmerkung 33) ist unerheblich.

Der Unterschied zwischen den vorher genannten drei Klassen von Bevollmächtigten läßt sich am kürzesten mit von Hahn (§. 15 der Anmerkung zu Art. 40 Band I. S. 117) dahin kennzeichnen: „Der Prokurist hat eine vom Gesetz ihrem Umfange nach festgesetzte unabänderliche Vollmacht; der Umfang der Vollmacht des Handlungsbevollmächtigten ist von dem Gesetze festgestellt, kann aber von dem Vollmachtgeber verändert werden; der Umfang der Vollmacht des einfach Bevollmächtigten hängt lediglich von der Feststellung durch den Vollmachtgeber ab." (Vgl. im Uebrigen Anmerkung zu §. 29.)

Das wesentlichste, aus den Bedürfnissen der genossenschaftlichen Praxis hergenommene Bedenken gegen die einfache Uebertragung der Bestimmungen des Handelsgesetzbuches über die Vertretung der Aktiengesellschaften auf die Genossenschaften gründet sich auf die Verschiedenheit beider Gesellschaftsarten in Betreff ihrer Entstehung. Die Aktiengesellschaft kommt nur bei größeren geschäftlichen Unternehmungen vor. Sie tritt in das Leben auf Grund eines bestimmten Planes (Projekts), in welchem die Gründer oder Unternehmer, welche eine Kapitalbetheiligung anderer Personen erzielen wollen, den Nachweis zu führen versuchen, daß das in seiner Höhe im Voraus festgestellte Grund- oder Aktienkapital bei der beabsichtigten und eingehend geschilderten Verwendung in das Unternehmen einen guten Gewinn davon tragen wird. Dadurch, daß der Gesellschaftsvertrag das Grundkapital bestimmt und eine Vermehrung oder Verminderung desselben der Willkür der Aktionäre entzogen ist, wird auch der Umfang des Unternehmens bestimmt. Es ist also auch möglich, den Umfang der Thätigkeit, welche dem Vorstande und den mit der Vertretung oder Geschäftsführung zu betrauenden Bevollmächtigten oder Beamten obliegen wird, annähernd im Voraus zu kennen.

Bei den Genossenschaften — etwa mit Ausnahme derjenigen Produktivgenossenschaften, welche nach englischer Weise zum Betrieb eines großen Fabrikunternehmens sich bilden — wird das Geschäft mit so gut wie gar keinem Geschäftskapital begonnen. Das Geschäftskapital, das Genossenschaftsvermögen wird erst durch kleine Einzahlungen der Mitglieder bei ihrem Eintritte oder während ihrer Mitgliedschaft gebildet und pflegt, namentlich durch Zutritt neuer Mitglieder, in fortwährendem Steigen begriffen zu sein, kann sich aber auch durch Zurückzahlungen an ausscheidende Mitglieder andauernd verringern. Wie wenig der spätere Umfang des Geschäfts und die spätere Höhe des Genossenschaftsvermögens sich in der ersten Zeit voraussehen lassen, kann man aus der Geschichte fast jeder größeren Volksbank erweisen. Der Vorschußverein zu Wiesbaden zum Beispiel hatte am 31. Dezember 1860 nach dreimonatlichem Bestehen 308 Thlr. Vermögen bei 140 Mitgliedern, am 31. Dezember 1866 (nach 6 Geschäftsjahren) 120,353 Thlr. Vermögen bei 1763 Mitgliedern

Aus dem winzigen Anfange war ein Bankgeschäft entstanden, welches im fünften vollen Geschäftsjahre (1865) 1,523,944 Thlr. in 2106 Posten ausgeliehen hatte. Die Volksbank zu Hamburg setzte in ihrem ganzen ersten Geschäftsjahre (1860) 699 Thlr. um und hatte am Schluß desselben 305 Thlr. Genossenschaftsvermögen und 127 Mitglieder. Im zweiten Quartal 1867 wurden daselbst ausgeliehen 150,306 Thlr.; am 30. Juni 1867 betrug das Genossenschaftsvermögen 75,678 Thlr. und die Zahl der Mitglieder 2343.

Muß man daher nicht fragen, ob die Bestimmungen des Genossenschaftsgesetzes über Vorstand, Bevollmächtigte und Beamte der Genossenschaft nicht zu spröde, sondern biegsam genug sind, um nicht blos für jede Art Genossenschaft, sondern auch für jede Entwickelungsstufe, auf welcher sich eine und dieselbe Genossenschaft befindet, eine passende Organisation zu ermöglichen? Sehen wir uns die bisherige Organisation der einzelnen Genossenschaften in den drei Hauptarten näher an:

1. Die Volksbanken. Die Verwaltung hat nach dem ältesten Delitzscher Statut, welches darin fast allen neubegründeten Vereinen zum Muster diente, ein jedesmal auf ein Jahr zu wählender Ausschuß, bestehend aus Vorsitzendem, Kassirer, Schriftführer und neun Beisitzern. Einer der letzteren oder der Schriftführer ist vom Ausschusse zum Kassenkontroleur zu bestellen. Der Ausschuß hat die „laufenden Geschäfte" in einer wöchentlichen Sitzung zu besorgen. Er sorgt „für Beschaffung der erforderlichen Geldmittel" und beschließt über jedes einzelne Vorschußgesuch. Vorsitzender, Kassirer und Schriftführer vertreten den Verein nach außen. Die von ihnen unterzeichneten Schuldscheine binden alle Mitglieder. Bei Zahlungen genügt die Quittung des Kassirers. Dieser hat auch die Buchführung; nur ein Duplikat des Kassenjournals muß der Kontroleur führen. Der Kassirer und Kontroleur erhalten Besoldung, welche in Tantièmen vom Bruttogewinn, das ist von den im Geschäftsjahre eingegangenen Zinsen und Provisionen, oder bei weiterer Entwickelung des Vereins in Tantièmen vom Reingewinn besteht. (Schulze-Delitzsch: Assoziationsbuch, 1853, Seite 112 bis 150.) Diese Organisation ist im Wesentlichen von den meisten Volksbanken so lange festgehalten, als der Geschäftsumfang es irgend zuließ. Der gewöhnliche Verlauf der Entwickelung in der einzelnen, schnell anwachsenden Volksbank war etwa folgender. Eine gewisse Selbstständigkeit des Handelns wurde für Vorsitzenden, Kassirer und Kontroleur oder Schriftführer, welche später Vorstand benannt wurden, aber immer ein Theil des Ausschusses blieben, demnächst bezüglich der Aufnahme fremder Gelder eingeführt, namentlich überall da, wo man es wagte, grundsätzlich alle als Darlehen zu angemessenem Zinsfuße und passender Kündigungsfrist angebotenen Depositen anzunehmen. Für die Vorschußbewilligung ward vielfach eine Kreditfähigkeitsliste der einzelnen Vereinsmitglieder vom Ausschusse aufgestellt, innerhalb deren der Vorstand selbstständig Vorschüsse bewilligte; darüber hinaus verblieb dem Ausschusse die Entscheidung. In der Mehrzahl der Vereine aber wurde nur bei Beleihung des Geschäftsantheils, welche der Solidarhaft der Mitglieder halber als zulässig erachtet wurde, oder bei Vorschüssen gegen Verpfändung von kurshabenden Papieren dem Vorstande die Entscheidung eingeräumt, bei Bürgschaftsdarlehnen aber dieselbe in jedem ein-

zelnen Falle dem gesammten Ausschusse vorbehalten. In Betreff schleuniger Vorschußgesuche suchte man sich auf verschiedene Weise zu helfen, neuerdings vorzugsweise durch Einführung der Vorschüsse auf laufende Rechnung, wonach also Mitglieder, welche sich einen Kontokorrent-Kredit von bestimmter Höhe durch den Ausschuß bewilligen lassen, innerhalb dieser Höhe Vorschüsse ohne nochmalige Prüfung der Sicherheit empfangen. — Die Stellung der Vorstandsmitglieder zum Ausschuß hat sich somit nicht wesentlich verändert. Sie sind stimmberechtigte Mitglieder des Ausschusses, dessen Beschlüsse sie auszuführen haben. Er kann die mit der eigentlichen Kassenführung betrauten Personen, also auch den Kassirer und Kontroleur zeitweilig bis zur Entscheidung einer sofort zu berufenden Generalversammlung von ihren Funktionen suspendiren. Mit der vermehrten Arbeit beim eigentlichen Geschäftsbetrieb wächst die Möglichkeit und Nothwendigkeit, alle Leistungen angemessen zu bezahlen. Anfänglich hatte der Kassirer vom Vereine einen ganz hübschen und der Kontroleur einen geringen Nebenverdienst neben ihrem eigentlichen Geschäfte. Bald muß der Kassirer seine ganze Thätigkeit der Volksbank widmen, also ein auskömmliches Gehalt in einem Minimalbetrage seiner Tantième vom Reingewinn garantirt erhalten. An den Kontroleur werden ebenfalls bei besserer Honorirung größere Anforderungen gestellt. Er muß in den Geschäftsstunden im Vereinslokal neben dem Kassirer anwesend sein. Die doppelte kaufmännische Buchführung ist an Stelle der einfachen getreten. Ist der Kontroleur gehindert, sich den erweiterten Funktionen zu widmen, so wird öfters ein eigentlicher Beamter, der nicht Ausschußmitglied ist, als Buchhalter oder Kontroleur angestellt. Der Vorsitzende, wozu in der Regel ein am Sitze der Volksbank besonders angesehener Mann gewählt wird, erhält, sobald die Geschäfte mehr Zeit in Anspruch nehmen, als ein guter Bürger für gemeinnützige Angelegenheiten zu opfern verpflichtet ist, eine mäßige Entschädigung; desgleichen die Ausschußmitglieder für den Besuch der Ausschußsitzungen. Bei weiterem Anwachsen muß der Verein auch noch eine dritte Person gewinnen, welche sich ausschließlich dem Vereine widmet. Nur wenn dem Vorstande eine weite Dispositionsbefugniß eingeräumt ist, wird der Vorsitzende dazu geeignet erscheinen. Eine Anstellung auf mehrere Jahre wird für das einzelne Vorstandsmitglied von dem Zeitpunkte an erforderlich, wo es seine ganze Thätigkeit der Genossenschaft zu widmen hat. Es ist augenscheinlich, daß von da an bei ihm die Eigenschaft eines solidarisch verhafteten Mitgliedes mehr gegen die des angestellten Genossenschaftsbeamten zurücktritt. Demgemäß wird beim Wechsel im Personal die Volksbank dazu hinneigen, wirkliche Beamte an Stelle der besoldeten Vorstandsmitglieder treten zu lassen.

Auf alle Volksbanken, gleichgültig in welcher Stufe der Entwickelung sie stehen, sollen nun die gleichen Bestimmungen des Genossenschaftsgesetzes über den Vorstand Anwendung finden. Das Gesetz stellt den Genossenschaften frei, neben dem Vorstande mit seiner nach außen unbeschränkbaren Vertretungs-Befugniß einen Ausschuß oder Aufsichtsrath einzusetzen, welcher im Wesentlichen mit den Befugnissen des Aufsichtsraths der Aktiengesellschaft ausgerüstet ist. Es ist kein gesetzliches Hinderniß vorhanden, dem Aufsichtsrath durch den Gesellschaftsvertrag neben den ihm vom Gesetz gewährten Rechten und

Pflichten (§§. 27 u. 28) noch beliebig andere beizulegen. Dabei ist stets zu beachten, daß nach dem Gesetze der Vorstand über alle diejenigen Gegenstände zu entscheiden hat, welche nicht ausdrücklich der Beschlußfassung oder der Zustimmung des Aufsichtsraths oder der Generalversammlung vorbehalten sind. Will sich eine sich unter das Genossenschaftsgesetz stellende Volksbank eine Organisation geben, welche der in entwickelteren Volksbanken gebräuchlichen Vertheilung der Funktionen möglichst entspricht, so genügt es nicht, die Befugnisse des Aufsichtsraths und der Generalversammlung erheblich zu erweitern und die Vorstandsmitglieder dem entsprechend in ihren Befugnissen einzuschränken; sie muß vielmehr im Gesetz nicht vorgesehene Berathungen und Beschlußfassungen der Vorstands- und Aufsichtsrathsmitglieder in gemeinschaftlichen Sitzungen mit gleichem Stimmrecht über einzelne Angelegenheiten einführen. Schulze-Delitzsch befürwortet dies in seinem Musterstatut in Betreff der Aufnahme von Mitgliedern und in Betreff der Aufstellung von Kreditfähigkeitslisten oder Bewilligung der Einzelkredite, hält aber sonst die strengste Sonderung von Vorstand und Aufsichtsrath für dringend nothwendig. Unter den Volksbanken tritt dahingegen vielfach die Neigung hervor, die gemeinsame kollegialische Berathung der Vorstands- und Aufsichtsrathsmitglieder zur Regel zu machen und den Aufsichtsrath zu gesonderten Sitzungen nur dann zusammentreten zu lassen, wenn es sich um seine eigentlichsten, durch das Gesetz bestimmten Aufsichtsfunktionen gegen den Vorstand handelt. Man meint namentlich auch, nicht die hinreichenden Kräfte zu besitzen, um neben dem bisherigen Vorsitzenden noch einen Vorsitzenden des Aufsichtsraths bestellen zu können. Trug die bisherige Stellung des Vorsitzenden den Charakter des unbesoldeten Ehrenamtes an sich, so wird der Inhaber desselben selten geneigt sein, sich in Zukunft gleich den eigentlichen Kassenbeamten der Aufsicht des in einen Aufsichtsrath verwandelten Ausschusses und des von demselben zu erwählenden Vorsitzenden zu unterwerfen. Bei einer strengeren Sonderung von Vorstand und Ausschuß, welche aus seinem bisherigen Amt zwei Aemter macht, wird er sich eher zum Vorsitzenden des Aufsichtsrathes wählen lassen, ist dann aber wider Willen gehindert, einen wesentlichen Theil seiner früheren Funktionen auszuüben. Zur Abhülfe dieses in vielen Volksbanken schwer empfundenen Uebelstandes ist man an einzelnen Orten auf den ziemlich naheliegenden Gedanken gefallen, den ganzen bisherigen Ausschuß mit seinen Funktionen zum Vorstande zu machen und daneben gar keinen oder einen nur aus wenigen Personen bestehenden und in seinen Funktionen möglichst beschränkten Aufsichtsrath einzuführen.

Als nothwendige Erfordernisse für alle eingetragenen Volksbanken glauben wir vom genossenschaftlichen Standpunkte folgende hinstellen zu müssen:

I. Die Zahl der zum Zeichnen berechtigten Personen muß drei oder vier betragen; darunter muß sich der Hauptkassenbeamte der Volksbank (Kassirer) befinden.

II. Zur rechtsverbindlichen Zeichnung der Firma ist die Unterschrift zweier dazu berechtigter Personen erforderlich und genügend; jedoch muß mindestens eine derselben ein Vorstandsmitglied sein. Die Prokura, welche nicht zum Vorstande gehörigen Personen ertheilt ist, darf also nur eine Kollektivprokura mit einem Vorstandsmitgliede sein.

III. Jede Volksbank muß eine Geschäftszeit einführen (wo möglich täglich mindestens eine Stunde). Während derselben müssen im Geschäftslokal stets zwei Personen anwesend sein, welche die Firma gemeinschaftlich zu zeichnen berechtigt sind.

IV. Jede Volksbank muß einen Aufsichtsrath haben.

Von den unter dieser Voraussetzung gesetzlich zulässigen Arten der Geschäftsvertheilung dürften eingetragene Volksbanken in den verschiedenen Entwickelungsstufen nur die nachfolgenden in Betracht ziehen:

a. Der Vorstand von drei Mitgliedern (Vorsitzenden, Kassirer, Kontroleur) und der Ausschuß mit einem Vorsitzenden und 5 bis 8 Beisitzern beschließen alles Wesentliche des Geschäftsbetriebs in gemeinschaftlichen Sitzungen, welche der Vorsitzende des Vorstandes leitet, nach Stimmenmehrheit. Der Ausschuß kann unter Leitung seines Vorsitzenden als Aufsichtsrath mit den gesetzlichen Befugnissen zu besonderen Sitzungen zusammentreten. Zur Zeichnung genügt die Unterschrift zweier Vorstandsmitglieder. Nur der Kassirer oder beide Kassenbeamte werden besoldet.

b. Der Vorstand besteht aus dem Vorsitzenden, dem Kassirer und dem Kontroleur und 4 bis 6 Beisitzern. Zur Zeichnung bedarf es dreier Unterschriften, darunter höchstens zweier von Beisitzern. Daneben besteht ein Aufsichtsrath von drei Mitgliedern, nur mit den gesetzlichen Befugnissen ausgerüstet und gleich einer Revisionskommission alljährlich von der Generalversammlung zu wählen. Der Aufsichtsrath wird in diesem Falle zu wenig in das Geschäft eingeweiht, um zu einem selbständigen Leben gelangen zu können. Außerdem ist es bedenklich, einer Minderheit des Vorstandes die Zeichnung zu gestatten, so daß sie gegen den Willen der Mehrheit die Volksbank verpflichten kann. Wollte man aber 4 bis 5 Unterschriften zur Zeichnung verlangen, so würde die Verwaltung überaus schwerfällig werden. (Vergl. Schulze in Nr. 33 der Blätter für Genossenschaftswesen).

c. Der Vorstand besteht aus dem Kassirer, dem Kontroleur und dem Vorsitzenden des 7 bis 9 Mitglieder zählenden Aufsichtsrathes. Zur Zeichnung bedarf es der Unterschrift zweier Vorstandsmitglieder, von denen nur die Kassenbeamten besoldet werden. Ueber den Geschäftsbetrieb wird in gemeinschaftlichen Sitzungen, wie zu a. beschlossen, oder aber der Vorstand hat im Wesentlichen bloß die Beschlüsse des Aufsichtsrathes auszuführen. Bei Beschwerden über den Vorstand kann der Aufsichtsrath beschließen, seinen Vorsitzenden von der Berathung und Beschlußfassung auszuschließen. — Daß der Vorsitzende des Aufsichtsraths zugleich als Vorstandsmitglied fungire, ist ohne Zweifel gesetzlich zulässig, indem ja der Aufsichtsrath kein nothwendiges Organ der Genossenschaft ist. Es liegt aber auf der Hand, daß wenn auch keine gesetzlichen, so doch wichtige geschäftliche Bedenken sich gegen diese Art der Organisation erheben lassen.

d. Der Vorstand besteht aus zwei besoldeten Mitgliedern, den eigentlichen Kassenbeamten, also dem Kassirer und dem Kontroleur oder Buchhalter. Beide zeichnen für die Volksbank. Daneben besteht ein Ausschuß von 6 bis 10 Mitgliedern, ohne dessen Zustimmung nichts Wesentliches geschehen darf. Ein oder zwei Aufsichtsrathsmitglieder haben mit jedem der beiden Vorstandsmitglieder Kollektivprokura. Auch hier können bei Berathungen des Aufsichtsraths über Unregelmäßigkeiten, welche sich an Geschäfte knüpfen, bei denen ein Prokurist zeichnete, bedenkliche Kollisionen entstehen.

— Diese vier Arten von Organisationen können nur als Nothbehelf für solche Volksbanken in Betracht kommen, welche entweder die ersten Stufen der Entwickelung noch nicht überschritten haben oder Mangel an geschäftskundigen Mitgliedern leiden oder endlich sich die Thätigkeit eines vorzüglichen Vorstandsmitgliedes nicht anders erhalten zu können vermeinen. Eine Volksbank, deren Geschäftsumfang gestattet, zwei oder drei Männern ein so auskömmliches Gehalt zu gewähren, daß sie ihre ganze Thätigkeit derselben widmen, hat den Schwerpunkt ihrer Verwaltung in den Vorstand zu legen und eine strengere Sonderung vom Aufsichtsrath durchzuführen. Hier kommen als Regel zunächst die Vorschläge in Schulze's Musterstatut in Betracht:

e. Der Vorstand besteht aus drei besoldeten Mitgliedern. Zur Zeichnung genügt die Unterschrift zweier. Der Vorstand führt die Vereinsgeschäfte, selbstständig, so weit er nicht durch Statut und Gesellschaftsbeschlüsse an die Genehmigung des Ausschusses (Aufsichtsrathes) oder der Generalversammlung gebunden ist. Ueber die Aufnahme von Mitgliedern und die Kreditgewährungen (eventuell Aufstellung der Kreditfähigkeitsliste) entscheiden Vorstand und Ausschuß in gemeinschaftlichen Sitzungen.

Wir lassen von dieser Regel nicht bloß mit Schulze, „wo bei Vereinen von höchst bedeutendem Umsatze das Geschäft mehr Kräfte erfordert, oder wo gewisse zur Vertretung des Vereins besonders geeignete Persönlichkeiten der Verwaltung nicht ihre ganze Kraft widmen können", Ausnahmen zu Gunsten der Anstellung von Beamten mit bestimmten Funktionen zu, sondern auch, wo die zu geschäftlichen Funktionen (Kassen- und Buchführung) besonders geeigneten Persönlichkeiten nicht zur Vertretung der Volksbank nach außen geeignet erscheinen. Wir finden dabei, abweichend von Schulze, nicht das geringste Bedenken, Beamte mit Prokura (vergl. oben II), also mit der Berechtigung, eins der Vorstandsmitglieder bei der Zeichnung zu vertreten, für die genossenschaftliche Praxis zu empfehlen. Hiernach scheinen uns folgende Abweichungen erwähnenswerth:

f. Der Vorstand besteht aus zwei besoldeten Mitgliedern, aus einem Direktor und einem Kassirer, welche für die Volksbank zeichnen. Außerdem hat ein nicht zum Vorstande gehöriger Beamter (Buchhalter) mit jedem der beiden Vorstandsmitglieder Kollektivprokura.

g. Der Vorstand besteht aus zwei Personen, einem Direktor und seinem Stellvertreter, von denen nur einer oder auch keiner der Volksbank seine ganzen Kräfte widmet. Daneben existiren zwei nicht zum Vorstande gehörige Beamte (Kassirer und Buchhalter). Es zeichnen die beiden Vorstandsmitglieder, und jeder der beiden Beamten hat mit jedem derselben Kollektivprokura.

h. Bei ganz großen Volksbanken wird die Neigung entstehen, dem Brauche der Aktiengesellschaften entsprechend, den aus mehreren Mitgliedern bestehenden Vorstand von der technischen Geschäftsführung möglichst zu trennen und eine sogenannte Betriebsdirektion aus Beamten mit oder ohne Kollektivprokura oder mit einfacher oder Handelsvollmacht (vgl. S. 65 und Anmerk. zu §. 29) einzusetzen.

2. Die Rohstoff-Assoziationen. Die meisten Rohstoffgenossenschaften sind, namentlich in Folge ungeordneten Kreditgebens, entweder ganz zu Grunde gegangen oder zu keinem größeren Aufschwunge gelangt (vergl. Anmerk. 47 S. 44). Ueberdies sind spezielle Darstellungen über dieselben aus dem Kreise der Betheiligten selten. Es fehlt sonach der Maßstab zur sichern Beurtheilung der Frage, welche Einrichtungen in Betreff der Verwaltungsorgane sich bisher bewährten. Während die Volksbank und die Konsumvereine in dem allerkleinsten Geschäftsumfange entstehen und bei regelmäßigem, mehr oder weniger sprunghaftem Anwachsen öftere Aenderungen in ihrer Organisation bedingen, beginnen die Rohstoffgenossenschaften eines und desselben Gewerks in der Regel gleich mit einem stattlichen Umsatze, der im glücklichsten Falle allmählich anwächst. Die größeren Handwerksmeister pflegen sich von vornherein nicht dabei zu betheiligen, so daß auch in größeren Städten bisher ein sprungweises Wachsen nicht vorkam.

Das in Schulze-Delitzsch Assoziationsbuch für Deutsche Handwerker und Arbeiter (1853, S. 73 ff.) befindliche Statut der Schuhmacher-Assoziation von Delitzsch hat der Generalversammlung die Beschlußnahme über alle irgend erheblichen Gegenstände vorbehalten und zur Verwaltung der Genossenschaft „nach Maßgabe des Statuts und der Gesellschaftsbeschlüsse" bestellt:

a. einen nicht besoldeten Vorstand, bestehend aus dem Obmann und zwei Beisitzern;

b. zwei Kassenbeamten, dem Kassirer und dem Kontroleur. Der Kassirer ist zugleich Lagerhalter und Verkäufer und theilt sich mit dem Kontroleur, der zugleich Schriftführer ist, in die Buchführung.

c. besondere Kommissionen. Diese können zu wichtigen Geschäften von der Genossenschaft gewählt werden und haben dann nach Vollmacht und Instruktion zu handeln.

Ein 1864 (Innung der Zukunft Nr. 9) von Schulze veröffentlichtes Normalstatut für Rohstoffgenossenschaften der Schuhmacher hat statt der zwei Kassenbeamten zu b. deren drei, nämlich außer Kassirer und Kontroleur noch einen besonderen Lagerhalter. Aus beiden Statuten geht nicht deutlich hervor, wer den Einkauf der Rohstoffe, also dasjenige Geschäft, bei welchem die Vertretung der Genossenschaft nach außen vorzugsweise vorkommt, für dieselbe zu besorgen hat. Aus Aufsätzen von Ulrici-Luckenwalde und Ohrt-Wismar in der „Innung der Zukunft" von 1865 (Seite 19, 55, 77 ff.) entnehmen wir, daß in den meisten Rohstoffgenossenschaften der Schuhmacher der Vorstand einkauft und der Lagerhalter, als vorzüglichster Sachverständiger, dabei nur mit seinem Rathe gehört wird, in einzelnen aber auch der Einkauf dem Lagerhalter und zweien zu seiner Kontrole ihm beigeordneten Vorstandsmitgliedern übertragen wird. In nicht ganz unbedeutenden Rohstoffgenossenschaften pflegt der Lagerhalter seine ganze Kraft der Genossenschaft zu widmen, sein Handwerk also ruhen zu lassen. Die Vorstandsmitglieder bekommen eine geringe Tantième. Daß man irgendwo so weit gelangt sei, die ganze Thätigkeit zweier Männer für die Rohstoffgenossenschaft in Anspruch zu nehmen, ist uns nicht bekannt geworden.

Schulze-Delitzsch' Normalstatut für Rohstoffgenossenschaften, welche sich unter das Genossenschaftsgesetz stellen wollen (Nr. 23 und 24 der Blätter für Genossenschaftswesen), enthält in Betreff der Vertretung und Verwaltung Vorschläge, welche den für die Volksbanken gemachten sehr ähnlich sind. Der Vorstand besteht aus Obmann, Lagerhalter und Kassirer und wird besoldet. Ihm steht ein Ausschuß von 3 bis 6 Personen zur Seite. Die Unterschrift zweier Vorstandsmitglieder genügt zur Zeichnung für die Genossenschaft. Viele Angelegenheiten unterliegen der alleinigen Beschlußfassung der Generalversammlung oder des Ausschusses, bei anderen muß der Vorstand die Genehmigung des Ausschusses einholen. In gemeinschaftlichen Sitzungen haben Vorstand und Ausschuß über die Aufnahme neuer Mitglieder, über den Betrag der einzukaufenden Rohstoffe und möglichst über die Bedingungen des Einkaufs zu entscheiden, die Verkaufspreise für die auf Lager gekommenen Rohstoffe, und wo noch den kaufenden Genossenschaftern Kredit gewährt wird, die Kreditfähigkeitsliste derselben festzustellen.

Diese Vorschläge werden den Bedürfnissen der nicht so vielseitig wie die Volksbanken sich gestaltenden Rohstoffgenossenschaften genügen und voraussichtlich von denselben nur in dem einen Punkte einer Prüfung unterworfen werden, ob es nämlich überall angemessen sei, den Lagerhalter unter die zeichnenden Vorstandsmitglieder aufzunehmen. Zur Anstellung von Prokuristen und besonderen Handelsbevollmächtigten wird nirgends Veranlassung vorliegen.

3. Die Konsumvereine. Der erste Anfang eines Konsumvereins ist von dem einer Aktiengesellschaft nicht weniger verschieden, als der erste Anfang einer Volksbank. Bisher haben in Deutschland die von zehn bis zwanzig tüchtigen, unbemittelten Arbeitern gegründeten Konsumvereine mehr Anlage gezeigt, schnell zu einer respektabeln Genossenschaft anzuwachsen, als fast alle diejenigen Vereine, bei denen sich von vornherein eine Anzahl Männer aus den sogenannten gebildeten Klassen betheiligten. Die Rochdaler Pioniere hatten 186 Thlr. erspart, als sie ihren Laden eröffneten, in welchem anfänglich nur Sonnabends und Montags verkauft wurde, und jetzt zählt der Jahresumsatz ihrer Unternehmungen nach Millionen Thalern. So reichlich wie bei den Pionieren waren die Geldmittel noch nicht einmal, mit denen die meisten deutschen Konsumvereine anfingen, und dennoch haben mehrere jetzt nach wenigen Jahren ihres Bestehens starke Aussicht, bald das erste Hunderttausend des Jahresumsatzes zu erreichen. Der ganze Waarenvorrath manches Konsumvereinsladens bestand bei der ersten Eröffnung in einem Sack Kaffee, oder in ein paar tausend Streichhölzern und Zigarren und einigen Töpfen Wichse, oder dergl. Anfänglich ward an zwei, drei Abenden der Woche, dann aber allabendlich verkauft. Endlich ist der Umsatz so stark und regelmäßig, daß man einen Lagerhalter (Verkäufer) anstellen kann, der sich und seine Familie von diesem Posten zu ernähren im Stande ist. Nun wird der Laden den ganzen Tag offen gehalten. Damit beginnt die zweite Epoche im Leben des Konsumvereins. Der nächste Schritt in der Entwickelung ist die Eröffnung eines zweiten Verkaufsladens. Dies geht nur, wenn Buch- und Kassenführung

vollkomnen gut geordnet sind. Die dritte zu ersteigende Stufe, welche wieder mancherlei Aenderungen bedingt, ist die Gründung eines Zentralmagazins, eines Zentrallagers, von welchem aus die Waaren, möglichst in die üblichen Verkaufseinheiten vermessen und verwogen, nach den mindestens fünf bis sechs Verkaufsstellen hingeschafft werden. Die Verwaltung der bestehenden Konsumvereine ist auch bei Vereinen einer und derselben Entwickelungsstufe sehr verschieden geregelt. Mehr noch als bei den Volksbanken wird grundsätzlich das Hauptgewicht in die Generalversammlungen gelegt. Der vierteljährliche Abschluß mit Dividenvertheilung weckt das Interesse der Mitglieder an den vierteljährlichen Generalversammlungen und setzt sie in den Stand, in den Geschäftsbetrieb einigermaßen eingeweiht zu werden. Die Generalversammlung setzt einen zahlreichen Ausschuß oder Verwaltungsrath ein, zu dessen Mitgliedern auch die direkt oder indirekt zu wählenden Vorstands- oder Direktionsmitglieder gehören.

Trotz der Verschiedenheiten des übrigen Verfahrens sind doch auch bei den Konsumvereinen gewisse Grundsätze so ziemlich zu allgemeinster Anerkennung gekommen. In einem Aufsatze des Herausgebers über Konsumvereine und deren Gründung (Blätter für Genossenschaftswesen, 1867, Nr. 12 u. 13) sind unter den wesentlichsten Grundsätzen, von denen kein Verein, auch nicht im Beginn seiner Thätigkeit, abweichen darf, im Anschluß an Eug. Richter's Noth- und Hülfsbuch mehrere in Ansehung der Organisation aufgeführt:

a. Der Lagerhalter (Verkäufer) darf weder mit dem Waarenbezug, dem Einkauf, noch mit der eigentlichen Kassen- und Buchführung etwas zu schaffen haben. Er muß eine ausreichende Kaution stellen und bei der geringsten Unehrlichkeit sofort entlassen werden.

b. Die Beschlüsse über Waarenbezug und Feststellung der Verkaufspreise sind von der aus drei bis vier Mitgliedern bestehenden Direktion in förmlichen Sitzungen zu fassen; zu Einkäufen von ganz ungewöhnlichem Belange ist Genehmigung des Verwaltungsraths erforderlich. Der Waarenbezug darf weder einer einzelnen Person (einem Direktor), noch einer außerhalb der Direktion stehenden Einkaufskommission übertragen werden.

c. Die Buch- und Kassenführung darf nicht auf mehrere Personen vertheilt werden. Der Buch- und Kassenführer hat Kaution zu bestellen und ist angemessen zu besolden u. s. w.

Hiernach darf diejenige Person, welche in jedem Konsumverein zuerst eine den ganzen Lebensunterhalt gewährende Besoldung haben muß, der Lagerhalter — oder, was auch vorkommt, die Lagerhalterin — nicht zum Vorstande gehören, und beim Buch- und Kassenführer, welcher erst bei drei oder vier Verkaufsstellen dem Konsumverein seine ganze Thätigkeit widmen muß, liegt kein erheblicher Grund vor, ihn zum Vorstandsmitgliede zu machen. Demnach treffen die Vorschläge von Schulze-Delitzsch (s. oben Seite 66) insofern in einem Punkte nicht ganz zu, als für die eigentlichen Direktionsmitglieder der Konsumvereine eine sehr geringe Tantième übrig bleibt. Und dennoch können nur sie ohne Zweifel in die den Aktiengesellschaften entlehnte Stellung eines Vorstandes der eingetragenen Genossenschaft treten. Im Uebrigen passen jene

Vorschläge auch für Konsumvereine, die sich unter das Genossenschaftsgesetz stellen. Auch für eingetragene Konsumvereine ist ausführbar, was wir in dem vorerwähnten Aufsatze neu entstehenden Vereinen dringend anriethen: dieselben können — leichter als Volksbanken — in ihr Statut nur solche Bestimmungen aufnehmen, welche noch in späteren Entwickelungsstufen zutreffen.

Was zunächst die Stellung des Vorstandes anlangt, so ist in Betracht zu ziehen, daß Zeichnung der Firma für die Genossenschaft zum Zweck, derselben Verpflichtungen aufzuerlegen, nicht eben häufig erforderlich ist. Der Konsumverein darf keinen Kredit gewähren und braucht deshalb auch nur wenig Kredit zu beanspruchen. Hat er die Geschäftsantheile zu niedrig normirt, so wird er sich von Mitgliedern verzinsliche Darlehne in Form von Spareinlagen verschaffen. Zur möglichsten Erleichterung des Verfahrens bei Annahme derselben werden eine Spezialvollmacht auf den Kassirer und eine gute Sparkassen-Instruktion es überflüssig machen, daß über jede einzelne Spareinlage eine ordentliche Zeichnung für den Verein stattfindet. (Vergl. unten Anmerkung zu §. 29). Dann wird somit die den Konsumverein verpflichtende Thätigkeit des Vorstandes nach außen sich wesentlich auf die Waarenbestellung, den Waareneinkauf beschränken. Dieser wird aber ordnungsmäßig nur oder fast nur gegen baar erfolgen. Aber davon abgesehen, werden die Beschlüsse der Direktion über Waarenbeschaffung in Sitzungen gefaßt, in denen die Mehrzahl der Mitglieder anwesend ist. Demnach ist durchaus keine Veranlassung vorhanden, in Konsumvereinen außerhalb des Vorstandes befindlichen Personen Kollektivprokura zu ertheilen. Besteht der Vorstand aus vier Mitgliedern, so kann man sogar, zur Sicherung der Mitglieder gegen die unbeschränkbare Vertretungsbefugniß des Vorstandes, ohne Gefahr die Geschäftsverwaltung dadurch zu sehr zu erschweren, die Bestimmung treffen, daß die Unterschrift dreier Vorstandsmitglieder zur rechtsverbindlichen Zeichnung für den Verein erforderlich sei.

Was den Verwaltungsrath anlangt, so sind, wie der Generalversammlung, auch ihm bedeutende Rechte bei der Verwaltung zugestanden; indessen wird er diese nach den bisherigen Erfahrungen am besten in gemeinschaftlichen Sitzungen mit dem Vorstande ausüben. Die ihm durch das Gesetz auferlegte eigentliche Thätigkeit als Aufsichtsrath tritt schon in Folge der vierteljährlichen Abschlüsse durchaus in den Hintergrund. Die Ausübung dieser Rechte erfolgt natürlich in gesonderten Sitzungen.

Nach diesen Gesichtspunkten ist das Statut in Nr. 31 u. 32 der Blätter für Genossenschaftswesen entworfen, aus welchem oben in Anmerkung 65 Seite 64 schon der §. 22 über die Zusammensetzung des Vorstandes und Aufsichtsrathes mitgetheilt ist. Der §. 23 über die Zeichnung lautet:

> „Die Zeichnung für den Verein geschieht dadurch, daß zu der Firma desselben der Direktor und sein Stellvertreter oder einer dieser Beiden und ein Beisitzer des Vorstandes ihre Unterschriften hinzufügen.“

Von der Buch- und Kassenführung ist in diesem Statut nicht besonders die Rede. Der Vorstand hat die Vereinsgeschäfte in Gemäßheit des Statuts und der in gemeinschaftlichen Sitzungen des Vorstandes und Verwaltungsrathes festgestellten Reglements und Instruktionen zu führen und über die Besorgung der Vereinsgeschäfte durch einzelne Mitglieder des Vorstandes oder dazu besonders Angestellte zu beschließen. Hiernach ist also offen gelassen, ob der Buch- und Kassenführer Mitglied des Vorstandes sein soll oder nicht. Es ist dies im Anschluß an Eugen Richter's Buch geschehn. Dieser berechnet, daß dieses Amt bis zu einem Vereinsumsatze von 50,000 Thlr. jährlich als Nebenbeschäftigung besorgt werden könne, und hält, so lange es dies ist, für zweckmäßig, den Kassirer aus den Vorstandsmitgliedern zu nehmen, beziehungsweise ihn in den Vorstand hineinzuwählen. (Richter a. a. O., S. 95.)

Wir glauben, daß die in dem Statut vorgeschlagene Organisation schon bei einem entstehenden Konsumverein eingeführt und ohne erhebliche Aenderungen auch bei großartiger Entwickelung des Geschäfts beibehalten werden kann. Nur bei ganz großen Konsumvereinen, wie sie bei uns in Deutschland noch nicht vorkommen, wird ebenso wie bei ganz großen Volksbanken in Frage kommen, ob es nicht angemessener ist, den eigentlichen Geschäftsbetrieb ganz und gar angestellten, nicht zum Vorstande gehörigen Beamten zu übertragen.

Die englischen Konsumvereine übertragen die ganze Verwaltung einem Ausschusse, der in öffentlichen Sitzungen beschließt. Nach dem Statut des Konsumvereins zu Manchester (Ed. Pfeiffer, die Konsumvereine, Seite 188 ff.) besteht der Ausschuß aus dem Vorsteher, dem Kassirer und 12 Mitgliedern. Alle Handlungen und Beschlüsse des Ausschusses sollen gleiche Kraft und Gültigkeit haben, wie Handlungen und Beschlüsse der Generalversammlung. Der Ausschuß „ernennt alle Personen, die der Verein verwendet, bestimmt den Lohn und die Bezahlung für Dienste, die für den Verein geleistet werden, die Anstellung und Absetzung des Geschäftsführers und des Schriftführers oder anderer Personen, die zur Leitung der Geschäfte nöthig sind, und kann jedem dieser Beamten und Personen nach Ermessen Pflichten auferlegen und Besoldung zuerkennen." Außer dem Ausschuß werden von der Generalversammlung stets auf ein Jahr zwei oder mehr Kontroleure der Genossenschaft gewählt, welche Rechnungen und Bücher zu verifiziren, die Geschäftsabschlüsse zu prüfen und zu unterzeichnen und der Generalversammlung einen vierteljährlichen Geschäftsbericht zu erstatten haben. Die Kontroleure können Schriften, Bücher und Papiere der Genossenschaft jederzeit einsehen.

Wollte man sich dieser Organisation möglichst anschließen, so würde man, ähnlich dem bei den Volksbanken unter b) erörterten Vorschlage, den ganzen Verwaltungsrath zum Vorstande machen und aus den Kontroleuren einen Aufsichtsrath mit den Befugnissen des Gesetzes herstellen müssen. Die Bedenken, welche bei Volksbanken dagegen sprechen, treten bei Konsumvereinen weniger hervor, weil die Frage, wer für den Verein zeichnet, bei letzteren, wie wir darthaten, nicht so wichtig ist. So ist denn auch der Stettiner Spar- und Konsumverein, der erste Konsumverein unsers Wissens, welcher sich in das Genossenschaftsregister eintragen ließ, aus keinem andern Grunde auf eine ganz ähnliche Organisation verfallen, als weil man sich so dem bisherigen Brauche am engsten anschließen konnte.

§. 17

Die jeweiligen Mitglieder des Vorstandes müssen alsbald nach ihrer Bestellung zur Eintragung in das Handelsregister[67]) angemeldet werden. Der Anmeldung ist ihre Legitimation beizufügen. Die Mitglieder des Vorstandes haben ihre Unterschrift vor dem Handelsgerichte zu zeichnen oder die Zeichnung in beglaubter Form einzureichen.[68])

§. 18.

Der Vorstand hat in der durch den Gesellschaftsvertrag bestimmten Form seine Willenserklärungen kund zu geben und für die Genossenschaft zu zeichnen. Ist nichts darüber bestimmt, so ist die Zeichnung durch sämmtliche Mitglieder des Vorstandes erforderlich. Die Zeichnung geschieht in der Weise, daß die Zeichnenden zu der Firma der Genossenschaft oder zu der Benennung des Vorstandes ihre Unterschrift hinzufügen.[69])

§. 19.

Die Genossenschaft wird durch die vom Vorstande in ihrem Namen geschlossenen Rechtsgeschäfte berechtigt und verpflichtet. Es ist gleichgültig, ob das Geschäft ausdrücklich im Namen der Genossenschaft geschlossen worden ist, oder ob die Umstände ergeben,

---

[67]) Hier ist „Eintragung in das Handelsregister" bei Entnahme der Bestimmungen aus Artikel 228 des Handelsgesetzbuchs stehn geblieben, während außer dem §. 4, worin vom Genossenschaftsregister gesagt ist, daß es einen Theil des Handelsregisters bildet, überall im Gesetze nur vom Genossenschaftsregister die Rede ist (siehe §§. 5, 6, 7, 19, 22, 35, 36, 40, 51 u. 57). Eine der mannigfachen Nachlässigkeiten, welche bei der Redaktion des Gesetzentwurfes vorkamen und nachher nicht berichtigt sind. Dazu gehört auch der Ausdruck „in beglaubter Form" statt „beglaubigter", wie im Artikel 228 steht. Vgl. zu diesem Satze außerdem Anmerkung 33 zu §. 4, S. 27.

[68]) Ueber die der Anmeldung beizufügende Legitimation vgl. oben Anmerkung 23 zu §. 3, S. 17, Anmerkung 39 Nr. 4 S. 32 zu §. 5 und §. 25 der Instruktion vom 2. Mai 1867. Die Folgen der Verzögerung bei der Anmeldung sind Ordnungsstrafen nach §. 54 des Gesetzes.

[69]) Der §. 18 stimmt mit Artikel 229 des Handelsgesetzbuchs überein. Daß es den Genossenschaften zu empfehlen sei, im Gesellschaftsvertrag Bestimmungen dahin zu treffen, daß nicht die Zeichnung durch sämmtliche Vorstandsmitglieder erforderlich sei, ist in Anmerkung 66 erörtert. Solche Bestimmungen sind zu veröffentlichen. Vgl. §. 4, Absatz 3 und Anmerkung 38, S. 30. Darüber wie ein mit Kollektivprokura versehener, nicht zum Vorstande gehöriger Genossenschafter zu zeichnen hat, vergl. Anmerkung zu §. 29.

daß es nach dem Willen der Kontrahenten für die Genossenschaft geschlossen werden sollte.[70])

Die Befugniß des Vorstandes zur Vertretung der Genossenschaft erstreckt sich auch auf diejenigen Geschäfte und Rechtshandlungen, für welche nach den Gesetzen eine Spezialvollmacht erforderlich ist. Zur Legitimation des Vorstandes bei allen, das Hypothekenbuch betreffenden Geschäften und Anträgen genügt ein Attest des Handelsgerichts, daß die darin zu bezeichnenden Personen als Mitglieder des Vorstandes in das Genossenschaftsregister eingetragen sind.[71])

§. 20.

Der Vorstand ist der Genossenschaft gegenüber verpflichtet, die Beschränkungen einzuhalten, welche in dem Gesellschaftsvertrage oder durch Beschlüsse der Generalversammlung für den Umfang seiner Befugniß, die Genossenschaft zu vertreten, festgesetzt sind. Gegen dritte Personen hat jedoch eine Beschränkung des Vorstandes[72]), die Genossenschaft zu vertreten, keine rechtliche Wirkung. Dies gilt insbesondere für den Fall, daß die Vertretung sich nur auf gewisse Arten von Geschäften erstrecken, oder

---

[70]) Der erste Absatz des §. 19 stimmt mit Art. 230 des Handelsgesetzbuchs überein, welcher wiederum dem Art. 52, Absatz 1 und 2, und dem Art. 114, Absatz 2, gleichkommt. Die Geschäfte eines Prokuristen eines Handlungsbevollmächtigten, eines zur Vertretung einer offenen Handelsgesellschaft befugten Gesellschafters, des Vorstandes einer Aktiengesellschaft stehen einander in diesen Beziehungen ganz gleich.

[71]) Der erste Satz des zweiten Absatzes ist dem Art. 12 §. 6 des Einführungsgesetzes vom 24. Juni 1861 nachgebildet. Der letzte Satz stimmt mit Art. 23 §. 3 desselben Gesetzes überein. (Vgl. oben Anmerk. 52 zu §. 10 S. 50 und §. 29 der Instruktion vom 2. Mai 1867).

[72]) Dieser §. 20 stimmt mit Artikel 231 des Handelsgesetzbuches überein. Abgesehen davon, daß Genossenschaft statt Gesellschaft und Genossenschafter statt Aktionär gesetzt ist, kommen bloß folgende Abweichungen vor: Im zweiten Satz des Artikels 230 heißt es: „Gegen dritte Personen hat jedoch eine Beschränkung der Befugniß des Vorstandes"; im dritten Satz: „daß die Vertretung sich nur auf gewisse Geschäfte oder Arten von Geschäften" und ferner, „daß die Zustimmung der Generalversammlung, eines Verwaltungsraths, eines Aufsichtsraths". Es wird nichts nützen nach den Gründen dieser in den Motiven zum Ministerialentwurf nicht erwähnten Abweichungen zu forschen. Sie fallen jedenfalls unter die schon mehrfach hervorgehobenen Nachlässigkeiten bei Redigirung des Entwurfs. — Ueber das Verhältniß des Artikel 231 zu Artikel 43 und Artikel 116 des Handelsgesetzbuchs siehe oben Anmerkung 66, Seite 73.

nur unter gewissen Umständen, oder für eine gewisse Zeit, oder an einzelnen Orten stattfinden soll, oder daß die Zustimmung der Generalversammlung eines Aufsichtsrathes oder eines anderen Organes[73]) der Genossenschafter für einzelne Geschäfte erfordert ist.[74])

§. 21.

Eide Namens der Genossenschaft werden durch den Vorstand geleistet.[75])

§. 22.

Jede Aenderung der Mitglieder des Vorstandes muß dem

---

[73]) Daß außer Generalversammlung und Aufsichtsrath noch andere Organe der Genossenschafter durch Gesellschaftsvertrag oder Beschluß der Generalversammlung existiren können, wird hier ausdrücklich ausgesprochen. Sonst könnte es nach der Fassung der §§. 8 und 27 zweifelhaft sein. Die mit der Geschäftsführung betrauten Bevollmächtigten oder Beamten der Genossenschaft im §. 29 sind keine solche „Organe der Genossenschafter". Wir würden dahin z. B. eine Untersuchungskommission rechnen, welche von einer Generalversammlung bei vorgekommenen Unordnungen eingesetzt würde. Dadurch, daß hier „die Genossenschafter" (im Artikel 231 des Handelsgesetzbuchs „die Aktionäre") dem Vorstand gegenübergestellt werden, ist die Möglichkeit ausgeschlossen, die Worte „der Genossenschafter" für gleichbedeutend mit „der Genossenschaft" zu halten.

[74]) In Anmerkung 66 zu §. 16 sind bereits Beschränkungen dieser Art erwähnt, namentlich Angelegenheiten aufgeführt, über welche gemeinschaftliche Beschlußfassung des Vorstandes und Aufsichtsrathes einzuführen den Genossenschaften der verschiedenen Arten in den vorliegenden Muster-Statutentwürfen anempfohlen wird. Die nur der Genossenschaft, nicht Dritten gegenüber zulässigen Beschränkungen könnten so weit gehen, dem Vorstand jede selbstständige Geschäftsdisposition zu nehmen. In den vorerwähnten Musterstatuten wird, abgesehen von den aus dem Genossenschaftsgesetze selbst sich ergebenden Angelegenheiten, zu vielen an sich dem Vorstande obliegenden Geschäften die Zustimmung resp. Entscheidung der Generalversammlung oder des Aufsichtsraths erfordert. Beispielsweise wird sowohl den Volksbanken, als den Rohstoff- und Konsumvereinen empfohlen, der Generalversammlung die Entscheidung über Erwerb und Veräußerung von Grundeigenthum und über den Höchstbetrag der bis zum nächsten Rechnungsabschluß aufzunehmenden Darlehne zu übertragen.

[75]) Im Handelsgesetzbuch Art. 232. Dadurch ist die Möglichkeit ausgeschlossen, daß Beamte der Genossenschaft, auch wenn sie Mitglieder sind, Namens derselben Eide zu leisten haben. Ob alle Vorstandsmitglieder oder nach Umständen nur einzelne derselben zu schwören haben, bleibt für die Genossenschaften ebenso zweifelhaft, als es für Aktiengesellschaften ist.

Handelsgerichte zur Eintragung in das Genossenschaftsregister und öffentlichen Bekanntmachung angezeigt werden.[76])

Dritten Personen kann die Aenderung nur insofern entgegengesetzt werden, als in Betreff dieser Aenderung die in Artikel 46 des Allgemeinen Deutschen Handelsgesetzbuches in Betreff des Erlöschens der Prokura bezeichneten Voraussetzungen vorhanden sind.[77])

---

[76]) Beim Transport dieses §. 22 aus dem Handelsgesetzbuche, wo er den Art. 233 bildete, in den Gesetzentwurf des Ministerii ist das Wort „angemeldet" verloren gegangen, und dafür im Widerspruch zum Sprachgebrauch des Handelsgesetzbuchs und auch dieses Gesetzes ohne jeden ersichtlichen Grund „angezeigt" eingefügt. Es ist ohne Zweifel die Anmeldung gemeint, über welche der Artikel 4 des Einführungsgesetzes vom 24. Juni 1861 die besonderen Vorschriften ertheilt, welche im §. 3 der Instruktion des Justizministers vom 2. Mai 1867 wiederholt werden.

[77]) Der Artikel 46 des Handelsgesetzbuchs lautet:

> Wenn das Erlöschen der Prokura nicht in das Handelsregister eingetragen und öffentlich bekannt gemacht ist, so kann der Prinzipal dasselbe einem Dritten nur dann entgegensetzen, wenn er beweist, daß es letzterem beim Abschlusse des Geschäfts bekannt war.
>
> Ist die Eintragung und Bekanntmachung geschehen, so muß ein Dritter das Erlöschen der Prokura gegen sich gelten lassen, sofern nicht durch die Umstände die Annahme begründet wird, daß er das Erlöschen beim Abschlusse des Geschäfts weder gekannt habe, noch habe kennen müssen.

Es sind die verschiedenen Fälle zu unterscheiden, wie folgt: Der Dritte, welcher mit Personen, die früher zur Vertretung der Genossenschaft berechtigte Vorstandsmitglieder derselben waren, ein Geschäft abschließt,

I. weiß, daß jene Vertretungsbefugniß aufgehört hat. Dann bindet das Geschäft die Genossenschaft nicht, die Eintragung in das Genossenschaftsregister und Veröffentlichung mag erfolgt sein, oder nicht.

II. Er weiß es nicht und
   1) die Eintragung und Veröffentlichung ist nicht erfolgt, so ist die Genossenschaft verpflichtet;
   2) die Eintragung und Veröffentlichung ist erfolgt, so ist die Genossenschaft
      a. verpflichtet, wenn durch die Umstände die Annahme begründet wird, daß jener die Aenderung des Vorstandes „nicht habe kennen müssen,"
      b. nicht verpflichtet, wenn durch die Umstände diese Annahme nicht begründet wird.

Ueber die Beweislast ist für den Fall, daß die Eintragung und Veröffentlichung nicht erfolgt ist, im Gesetze bestimmt, daß die Genossenschaft dem Dritten seine Wissenschaft von der Aenderung des Vorstandes beweisen muß.

§. 23.[78])

Zur Behändigung von Vorladungen und anderen Zustellungen an die Genossenschaft genügt es, wenn dieselbe an ein Mitglied des Vorstandes, welches zu zeichnen oder mitzuzeichnen befugt ist, geschieht.[79])

Für den umgekehrten Fall ist über die Beweislast nichts festgestellt. Im Uebrigen vergl. man über diese schwierige Materie namentlich Hahn a. a. O. Bd. I. S. 40—47, und Anschütz und Völderndorf a. a. O. S. 343 Anmerkung zum Art. 46 und Erläuterung des zweiten Titels ersten Buchs.

[78]) Der §. 23 unterscheidet sich von dem entsprechenden Artikel 235 dadurch, daß nach letzterem die Behändigung von Vorladungen und anderen Zustellungen für die Aktiengesellschaft auch an einen „Beamten der Gesellschaft, welcher dieselbe vor Gericht zu vertreten berechtigt ist", geschehen darf. Dies ist hier vermuthlich nur deshalb fortgelassen, weil eine Genossenschaft solche Beamte in der Regel nicht besitzen wird. Aber warum sollen sie sich dieselben nicht in Zukunft anschaffen? Es ist klar, daß die Behändigung an einen ausdrücklich dazu vom Vorstande oder der Generalversammlung oder durch das Statut bevollmächtigten Beamten ebenfalls genügt.

[79]) Was versteht das Gesetz unter dem Ausdruck: „Behändigung von anderen Zustellungen," nämlich anderen als Vorladungen? — Die Motive des unverändert gebliebenen Ministerialentwurfs enthalten über diesen Paragraphen keine Sylbe. Aus der Vergleichung mit dem Art. 235 des Handelsgesetzbuchs könnte man schließen, daß es sich nur um Zustellungen der Gerichte, namentlich in Prozessen handelt, und daß Zustellungen von anderen Behörden oder gar von Privatpersonen nicht gemeint sind. Der Artikel 235 des Handelsgesetzbuchs entspricht nämlich wieder den Artikeln 117 und 167. Art. 117 bestimmt in Betreff der offenen Handelsgesellschaft:

> Die Gesellschaft wird vor Gericht von jedem Gesellschafter gültig vertreten, welcher von der Befugniß, die Gesellschaft zu vertreten, nicht ausgeschlossen ist.
>
> Zur Behändigung von Vorladungen und anderen Zustellungen an die Gesellschaft genügt es, wenn dieselbe an einen der zur Vertretung befugten Gesellschafter geschieht.

Artikel 167 besagt im ersten Absatz, daß die Kommanditgesellschaft durch die persönlich haftenden Gesellschafter vertreten wird, und fügt dann als zweiten Absatz wörtlich den zweiten Absatz des Artikel 117 hinzu. Man wird kaum bezweifeln können, daß in beiden Artikeln nur die Behändigung von gerichtlichen Erlassen, von Zustellungen im Prozeß hat berücksichtigt werden sollen. Die Bestimmung des ersten Absatzes beider Artikel mußte bei dem entsprechenden Artikel 235 in der Lehre von der Aktiengesellschaft wegfallen, weil die gerichtliche Vertretung der Aktiengesellschaft durch den Vorstand schon im Artikel 227 ausgesprochen war. In der Konferenz zur Berathung des Handelsgesetzbuchs war bei den Verhandlungen über alle drei Artikel überall nur von Zustellungen im Prozeß die Rede, und auch die Kommentatoren sprechen nur von solchen. (Vgl. Hahn, Koch, Makower a. a. O.) Für den §. 23 unseres Gesetzes wird aber die Sache zweifelhafter, da in demselben gerade derjenige Satz weggelassen ist (vgl. vorige Anmerkung), welcher eine unmittelbare Beziehung auf die Vertretung vor Gericht enthält, und da ferner durch die Einschiebung des §. 22 zwischen ihm und dem §. 21 auch die Reihenfolge sich nicht für die einschränkende Auffassung geltend machen läßt. — Eine Vergleichung mit den frühern Entwürfen läßt die Frage ebenfalls zweifelhaft. In Schulze's erstem Entwurf war ausdrücklich gesagt (§. 22): „Zur Behändigung der Vorladungen und anderer Zustellungen an den Verein von Gerichten und Behörden wie von Privatpersonen genügt es" u. s. w. In der Kommission des Abgeordnetenhauses von 1863 wurde statt dessen im strengeren Anschluß an das Handelsgesetzbuch auf Antrag des Herausgebers ein Paragraph mit drei Absätzen beschlossen, von denen der zweite und dritte wörtlich mit den jetzigen §§. 21 u. 23 übereinstimmen, der erste aber lautete: „Die Genossenschaft wird durch den Vorstand vor Gericht vertreten."

Wenn es sich nun im gegenwärtigen §. 23 nicht bloß um „Aushändigung von Zustellungen" der Gerichte, sondern auch von denen anderer Behörden und Privatpersonen handeln sollte, wofür wir uns fast entscheiden möchten, so darf doch nicht außer Acht gelassen werden, daß unter „auszuhändigenden Zustellungen" nach dem Sprachgebrauche nur schriftliche Mittheilungen, Meinungsäußerungen, Erklärungen zu verstehen sind, nicht etwa geldwerthe Papiere und Dokumente oder Geld oder Waaren u. dgl. Auch die dem Artikel 144 des Handelsgesetzbuchs entlehnte Schlußbestimmung des §. 48: „Zustellungen an die Genossenschaft geschehen mit rechtlicher Wirkung an einen der Liquidatoren" dürfte andere Gegenstände nicht umfassen.

Nicht unwichtig ist in dieser Beziehung für die eingetragenen Genossenschaften eine Generalverfügung des Generalpostamtes Nr. 89, überschrieben „Aushändigung von Postsendungen an Erwerbs- und Wirthschafts-Genossenschaften" vom 24. Juni 1867 in Nr. 33 des Amtsblattes des Königl. Postdepartements. Es werden darin die zu diesem Zwecke wesentlichen Bestimmungen des Genossenschaftsgesetzes, darunter wörtlich der §. 23, mitgetheilt und die Postanstalten angewiesen, über die eingetragenen Genossenschaften, in Gemäßheit der ihnen von der Oberpostdirection zugehenden Benachrichtigungen, Verzeichnisse zu führen. Sodann heißt es wörtlich:

„Die Bestellung von Postsendungen an eingetragene Genossenschaften ist an deren Vorstand zu bewirken. Hinsichtlich der Bestellung der recommandirten Sendungen, der Begleitbriefe zu Packeten ohne Werthsdeclaration, der Formulare zu den Ablieferungsscheinen über Sendungen mit deklarirtem Werthe, der Postanweisungen, so wie der Formulare zu den Ablieferungsscheinen bei baaren Einzahlungen und der dazu gehörigen Begleitbriefe an eingetragene Genossenschaften, deren Vorstand aus mehreren zur Vertretung derselben berechtigten Mitgliedern besteht, empfiehlt es sich, darauf hinzuwirken, daß entweder sämmtliche Vorstandsmitglieder eine schriftliche Erklärung bei der Postanstalt niederlegen, wonach die Bestellung an jedes Vorstandsmitglied allein oder an Ein bestimmtes Vorstandsmitglied erfolgen darf, oder daß ein besonderer Bevollmächtigter der Genossenschaft von dem Vorstande derselben mittelst einer den Vorschriften des §. 32 Abs. I. des Reglements vom 21. De-

§. 24.[80])

Der Vorstand ist verbunden, dem Handelsgerichte am Schlusse jedes Quartals über den Eintritt und Austritt von Genossenschaftern schriftlich Anzeige zu machen und alljährlich im Monat Januar ein vollständiges alphabetisch geordnetes Verzeichniß der Genossenschafter einzureichen.

Das Handelsgericht berichtigt und vervollständigt danach die Liste der Genossenschafter.[81])

---

cember 1860 entsprechenden Vollmacht, zu welcher die durch Generalverfügung vom 5. Februar v. J. eingeführten Formulare zu benutzen sind, hiezu bestellt werde. Sind bei Auflösung einer eingetragenen Genossenschaft mehrere Liquidatoren besonders bestellt, und zur gemeinschaftlichen Vertretung berufen, so ist in gleicher Weise darauf hinzuwirken, daß die Bestellung der vorstehend bezeichneten Sendungen an jeden Liquidator oder an Einen allein erfolgen darf. Die Postanstalten haben insbesondere darauf zu achten, daß einem Vorstandsmitgliede, welches ausgeschieden oder von der Geschäftsführung ausgeschlossen ist, nach Bekanntmachung der bezüglichen Eintragung keine an die eingetragene Genossenschaft adressirten Sendungen mehr ausgehändigt werden."

Für die Vollmacht sind gedruckte Formulare bei jeder Postanstalt unentgeltlich zu haben; zu derselben ist 15 Sgr. Stempel zu verwenden, und sind die Unterschriften von Jemandem, der ein öffentliches Siegel führt, mit Unterschrift und Siegel zu beglaubigen.

[80]) Die Motive des Ministerialentwurfs zu den unverändert aufgenommenen §§. 24 und 25 lauten:

„Die in den §§. 25 und 26 [im Gesetz 24 und 25] vorgeschriebene Anzeige über den Ab- und Zugang der Mitglieder und Veröffentlichung der Bilanz hat ihren Grund in dem Interesse der Kreditoren, damit diese einestheils über die Vermögenslage der Genossenschaft Kenntniß erhalten, anderntheils für den Fall einer Geltendmachung der Solidarbürgschaft im Stande sind, diejenigen Personen zu ermitteln, gegen welche sie ihre desfallsigen Rechte auszuführen haben."

[81]) Der §. 24 und der zweite Satz des §. 25 bilden mit unerheblichen redaktionellen Aenderungen den §. 8 des Kommissionsentwurfs von 1863. Das in der Ministerialinstruktion vom 2. Mai 1867 vorgeschriebene Formular zum Verzeichniß der Genossenschafter enthält mit Recht eine Kolonne, worin der Tag des Ausscheidens vermerkt werden soll. Der Tag des Eintritts ist für diese Stammrolle, wie wir sie nennen möchten, wegen §. 11 Absatz 2) gleichgültig. Wer mit der Genossenschaft in Geschäftsverbindung treten will, wird, um sich von dem gegenwärtigen Mitgliederbestande zu überzeugen, das im letzten Januar überreichte alphabetische Verzeichniß und die seitdem eingegangenen Quartalsanzeigen nachsehen. Wer hingegen prüfen will, ob ein bestimmter, bereits ausgeschiedener Genossenschafter für eine Schuld der Genossenschaft noch haftet, muß die Stammrolle nachschlagen.

§. 25.

Der Vorstand ist verpflichtet, Sorge zu tragen, daß die erforderlichen Bücher der Genossenschaft geführt werden.[82]) Er muß spätestens in den ersten sechs Monaten jedes Geschäftsjahres eine Bilanz des verflossenen Geschäftsjahres, die Zahl der seit der vorjährigen Bekanntmachung aufgenommenen oder ausgeschiedenen, sowie die Zahl der zur Zeit der Genossenschaft angehörigen Genossenschafter veröffentlichen.[83])

§. 26.

Mitglieder des Vorstandes, welche in dieser ihrer Eigenschaft außer den Grenzen ihres Auftrages oder den Vorschriften dieses

---

[82]) Der Ministerialentwurf hat diesen ersten Satz wörtlich aus Artikel 239 des Handelsgesetzbuchs entlehnt und zwischen die verschiedenen Absätze des §. 8 des Kommissionsentwurfs von 1863 eingeklemmt. Dieser Umstand hat zu einem Versehen bei der Redaktion des §. 54 Anlaß gegeben, welches bei letzterem Paragraphen besprochen werden wird.

Welche bestimmten Bücher der Kaufmann, also auch die eingetragene Genossenschaft zu führen hat, darüber enthält das Deutsche Handelsgesetzbuch, im Gegensatz zu andern Gesetzgebungen, wie z. B. dem Code de commerce, keine Vorschriften. Würde der §. 54, dem Wortlaut entsprechend, dahin verstanden, daß das Handelsgericht den Vorstand durch Ordnungsstrafen von Amtswegen auch anzuhalten habe, „dafür Sorge zu tragen, daß die erforderlichen Bücher geführt werden", so würden vor Allem die Richter genöthigt sein, sich mit der kaufmännischen Buchführung genau bekannt zu machen. Denn ohne ein ausreichendes Verständniß derselben (und dieses dürfte nach unsern Erfahrungen von zehn Richtern kaum einer besitzen) kann Niemand beurtheilen, ob die geführten Bücher die „erforderlichen" sind, d. h. ob man aus ihnen die Handelsgeschäfte und die Lage des Vermögens der Genossenschaft vollständig ersehen kann. (Artikel 28 des Handelsgesetzbuchs.) Eine gute Uebersicht über das Wesentlichste der kaufmännischen Buchführung findet sich bei Anschütz und Völderndorf a. a. O. S. 215—230.

[83]) In Schulze's erstem Entwurf war statt der Veröffentlichung der Zahlen über Ab- und Zugang und Bestand der Genossenschafter und statt der alljährlichen Einreichung eines alphabetischen Verzeichnisses derselben (§. 24) die Veröffentlichung der vollständigen Mitgliederliste vorgeschlagen. Die Rücksicht auf die bedeutenden Insertionskosten veranlaßte die Kommission des Abgeordnetenhauses von 1863, davon zu Gunsten der jetzt bestehenden Vorschrift abzuweichen. Die meisten Vorschußvereine lassen alljährlich ein alphabetisches Mitgliederverzeichniß zugleich mit Jahresrechnung, Bilanz und Gewinn- und Verlustberechnung drucken und tauschen es mit den benachbarten Vereinen aus, um zu kontrolliren, ob einzelne Personen gleichzeitig mehreren gleichartigen Vereinen angehören. Dieser gute Brauch wird hoffentlich in Folge der Bestimmung des §. 24 allgemeiner werden.

Gesetzes oder des Gesellschaftsvertrages entgegen handeln, haften persönlich und solidarisch für den dadurch entstandenen Schaden.[84])

Sie haben, wenn ihre Handlungen auf andere, als die in dem gegenwärtigen Gesetze (§. 1) erwähnten geschäftlichen Zwecke gerichtet sind,[85]) oder wenn sie in der Generalversammlung die

---

[84]) „Die im §. 27 [jetzt 26] ausgesprochene Haftbarkeit der Vorstandsmitglieder für den Nachtheil, der aus der Ueberschreitung ihrer Befugnisse entsteht, entspricht der Vorschrift des Alinea 2, Artikel 241 des Handelsgesetzbuchs." (Motive des Ministerialentwurfs.) Der §. 28 giebt den Weg an, auf welchem diese Bestimmung vorkommenden Falls geltend zu machen ist.

[85]) Dieser zweite Absatz des §. 26 enthält eine der Konzessionen, welche gleichsam die Genossenschaften durch ihre in der Kommission des Abgeordnetenhauses befindlichen Mitglieder und insbesondere durch ihren Anwalt Schulze-Delitzsch der Staatsregierung machten, um das Zustandekommen des Gesetzes zu erwirken. (Vergl. Anmerkung 31 zu §. 4, S. 25.) Der Ministerialentwurf hatte ursprünglich eine noch viel weiter gehende Bestimmung:

„Sie haben, wenn ihre Handlungen auf einen anderen, als den im Gesellschaftsvertrage bezeichneten Zweck der Genossenschaft gerichtet sind, oder wenn sie in den Generalversammlungen die Erörterung von Anträgen gestatten oder nicht verhindern, welche auf einen anderen als in dem Gesellschaftsvertrage bezeichneten Zweck der Genossenschaft gerichtet sind, eine Geldbuße bis zu 200 Thlr. verwirkt."

Zur Begründung dieser Bestimmung hieß es in den Motiven, daß es sowohl im öffentlichen Interesse, als auch im eignen Interesse der Genossenschaften selbst liege, daß der Verfolgung anderer als der statutenmäßigen Zwecke durch den Vorstand möglichst wirksam vorgebeugt werde. Die Staatsregierung, welche keine speziellere Ueberwachung der Geschäftsführung der Genossenschaften und ihrer Vorstände sich vindizire, müsse wenigstens dagegen gesichert sein, daß die einmal anerkannten Genossenschaften demnächst ihre Thätigkeit und ihre Vereinsfonds anderen, als den im Statut bezeichneten, vielleicht sogar dem eigentlichen Gebiete des Genossenschaftswesens ganz fremden Zwecken zuwenden u. s. w. Die Kommission des Abgeordnetenhauses beschloß anfänglich, den ganzen Satz zu streichen. Gegen die Uebertretung von strafrechtlicher Tragweite schütze das allgemeine Straf- und das speziellere Vereinsgesetz. Ein Spezialstrafgesetz dürfe nicht anders erlassen werden, als bis ein gefühlter, durch den Schutz der allgemeinen Gesetze nicht zu unterdrückender Mißbrauch dargethan sei. Es liege aber kein einziger Fall eines solchen Mißbrauchs vor. Die Kommanditgesellschaft sei keinen derartigen Beschränkungen unterworfen. Die Genossenschaft habe sich keiner Handlungsweise schuldig gemacht, welche ein erhöhtes Mißtrauen rechtfertige. (Vergl. Bericht Nr. 55 der Drucksachen, S. 13 und 14.) — Als nun später die Staatsregierung durch Vorlegung des Entwurfs vom 11. November 1866 die Kommission zu nochmaliger Prüfung der Streitpunkte veranlaßte, erklärte sich, wie es in dem Nachtragsbericht (Nr. 104 der Drucksachen, S. 2) vom 5. Dezember 1866 heißt, der Antragsteller bereit, in einem gewissen Umfange den

Erörterung von Anträgen gestatten, oder nicht verhindern, welche auf keinen geschäftlichen Zweck, sondern auf öffentliche Angelegenheiten (§. 1 der Verordnung über die Verhütung eines die gesetzliche Freiheit gefährdenden Mißbrauches des Versammlungsrechtes vom 11. März 1850.)[86]) gerichtet sind, eine Geldbuße bis zu 200 Thalern verwirkt.

Schutz einer besonderen Strafbestimmung gegen den befürchteten Mißbrauch der Genossenschaft zu fremden und staatsgefährlichen Zwecken zuzulassen, wenn durch diese Konzession das Zustandekommen des Gesetzes gefördert werde. Zwar sei erfahrungsmäßig ein solcher Mißbrauch nicht entfernt zu besorgen, aber eben deshalb fürchte er von der prinzipiell ungerechtfertigten Strafbestimmung keinen materiellen Nachtheil für die Genossenschaften, und er wolle nicht aus bloßer Wahrung des Prinzips einen unbedingten Widerstand leisten, sofern dieser den Erlaß des Gesetzes verzögere. Nur dürfe die Strafbestimmung nicht so gefaßt sein, daß sie ausgedehnt werden könne auf unbedeutende und gleichgültige Handlungen, welche das öffentliche Wohl gar nicht interessiren. — Dem entsprechend wurden in der Kommission drei, als der Regierung gebrachte Opfer am Prinzip erscheinende Beschlüsse gefaßt, von denen der erste in der Aufnahme des zweiten Absatzes in den §. 26 besteht. Die „in dem gegenwärtigen Gesetze (§. 1) erwähnten geschäftlichen Zwecke" sind „Förderung des Kredits, des Erwerbes oder der Wirthschaft der Genossenschafter mittelst gemeinschaftlichen Geschäftsbetriebes." Daß alle auf andere Zwecke gerichtete Handlungen der Vorsteher für strafbar erklärt sind, ist ganz ungefährlich, so lange man es mit wohlwollenden oder wenigstens nicht mißgünstigen Behörden zu thun hat. Andernfalls aber läßt sich manche durchaus gleichgültige oder harmlose Handlung der Vorsteher eines großen Vereins zu einer Anklage benutzen.

In Betreff des zweiten Punktes, durch welchen sich die Mitglieder des Vorstandes strafbar machen können, kommt die Sache dadurch eigenthümlich zu stehn, daß nach den meisten Statuten nicht ein Vorstandsmitglied, sondern der Vorsitzende des Aufsichtsrathes die Generalversammlung beruft und leitet. (Vergl. z. B. §. 44 von Schulze's Musterstatut für Vorschußvereine.) Wie sollen die Vorstandsmitglieder es nun anfangen, die Erörterung auf öffentliche Angelegenheiten gerichteter Anträge durch die Generalversammlung zu verhindern, wenn sie selbst kein Recht haben, die Versammlung zu schließen? Sollen sie etwa Polizei herbeiholen? —

So sehr es unserer Meinung nach dem Interesse der Genossenschaften entsprach, daß Schulze der Staatsregierung die betreffenden Konzessionen machte, so wird doch die erste Gelegenheit zur Beseitigung dieser dem öffentlichen Interesse keineswegs förderlichen, sondern nur schädlichen Bestimmung zu benutzen sein.

86) Der §. 1 der Verordnung vom 11. März 1850 lautet in seinem ersten Absatze: „Von allen Versammlungen, in welchen öffentliche Angelegenheiten erörtert oder berathen werden sollen, hat der Unternehmer mindestens 24 Stunden vor dem Beginne der Versammlung, unter Angabe des

§. 27.[87])

Der Gesellschaftsvertrag kann dem Vorstande einen Aufsichtsrath (Verwaltungsrath, Ausschuß) an die Seite setzen.[88])

Ortes und der Zeit derselben, Anzeige bei der Ortspolizeibehörde zu machen. Diese Behörde hat darüber sofort eine Bescheinigung zu ertheilen." — Was unter „öffentlichen Angelegenheiten" zu verstehen sei, darüber sind seit 17 Jahren die verschiedenartigsten, mehr kulturgeschichtlich als juristisch interessanten Entscheidungen ergangen. Eine einfache Aufhebung der ganzen Verordnung vom 11. März 1850 würde einer der ersten gesetzgeberischen Akte sein, welchen eine wirklich liberale Regierung in Preußen in Angriff zu nehmen hätte.

[87]) Der ganze §. 27 steht wörtlich in dem letzten Ministerial-Entwurf vom 11. November 1866, welcher die zweite Hälfte des zweiten Absatzes (von den Worten „und Generalversammlungen berufen" bis zu Ende) in Gemäßheit der Beschlüsse der Kommission des Abgeordnetenhauses in den betreffenden Paragraphen des frühern Entwurfs vom 2. Februar 1866 aufgenommen hatte. Redaktionsmängel sind wiederum an diesem Paragraphen zu rügen. Ohne alle Ursache ist bei Uebertragung von Bestimmungen des Handelsgesetzbuchs der Ausdruck Gesellschaft statt Genossenschaft im zweiten und vierten Absatze stehen geblieben. Auch der Ausdruck Gesellschaftskasse, wofür in dem Kommissions-Entwurf des Abgeordnetenhauses von 1863 nur „Kasse" gesagt war, wird nur aus Versehen aufgenommen sein. Wir wollen hier auch gleich mehrfach in späteren Paragraphen vorkommende, ganz gleiche Nachlässigkeiten im Ausdruck berühren. Im ganzen Gesetz steht regelmäßig Gesellschaftsvertrag, einmal, ebenfalls wol absichtlich, Gesellschaftsbeschluß, sonst ist auch in Zusammensetzungen regelmäßig das Wort Genossenschaft gebraucht (z. B. Genossenschaftsregister, Genossenschaftsvermögen (§§. 12, 13, 51), Genossenschaftsschuldner (§. 14). Davon abweichend kommt in §. 30 (vgl. Anmerkung dazu) Genossenschaftsvertrag und in den §§. 50 und 51 Gesellschaftsvermögen statt Genossenschaftsvermögen vor; am auffälligsten ist dies in §. 51, wo im letzten Satze gleichsam in einem Athem von Genossenschaftsvermögen und Gesellschaftsvermögen geredet wird, als seien dies ganz verschiedene Dinge.

[88]) Der Aufsichtsrath ist, ebenso wie bei den Aktiengesellschaften und im Gegensatze zu der Kommanditgesellschaft auf Aktien, kein nothwendiges Organ der Genossenschaft. Der Aufsichtsrath ist bestimmt, die Gesammtheit der Genossenschafter, wie sie in der Generalversammlung organisirt ist, dem Vorstande gegenüber zu vertreten. Die Generalversammlung kann daher die Ausübung der einzelnen in ihrer Kompetenz liegenden Rechte dem Aufsichtsrath übertragen. Die Rechte und Pflichten, welche die §§. 27 und 28 dem Aufsichtsrath zuertheilen, können ihm durch den Gesellschaftsvertrag oder durch Gesellschaftsbeschlüsse nicht entzogen werden (§. 8 des Gesetzes), sie bedürfen keiner besonderen Erwähnung im Gesellschaftsvertrage. Da die Generalversammlung, abgesehen von den in diesem Vertrage ihr vorbehaltenen besonderen Funktionen, berechtigt ist, dem Vorstande hinsichtlich seiner Geschäftsführung Anweisungen zu ertheilen, welche er einzuhalten verpflichtet ist (§. 20 des Gesetzes), so kann sie dem Vorstande auch im Allgemeinen durch das Statut, in

Ist ein Aufsichtsrath bestellt, so überwacht derselbe die Geschäftsführung der Genossenschaft in allen Zweigen der Verwal-

---

besonderen Fällen durch ihre Beschlüsse die Verpflichtung auferlegen, den Anweisungen des Aufsichtsraths nachzukommen. Es ist nöthig, dies hier hervorzuheben, weil das Gegentheil aus dem Schlußsatze des §. 20 gefolgert werden könnte, in welchem nur von der Zustimmung der Generalversammlung und des Aufsichtsrathes zu einzelnen Geschäften die Rede ist. Aber dann müßte auch der Generalversammlung nicht das Recht zustehen, dem Vorstande in seiner Geschäftsführung zu befehlen und zu verbieten. Die Frage ist neuerdings in einer Verfügung des Kreisgerichts zu Kottbus zur Sprache gekommen, welches die Bestimmung eines Statuts des dortigen Vorschußvereins, wonach die Entscheidung über Kreditgesuche durch den Verwaltungsrath erfolgen, also der Vorstand in Ansehung des dem einzelnen Mitgliede zu gewährenden Kredits den bewilligenden oder ablehnenden Beschluß des Verwaltungsraths auch gegen seine eigene Ueberzeugung ausführen sollte, für gesetzlich unzulässig erklärt. Der §. 20 des Gesetzes, der dafür angeführt wurde, spricht aber das Gegentheil aus, insofern in demselben jede durch Gesellschaftsvertrag oder durch Beschlüsse der Generalversammlung festgesetzte Beschränkung des Vorstandes in dem Umfange seiner Befugniß, die Genossenschaft zu vertreten, für den Vorstand selbst für rechtsverbindlich, dritten Personen gegenüber für rechtsunwirksam erklärt wird. (Es besteht hier kein Unterschied zwischen der Aktiengesellschaft und der Genossenschaft. Auch die Aktiengesellschaft hat, sofern der Gesellschaftsvertrag nichts Anderes bestimmt, einen ganz demokratischen Charakter: die Generalversammlung ist souverain.) Wo also das Statut der Genossenschaft nicht ausdrücklich der Generalversammlung dies Recht entzogen hat, muß der Vorstand den Beschlüssen der letzteren gehorchen, sich also auch gefallen lassen, wenn sie ihn in seinen Befugnissen durch den Aufsichtsrath beschränkt. (Vgl. §. 32 des Ges.)

In dem Kommissionsentwurf von 1863 war dies deutlicher ausgesprochen. Der entsprechende §. 23 stimmt in den ersten beiden Absätzen fast wörtlich mit dem des §. 23 des Gesetzes überein. Statt der letzten beiden Absätze hat er den Satz:

„Der Gesellschaftsvertrag kann dem Aufsichtsrath noch andere Befugnisse ertheilen und Pflichten auferlegen.“

Durch den Wegfall dieses Satzes ist in der Sache selbst nichts geändert.

Die Stellung des Aufsichtsrathes, als einer Behörde, welche die Generalversammlung gegenüber dem Vorstande zu vertreten hat, also keine Sonderrechte der Generalversammlung gegenüber besitzt (vgl. Anmerkung zu §. 28), ist auch entscheidend für die Frage, ob die Generalversammlung den auf bestimmte Zeit gewählten Aufsichtsrath oder einzelne Mitglieder desselben jederzeit wieder von ihren Befugnissen entbinden kann. Wir halten dies für zweifellos, sofern nicht der Gesellschaftsvertrag ausdrücklich das Gegentheil ausspricht.

Die wesentliche Bestimmung des Aufsichtsrathes ist die fortwährende Ueberwachung des Geschäftsbetriebes im Interesse der Genossenschafter, welche

tung, er kann sich von dem Gange der Angelegenheiten der Gesellschaft unterrichten, die Bücher und Schriften derselben jederzeit einsehen, den Bestand der Gesellschaftskasse untersuchen und Generalversammlungen berufen. Er kann, sobald es ihm nothwendig erscheint, Vorstandsmitglieder und Beamte vorläufig, und zwar bis zur Entscheidung der demnächst zu berufenden Generalversammlung, von ihren Befugnissen entbinden und wegen einstweiliger Fortführung der Geschäfte die nöthigen Anstalten treffen.[89])

---

nach §. 9 des Gesetzes ihre Rechte nur in der Gesammtheit durch die Generalversammlung ausüben können. Dieser Bestimmung des Aufsichtsraths entsprechen die Vorschriften der §§. 27 und 28.

[89]) Während der erste Satz des zweiten Absatzes bis auf die letzten drei Worte „und Generalversammlungen berufen" genau dem Artikel 225 resp. Artikel 193 des Handelsgesetzbuches entlehnt ist, bildet der Rest des Absatzes einen aus den früheren Entwürfen Schulze's und der Kommission des Abgeordnetenhauses vom Jahre 1863 entnommenen, den Genossenschaften im Gegensatz zu den Gesellschaften des Handelsgesetzbuchs eigenthümlichen Zusatz. Die Kommission des Abgeordnetenhauses von 1866 motivirt denselben in ihrem Berichte folgendermaßen: „Der Aufsichtsrath ist zur Kontrole des Vorstandes bestellt. Die Natur der Genossenschaften bringt es mit sich, daß keine gleich sichere Garantie wie bei Aktiengesellschaften für die geeignete Auswahl und Tüchtigkeit der Vorstandsmitglieder gegeben ist. Das Amt pflegt meist eine Mußebeschäftigung zu sein und der ursprüngliche Eifer nimmt zuweilen zwischen der Wahl und der nächsten Generalversammlung ab. Die Erfahrung hat, nach dem Zeugniß der Antragsteller und einzelner Kommissionsmitglieder, die erwähnten Sätze bestätigt" u. s. w.

Die Befugniß, den Vorstand zu suspendiren, kann also dem Aufsichtsrathe, wo er einmal besteht, nicht durch das Statut entzogen werden. Fraglich könnte es erscheinen, ob das Statut diese Befugniß auch auf die definitive Absetzung ausdehnen darf. Wir halten dies nicht für zulässig, da die definitive Entscheidung ausdrücklich der Generalversammlung vorbehalten ist. Solche Beamte, welche bloß vom Vorstande mit Genehmigung des Aufsichtsraths oder ohne dieselbe nach dem Statut angestellt worden sind, müssen natürlich auch auf demselben Wege wieder definitiv abgesetzt werden dürfen, ohne daß dazu die Mitwirkung der Generalversammlung erforderlich ist.

Welches sind die vom Aufsichtsrath wegen einstweiliger Fortführung der Geschäfte zu treffenden nöthigen Anstalten? — Es kann sich nur darum handeln, Personen zu ermächtigen, dieselben Geschäfte zu führen, welche den suspendirten Vorstandsmitgliedern oder Beamten oblagen, und zwar bloß bis zum Zeitpunkt, wo die Generalversammlung entscheidet. Der Aufsichtsrath würde sonst Vollmachten zur Geschäftsführung nur dann ertheilen dürfen, wenn ihm der Gesellschaftsvertrag ausdrücklich diese Befugniß zuspricht. Das wird aber kaum vorkommen. Man vergleiche z. B. Schulze's Musterstatut für Vorschußvereine, dritte Auflage. Nach demselben

Er hat die Jahresrechnungen, die Bilanzen und die Vorschläge zur Gewinnvertheilung zu prüfen und darüber alljährlich der Generalversammlung Bericht zu erstatten.[90])

Er hat eine Generalversammlung zu berufen, wenn dies im Interesse der Gesellschaft erforderlich ist.[91])

§. 28.[92])

Der Aufsichtsrath ist ermächtigt, gegen die Vorstandsmit-

---

hat der Vorstand die Genehmigung des Ausschusses einzuholen (§. 35), „bei Anstellung von Beamten und Regelung ihrer Besoldung, soweit dies alles nicht der Generalversammlung zusteht, sowie Ernennung von Bevollmächtigten für einzelne Geschäfte und Regelung von deren Vollmacht“; der Beschlußfassung der Generalversammlung aber unterliegt (§ 48) „Wahl und Remuneration etwaiger Prokuristen und solcher Beamten, welche auf die Dauer mit Kassengeschäften betraut sind.“

Wo diese Bestimmungen aufgenommen sind, würde somit der Aufsichtsrath, im Falle er zur Suspendirung von Vorstandsmitgliedern oder Beamten schreitet, aus der durch das Gesetz ihm gegebenen Machtbefugniß ohne Zuziehung des Vorstandes Prokuristen anstellen, Handlungs- oder andere Vollmachten ertheilen können, dergestalt, daß die Prokura oder die Vollmachten aufzuheben der demnächst zu berufenden Generalversammlung überlassen bleibt.

[90]) Der dritte Absatz des §. 27 ist wörtlich dem Artikel 225 resp. Artikel 197 des Handelsgesetzbuchs entlehnt. Es ist dabei übersehen worden, daß der jährliche Abschluß keineswegs bei allen Arten Genossenschaften üblich ist. Für Consumvereine wird, nach Vorgang der englischen, auch in Deutschland immer mehr der vierteljährliche Abschluß, die vierteljährliche Gewinnvertheilung Regel. Die Produktiv-Genossenschaften wie die meisten Aktiengesellschaften haben in England das Halbjahr als Geschäftsperiode eingeführt. Wäre dies bedacht worden, so hätte hier der Bezeichnung des Jahres auch noch der Hinweis auf kürzere Geschäftsperioden hinzugefügt werden müssen. Bei dem §. 25 war es nicht nöthig, indem in diesem Paragraphen nur eine Verpflichtung der Genossenschaft Dritten gegenüber berücksichtigt wird.

[91]) Dieser vierte Absatz des §. 27, wörtlich (zu wörtlich vgl. Anmerkung 87) dem Artikel 225 des Handelsgesetzbuchs entnommen, machte die Einschiebung der aus dem Kommissionsentwurfe von 1867 herrührenden Worte: „und Generalversammlungen berufen“ in den zweiten Absatz vollkommen überflüssig. Oder aber der vierte Absatz des §. 27 mußte im Hinblick auf diese Einschiebung und auf den §. 31 Absatz 1 und 2 des Gesetzes gestrichen werden. Daß alle drei Bestimmungen neben einander stehen geblieben sind, ist augenscheinlich nur die Folge eines Versehens.

[92]) Der Ministerial-Entwurf, welchem dieser Paragraph wörtlich entlehnt ist, sagt darüber in den Motiven (S. 30): „Die Rechte des Aufsichtsraths sind auf die innere Kontrole der Verwaltung beschränkt, und es ist ihm nur da eine Vertretung der Genossenschaft übertragen, wo dieselbe Rechte gegen den Vorstand geltend zu machen hat, also durch diesen nicht vertreten

glieder die Prozesse zu führen, welche die Generalversammlung beschließt.[93])

---

werden kann. Die Prozeßführung gegen Mitglieder des Aufsichtsraths ist dem Vorgange des Handelsgesetzbuches in Artikel 226 und 195, Alinea 1 gemäß in die Hände der Generalversammlung gelegt." Die Bestimmungen des Handelsgesetzbuchs über die Prozesse der Aktionäre in der Aktiengesellschaft und der Kommanditisten in der Kommanditgesellschaft auf Aktien gegen die Mitglieder des Vorstandes, beziehungsweise gegen die persönlich haftenden Gesellschafter und gegen die Mitglieder des Aufsichtsrathes (Art. 226 und 194 und 195), weichen in mehreren Beziehungen erheblich von den Bestimmungen des §. 28 ab:

1. Der Aufsichtsrath in jenen Handelsgesellschaften kann, wenn es sich um seine „eigene Verantwortlichkeit handelt, ohne und selbst gegen die Beschlüsse der Generalversammlung" gegen die Mitglieder des Vorstandes oder gegen die persönlich haftenden Gesellschafter klagen (Art. 194 Absatz 3). — Es lag allerdings kein Bedürfniß vor, diese Bestimmung, welche namentlich für die Kommanditgesellschaft auf Aktien ihre Berechtigung hat, da in ihr der Aufsichtsrath ein nothwendiges Organ mit besonderer Verantwortlichkeit auch dem Publikum gegenüber ist (vgl. Art. 204 des Handelsgesetzbuchs und Motive zum preußischen Entwurf desselben bei Hahn a. a. O. S. 426), auch auf die Genossenschaft zu übertragen, deren Aufsichtsrath keineswegs dem jener Gesellschaft gleichartig ist.

2. Die Generalversammlung der Aktionäre und Kommanditisten ist ausdrücklich freigestellt, wenn sie sich bei Prozessen gegen die Vorstandsmitglieder und persönlich haftenden Gesellschafter nicht vom Aufsichtsrath vertreten lassen will, sich dazu Bevollmächtigte zu wählen (Art. 195). Da in dem §. 28 dieses Recht der Generalversammlung der Genossenschafter nicht ausdrücklich abgesprochen ist und der im Art. 194, vielleicht mit Bezug auf die im Art. 195 folgende Ausnahme gewählte und von Art. 194 in §. 28 übergegangene Ausdruck „ermächtigt" dem Aufsichtsrathe keineswegs ein ausschließliches Recht auf die Vertretung der Genossenschaft in jenen Prozessen zuspricht, so wird man annehmen müssen, daß die Genossenschaft ebenfalls das Recht hat, sich dazu besondere Bevollmächtigte außerhalb des Aufsichtsraths zu wählen, welche dann unter die Bevollmächtigten des §. 29 des Gesetzes fallen.

3. Der Art. 195 hat „gegen die möglichen Chikanen der persönlich haftenden Gesellschafter oder des Aufsichtsraths" (Hahn a. a. O. S. 419) ein Schutzmittel dadurch geschaffen, daß ausnahmsweise auf Antrag auch das Handelsgericht die Bevollmächtigten ernennen kann. Für eine so weitgehende Fürsorge wird bei Genossenschaften kaum ein Bedürfniß anzunehmen sein.

[93]) Hahn a. a. O. S. 417 macht zu derselben Bestimmung im Art. 194 zwei erwähnenswerthe Bemerkungen: „Prozesse, welche die Generalversammlung beschließt, sind nicht nur solche, in welchen die Kommanditisten als Kläger auftreten, sondern auch solche, in welchen sie die Rolle der Beklagten haben." — „Dasselbe, was von der Führung von Prozessen gilt, muß auch von der Stellung von Anträgen aller Art an das Gericht gelten."

Wenn die Genossenschaft gegen die Mitglieder des Aufsichtsrathes einen Prozeß zu führen hat, so wird sie durch Bevollmächtigte vertreten, welche in der Generalversammlung gewählt werden. Jeder Genossenschafter ist befugt, als Intervenient in den Prozeß auf seine Kosten einzutreten.[94])

§. 29.[95])

Der Betrieb von Geschäften der Genossenschaft, sowie die Vertretung der Genossenschaft in Beziehung auf diese Geschäftsführung kann auch sonstigen Bevollmächtigten oder Beamten der Genossenschaft zugewiesen werden.[96]) In diesem Falle bestimmt

---

[94]) Daß die Befugniß jedes Genossenschafters, auf seine Kosten zu interveniren, das Recht, vom Prozeßgegner Erstattung zu beanspruchen, nicht ausschließt, versteht sich von selbst, auch wenn es nicht von der Kommission zur Berathung des Handelsgesetz-Entwurfs ausdrücklich in den Protokollen angemerkt wäre. Daraus, daß der letzte Satz dieses Paragraphen nicht einen besonderen Absatz bildet, sondern dem zweiten Absatz angehängt ist, würde nach den üblichen Regeln der Auslegungskunst zu schließen sein, daß diese Befugniß nur für die Prozesse, welche im zweiten Absatz behandelt werden, gelten soll. Dafür würde ferner sprechen, daß übereinstimmend mit dem ersten Satz des zweiten Absatzes vom Eintritt „in den Prozeß" die Rede ist, während im ersten Absatz Prozesse — im Plural — erwähnt werden. Letzterer Auslegungsgrund fällt freilich fort, sobald man den Art. 194 ansieht, in welchem von drei Sätzen des §. 28 der erste und dritte unmittelbar mit einander verbunden sind. Da durch das ganze Gesetz hindurch Redaktionsfehler vorkommen, und irgend ein sachlicher Grund nicht zu finden ist, welcher die Beschränkung der Intervention nur auf die eine Art des Prozesses rechtfertigen könnte, so wird man die Befugniß der Intervention den Genossenschaftern auch bei den Prozessen gegen die Vorstandsmitglieder zugestehen müssen.

[95]) Dieser §. 29 ist aus dem Art. 234 des Handelsgesetzbuchs übernommen. Bereits in Anmerkung 66 zu §. 16, Seite 66 ist die dreifache Vertretung der Genossenschaft, welche neben dem Vorstande zulässig ist und der wesentliche Unterschied der drei Klassen von Bevollmächtigten besprochen, auch die Zulässigkeit der Prokura-Ertheilung nachgewiesen. — Im Handelsgesetzbuch steht der Art. 234 unmittelbar nach den Bestimmungen über den Vorstand (Art. 227 bis 233, entsprechend den §§. 16—22 des Gesetzes), so daß durch den Ausdruck „auch sonstigen Bevollmächtigten oder Beamten" diese Bevollmächtigten oder Beamten in Gegensatz zu den Vorstandsmitgliedern gestellt werden. Durch die Einfügung des §. 29 hinter die Bestimmungen über den Aufsichtsrath gewinnt es fast den Anschein, als ob die Mitglieder des Aufsichtsrathes oder die Bevollmächtigten des §. 28 diejenigen Personen wären, auf welche sich jene Worte beziehen sollen.

[96]) Die Fassung „kann zugewiesen werden" läßt die Deutung nicht zu, daß solches nur durch den Gesellschaftsvertrag geschehen könne. Der preußische Entwurf zum Handelsgesetzbuche sprach dies allerdings aus. In seiner jetzigen

sich die Befugniß derselben nach der ihnen ertheilten Vollmacht, sie erstreckt sich im Zweifel auf alle Rechtshandlungen, welche die Ausführung derartiger Geschäfte gewöhnlich mit sich bringt.[97])

Fassung sprechen der Art. 234 des Handelsgesetzbuchs und der §. 29 des vorliegenden Gesetzes aus, daß Vertreter einer Aktiengesellschaft und einer Genossenschaft mit beschränkter Vollmacht „sowohl durch statutarische Bestimmung, als auch durch Beschluß der Generalversammlung oder eines sonst kompetenten Organs der Gesellschaft resp. Genossenschaft bestellt werden können". (Vgl. Hahn a. a. O. Bd. I. S. 462.) Ein Gleiches ist mit den Prokuristen der Fall (vgl. Anmerkung 89 zu §. 27). Der Vorstand der Genossenschaft, als der nach Außen unbeschränkbare Vertreter derselben, kann Prokuristen ernennen, Handlungsbevollmächtigte oder einfache Bevollmächtigte annehmen, er kann Beamte anstellen mit Prokura oder Handlungsvollmacht oder einfacher Vollmacht. Sind ihm diese Handlungen durch Statut oder Beschluß der Generalversammlung verboten oder nur unter Zustimmung des Aufsichtsraths oder der Generalversammlung gestattet, so macht die Ueberschreitung seiner Befugnisse ihn verantwortlich, aber nicht jene Handlungen Dritten gegenüber ungültig.

Der Aufsichtsrath der Genossenschaft kann, falls seine Rechle nicht durch das Statut oder die Generalversammlung nach dieser Richtung hin erweitert sind, nur in dem Falle des §. 27 Absatz 2 eine gleiche Handlung rechtsgültig vornehmen.

Der Prokurist ist nach Art. 42 des Handelsgesetzes Handlungsgehülfen und Bevollmächtigte anzustellen und zu entlassen befugt. Selbstverständlich kann die Genossenschaft ihren Prokuristen auch in dieser Hinsicht, zwar nicht nach Außen, Dritten gegenüber, aber doch in Ansehung des zwischen ihr und ihm bestehenden Rechtsverhältnisses beschränken, so daß der Prokurist bei Ueberschreitung dieser Beschränkung schadensersatzpflichtig wird. (Art. 43.) Einen Prokuristen kann der Prokurist nicht anstellen. (Art. 53.)

Der Handlungsbevollmächtigte einer Genossenschaft, also auch der Beamte, welcher nicht Prokurist ist, kann ohne Einwilligung des Vorstandes oder der Generalversammlung keine Vollmacht ertheilen. (Art. 53.)

Der Widerruf der Prokura und Vollmacht ist jeder Zeit unbeschadet der Rechte aus den bestehenden Dienstverträgen gestattet. (Art. 54.) Wer aber zu widerrufen berechtigt ist, bedarf keiner Darlegung. Daß im Gegensatz zu dem Handelsgesetzbuche der Aufsichtsrath der Genossenschaft zeitweilig dazu berechtigt ist, ergiebt der §. 27 Absatz 2.

In Ansehung der Form, in welcher die Prokuristen und Bevollmächtigten bestellt werden, vgl. Art. 41, 47 und Art. 347 des Handelsgesetzbuchs, und Hahn a. a. O. Bd. I. S. 120 und Bd. II. S. 141, Anschütz und Völderndorf a. a. O. zu jenen Artikeln, namentlich S. 316 und S. 351 ff. Genossenschaften oder deren Organe werden sich in der Regel behufs möglichster Klarstellung der Rechtsverhältnisse in Betreff aller Bevollmächtigten oder Beamten der schriftlichen Vollmachtsertheilung bedienen.

[97]) Wie wir in der Anmerkung 66 zu §. 16 S. 71 bereits dargethan haben, ist Genossenschaften, welche neben den Vorstandsmitgliedern noch einen

§. 30.[98])

Die Generalversammlung der Genossenschafter wird durch den Vorstand berufen, soweit nicht nach dem Gesellschaftsvertrage auch andere Personen dazu befugt sind.[99])

Eine Generalversammlung der Genossenschafter ist außer den im Gesellschaftsvertrage ausdrücklich bestimmten Fällen zu berufen, wenn dies im Interesse der Genossenschaft erforderlich erscheint.

Prokuristen bestellen, dringend zu empfehlen, demselben nur Kollektivprokura mit einem Vorstandsmitgliede zu ertheilen. Bei Anstellung von Handlungsbevollmächtigten, die ja nach Art. 48 ebenfalls für die Genossenschaft zeichnen, ist die Vollmacht darauf zu beschränken, daß sie nur gemeinschaftlich mit einem Vorstandsmitgliede zeichnen dürfen. Da sie zur Aufnahme von Darlehnen nnd zum Eingehen von Wechselverbindlichkeiten einer speziellen Vollmacht bedürfen, ist diese Beschränkung nach außen wirksam, auch ohne daß sie bekannt gemacht wird.

Wie Prokuristen und Handlungsbevollmächtigte zu zeichnen haben, schreiben Art. 44 und 48 des Handelsgesetzbuchs vor. Hat der Prokurist mit einem Vorstandsmitgliede Kollektivprokura, so wird die Zeichnung z. B. lauten:

Volksbank zu Insterburg. Eingetragene Genossenschaft.
Guttmann. p. p. B. Fischer.

Ist B. Fischer nur Handlungsbevollmächtigter, so darf er nicht „p. p.", das ist: „per procura" seinem Namen beifügen, sondern er hat sich eines das Vollmachtsverhältniß ausdrückenden Zusatzes zu bedienen, also z. B.:

Volksbank zu Insterburg. Eingetragene Genossenschaft.
Guttmann. In Vertretung:
B. Fischer.

[98]) Zu den §§. 30 bis 32 besagen die Motive des Ministerial-Entwurfs: „Die Bestimmungen über die Berufung der Generalversammlung, ihre Befugnisse und Beschlüsse sind hauptsächlich in dem Gesellschafts-Vertrage zu treffen. Es sind deshalb in den §§. 30 und 31 nur allgemeine Normen über die Zusammenberufung der Generalversammlung, die Vorbereitung und den Gegenstand ihrer Beschlüsse aufgestellt, welche einer näheren Motivirung nicht bedürfen; es ist dann im §. 32 die Verpflichtung des Vorstandes zur Ausführung des Gesellschaftsvertrages und der Beschlüsse der Generalversammlung ausgesprochen."

[99]) Der erste Absatz des §. 30 stimmt mit den Artikeln 187 und 236, der zweite mit dem jedesmaligen ersten Absatze der Artikel 188 und 237 des Handelsgesetzbuchs überein. Zu den anderen Personen, welche nach dem Gesellschaftsvertrage auch zur Berufung der Generalversammlung der Genossenschafter befugt sein können, gehört nach §. 27 des Gesetzes jedesmal der Aufsichtsrath. Wo ein Aufsichtsrath durch den Gesellschaftsvertrag eingesetzt ist, hat er jene Befugniß, auch wenn letztere in demselben nicht besonders ausgesprochen ist.

Die Generalversammlung muß sofort berufen werden, wenn mindestens der zehnte Theil der Mitglieder der Genossenschaft in einer von ihnen zu unterzeichnenden Eingabe an den Vorstand unter Anführung des Zweckes und der Gründe darauf anträgt. Ist in dem Genossenschaftsvertrage das Recht der Berufung einer Generalversammlung einem größeren oder geringeren Theile der Genossenschaftsglieder beigelegt, so hat es hierbei sein Bewenden.[100])

---

[100]) Der letzte Absatz fehlte im Ministerial-Entwurf und ist im Herrenhause auf Antrag der Kommission desselben hinzugefügt. Es wurde laut Berichts (Nr. 132 der Drucksachen S. 11) in der Kommission für den betreffenden Vorschlag „angeführt, daß das Deutsche Handelsgesetzbuch bei den Aktien-Gesellschaften, wie bei den Kommandit-Aktiengesellschaften im Artikel 108 und 237 analoge Bestimmungen getroffen hat, daß die Vorschrifteu des Handelsgesetzbuches über Aktiengesellschaften dem Entwurfe des Genossenschaftsgesetzes überhaupt als Norm gedient haben, daß aber das Bedürfniß einer entsprechenden gesetzlichen Bestimmung bei den Genossenschaften noch mehr hervortrete, als bei den Aktiengesellschaften. Solle die Solidarhaft der Mitglieder eine Bürgschaft für das Unternehmen werden, so müsse man dem Einzelnen auch Mittel geben, auf den Gang der Geschäfte irgendwie einzuwirken." Sachlich läßt sich gegen die Uebertragung der in dem zweiten Absatz der Art. 188 und 237 des Handelsgesetzbuchs enthaltenen Bestimmungen auf die Genossenschaft durchaus nichts erinnern; im Gegentheil würden wir sie für eine wirkliche Verbesserung des Gesetzes halten. Leider beschränkte sich die Arbeit der Uebertragung nicht auf Abänderung des Nothwendigen, sondern es haben durch absichtliche und vielleicht unabsichtliche Zusätze und Streichungen, wahrscheinlich auch durch Schreibfehler, diejenigen Sätze, welche den betreffenden Bestimmungen des Handelsgesetzbuchs analog sein sollen, eine so merkwürdige Gestalt bekommen, daß man sie nicht bloß für Juristen, sondern für Jedermann als Beispiel, wie Gesetze nicht gemacht werden sollen, hinstellen kann. Wenn man, wie man es anscheinend beabsichtigte, die Bestimmungen des Handelsgesetzbuchs nur mit den unbedingt nothwendigen Abänderungen in das Gesetz übertragen wollte, so müßte der Zusatz etwa dahin lauten:

„Die Generalversammlung muß auch dann berufen werden, wenn dies vom zehnten Theile der Genossenschafter in einer von ihnen unterzeichneten Eingabe unter Angabe des Zwecks und der Gründe verlangt wird. Ist in dem Gesellschaftsvertrage das Recht, die Berufung einer Generalversammlung zu verlangen, einem größeren oder einem geringeren Theile der Genossenschafter beigelegt, so hat es hierbei sein Bewenden."

Das Merkwürdige ist nun, daß der Antrag, wie er in der Kommission gestellt und laut des Berichtes (Drucksachen Nr. 132 Seite 11) daselbst angenommen wurde, wenn er auch nicht ganz korrekt und der sonstigen Sprache des Gesetzes völlig angemessen war, so doch mehrere unangenehme Abweichungen

§. 31.

Die Berufung der Generalversammlung hat in der durch den Gesellschaftsvertrag bestimmten Weise zu erfolgen.

Der Zweck der Generalversammlung muß jederzeit bei der Berufung bekannt gemacht werden. Ueber Gegenstände, deren Verhandlung nicht in dieser Weise angekündigt ist, können Beschlüsse nicht gefaßt werden; hiervon ist jedoch der Beschluß über den in einer Generalversammlung gestellten Antrag auf Berufung einer außerordentlichen Generalversammlung ausgenommen.

---

nicht enthält, welche sich in dem jetzigen Texte finden. Und doch ist im Herrenhause angeblich der Kommissionsantrag angenommen! Das Räthsel löst sich auf, wenn man mit dem eigentlichen Berichte die „Zusammenstellung der Beschlüsse des Hauses der Abgeordneten mit den Vorschlägen der Fünfzehnten Kommission des Herrenhauses" vergleicht, welche, dem Brauche unserer parlamentarischen Körperschaften entsprechend, als nicht unterschriebene Anlage dem von den Kommissionsmitgliedern unterzeichneten Berichte angedruckt ist. In dieser möglicherweise vom Referenten, Prof. Dernburg selbst, wahrscheinlich aber von einem von ihm beauftragten Abschreiber gefertigten Zusammenstellung sind nun eine Anzahl Verbalhornisirungen des Antrages enthalten, welche dadurch, daß der Präsident des Herrenhauses bei der Abstimmung den Antrag nicht nach dem authentischen Wortlaut jedes Berichts, sondern nach dem in der Zusammenstellung zur Abstimmung brachte und keiner der Herrenhaus-Mitglieder oder der Vertreter der Staatsregierung auf die Verschiedenheiten aufmerksam machte, auch in das Gesetz hineingelangt sind. Um möglichst zu hindern, daß die Absonderlichkeiten der Fassung zu künstlichen Interpretationen Anlaß geben, werden wir den Absatz ganz speziell prüfen müssen:

a. „Mitglieder der Genossenschaft" statt „Genossenschafter" steht schon im Kommissionsantrage. (Vgl. Anmerkung 87.)

b. Aus „in einer von ihnen unterzeichneten Eingabe" hat der Zusammensteller „zu unterzeichnenden Eingabe" gemacht, was also nicht dahin zu deuten ist, als ob die Unterzeichnung erst später stattzufinden habe.

c. Die Bestimmung, daß die Eingabe „an den Vorstand" zu richten ist, enthält schon der Kommissionsantrag. Die entsprechenden Artikel des Handelsgesetzbuchs haben mit Rücksicht auf den ersten Absatz, wonach „auch andere Personen" die Generalversammlung berufen können, keine Bestimmung darüber, bei wem der Antrag zu stellen ist. Ein derartiger Antrag, welcher in der Regel die Absicht, über die Geschäftsleitung Beschwerde zu führen, voraussetzt, gehört naturgemäß vor diese andern Personen, namentlich vor den Aufsichtsrath, wo ein solcher existirt. Daß er gerade bei Genossenschaften nur vor den Vorstand zugelassen wird, ist durchaus nicht zu billigen.

d. „Anführung" statt „Angabe" ist eine gleichgültige stylistische Verschönerung des Abschreibers.

e. Der letzte Satz des Kommissionsantrages war, abgesehen von den bloß gegen den Sprachgebrauch des Gesetzes verstoßenden Ausdrücken „Ge-

Zur Stellung von Anträgen und zu Verhandlungen ohne Beschlußfassung bedarf es der Ankündigung nicht.[101])

§. 32.

Der Vorstand ist zur Beobachtung und Ausführung aller Bestimmungen des Gesellschaftsvertrages und der in Gemäßheit derselben von der Generalversammlnng gültig gefaßten Beschlüsse verpflichtet und dafür der Genossenschaft verantwortlich.[102])

---

nossenschaftsvertrag" statt „Gesellschaftsvertrag" und „Genossenschaftsmitglieder" statt „Genossenschafter", vollkommen korrekt. Durch den gesetzgebenden Abschreiber hat er eine den beabsichtigten Sinn entstellende Gestalt bekommen. Daß aus den Genossenschaftsmitgliedern „Genossenschaftsglieder" geworden sind, möchte noch durchgehn. Denn obschon der Ausdruck „Glied" statt „Mitglied" einer Gesellschaft kaum jemals vorkommen wird, würde es doch nicht möglich sein, im vorliegenden Falle darunter etwas anderes als Genossenschafter zu verstehen. Aber der Abschreiber änderte ferner die Worte: „das Recht, die Berufung einer Generalversammlung zu verlangen", schlankweg ab in: „das Recht der Berufung einer Generalversammlung". Da nun nach dem ersten Absatze des §. 30 das Recht, die Generalversammlung zu berufen, nach dem Gesellschaftsvertrage „auch anderen Personen" zustehen kann, so würde der letzte Satz nach dem Wortlaute dahin zu deuten sein: daß es gestattet ist, im Gesellschaftsvertrage das in der Regel dem Vorstande zustehende Recht der Berufung der Generalversammlung auch einem Bruchtheile der Genossenschafter zu übertragen. Dahingegen würde eine Bestimmung des Gesellschaftsvertrages, wonach der Vorstand verpflichtet sein soll, dem Antrage von weniger als einem Zehntel der Genossenschafter auf Berufung der Generalversammlung stattzugeben, nach §. 8 dieses Gesetzes nicht zulässig sein. Das wäre die Deutung nach dem Wortlaut. Wir hoffen indeß, daß die Entstehungsgeschichte dieser Bestimmung die Gerichte vorkommenden Falls veranlassen wird, derselben trotz des Wortlautes diejenige Deutung zu geben, welche der angeblich angenommene Antrag der Herrenhaus-Kommission vor seiner Verstümmelung durch den Abschreiber hatte.

[101]) Die Beschlüsse, welche eine gehörig, d. h. in der durch den Gesellschaftsvertrag bestimmten Weise (vgl. §. 3 Nr. 8), berufene Generalversammlung faßt, sind bindend für alle Genossenschafter, insbesondere auch für den Vorstand und Aufsichtsrath, sofern

1) der Gegenstand der Berathung und Beschlußfassung im Voraus bei der Berufung „angekündigt", also öffentlich bekannt gemacht ist,
2) die Beschlußfassung über diesen Gegenstand nicht durch den Gesellschaftsvertrag der Generalversammlung ausdrücklich entzogen ist, in welchem Falle die betreffende Bestimmung des Gesellschaftsvertrages zuvor abgeändert werden müßte.

Der §. 31 stimmt buchstäblich mit den Artikeln 238 und 189 des Handelsgesetzbuchs überein.

[102]) Der erste Absatz des §. 32, im Wesentlichen dem ersten Entwurfe Schulze's entlehnt, ist nach Aufnahme des §. 20 des Gesetzes eigentlich über-

Die Beschlüsse der Generalversammlung sind in ein Protokollbuch einzutragen, dessen Einsicht jedem Genossenschafter und der Staatsbehörde gestattet werden muß.[103])

Abschnitt IV.

Von der Auflösung der Genossenschaft und dem Ausscheiden einzelner Genossenschafter.

§. 33.[104])

Die Genossenschaft wird aufgelöst:

1) durch Ablauf der im Gesellschaftsvertrage bestimmten Zeit;

2) durch einen Beschluß der Genossenschaft;

---

flüssig geworden. Er bestätigt, daß die Generalversammlung dem Vorstande gegenüber nur durch den Gesellschaftsvertrag beschränkt ist. Der Vorstand muß ihr gehorchen. Meint er, ein Beschluß der Generalversammlung sei gegen den Gesellschaftsvertrag und befolgt ihn deshalb nicht, so ist zweierlei möglich. Entweder die Generalversammlung erkennt dies an und nimmt den Beschluß zurück oder ändert die entgegenstehenden Bestimmungen des Gesellschaftsvertrages. Oder aber sie erkennt es nicht an und setzt den Vorstand nach §. 16 des Gesetzes ab. Gegen die Absetzung kann der Vorstand niemals etwas einwenden; wäre kein genügender Grund zur Absetzung vorhanden, so kann dies nur ein Recht auf Entschädigung begründen.

[103]) Der Ministerialentwurf sagt darüber in den Motiven (S. 30): „Da die Staatsregierung die Generalversammlungen nicht unter ihre Kontrole gesetzt hat, so ist es erforderlich, ihr die Mittel zur Erlangung der Ueberzeugung zu gewähren, daß die Generalversammlungen nicht zu Verhandlungen benutzt werden, welche außerhalb des Zweckes der Genossenschaft liegen. Deshalb ist die Führung eines Protokollbuches über die Beschlüsse und Gestattung der Einsicht desselben durch die Staatsbehörde im letzten Satz des §. 32 vorgeschrieben."

Die Kommission des Abgeordnetenhauses strich die Worte: „und der Staatsbehörde" anfänglich gänzlich. Später wurde aber von ihr „in Konsequenz" der zu §. 26 gemachten Konzession die Wiederaufnahme jener Worte zugestanden. Unter Staatsbehörde ist hier nicht das Handelsgericht, sondern die Polizei (vgl. Anmerkung 85 zu §. 26) durch alle Instanzen hindurch verstanden.

[104]) Die Kommission des Abgeordnetenhauses hatte in Gemäßheit der früheren Entwürfe noch einen vierten Auflösungsgrund hinzugefügt:

3) durch Eröffnung des Konkurses (Falliments).[105])

§. 34.

Wenn eine Genossenschaft sich gesetzwidriger Handlungen oder Unterlassungen schuldig macht, durch welche das Gemeinwohl ge-

---

4) durch einen mit Gründen zu versehenden Beschluß des Handelsgerichts auf Antrag eines Mitgliedes der Genossenschaft nach fruchtlos vollstreckter Exekution in das Vermögen derselben."

Zur Motivirung war gesagt worden (Bericht S. 18): Die Aufnahme dieses Grundes sei zum Schutze der Genossenschafter für billig erachtet. Diese seien vermöge der Solidarhaft auf das Dringendste dabei betheiligt, daß die Genossenschaft nicht zu Lasten der Mitglieder das Geschäft fortsetze, sobald eine gedeihliche Wirksamkeit nicht mehr wahrscheinlich sei. Zwar sei es dem Vorstande zur Pflicht gemacht, im Falle der Zahlungseinstellung den Konkurs eröffnen zu lassen, indessen könne das Schicksal der Mitglieder nicht davon abhängig gemacht werden, ob der Vorstand seine Pflicht thue. Das Mittel der Konkurseröffnung würde übrigens beim guten Willen des Vorstandes dennoch nicht anwendbar sein, wenn nicht eine flüssige Summe vorhanden sei, welche zur Herbeiführung des Konkursverfahrens ausreiche (§. 306 der Konkursordnung vom 8. Mai 1855), und dieser Fall verdiene um so mehr Beachtung, als die fruchtlose Exekution den Mangel an liquid zu machenden Mitteln in sich schließe u. s. w.

Als später das mehrerwähnte Kompromiß mit der Staatsregierung geschlossen wurde, ließ die Kommission den Zusatz, dem sie eine weittragende Bedeutung nicht beilegte, wieder fallen. „Der Vertreter des Justizministeriums legte dieser Bestimmung" — heißt es in dem Nachtragsbericht (Nr. 104 der Drucksachen) „eine prinzipielle Wichtigkeit bei und sprach sich sehr entschieden gegen dieselbe aus, weil sie das Interesse der anderen Genossenschafter beeinträchtige." — Man vergleiche Art. 242 des Handelsgesetzbuchs und die Anmerkung dazu in von Hahn a. a. O. Bd. I. S. 472; Hahn nimmt an, daß trotzdem der Artikel 242 dem Aktionär nicht das Recht zuspreche, die Auflösung der Gesellschaft aus wichtigen Gründen bei dem Richter zu beantragen, die Lage des Aktionärs der des offenen Gesellschafters so entsprechend sein könne, daß eine analoge Anwendung des Artikel 125 des Handelsgesetzbuchs auf Aktiengesellschaften anerkannt werden müsse. — Wir meinen zwar, daß diese analoge Anwendung unzulässig ist (vgl. auch Endemann a. a. O. §. 65 S. 336 Anmerkung 12); allein für die Genossenschafter, welche in Betreff der Haftpflicht den offenen Gesellschaftern fast gleich stehe, war der durch den Kommissionsantrag gebotene Schutz dem Gesellschaftsrecht des Handelsgesetzbuchs durchaus entsprechend.

[105]) Die Beifügung des Wortes „Falliment" hier und in den §§. 47 und 50 soll für dieses Gesetz den Artikel 17 des Einführungsgesetzes zum Allgemeinen Deutschen Handelsgesetzbuche ersetzen, welcher lautet: „Wo das Handelsgesetzbuch von dem Konkurse spricht, ist darunter auch das Falliment des Rheinischen Handelsgesetzbuchs zu verstehen." Das Falliment ist aber in diesem den Konkurs nicht kennenden Gesetzbuche das dem kaufmännischen Konkurse gleichende Debitverfahren gegen Kaufleute.

fährdet wird, oder wenn sie andere, als die im gegenwärtigen Gesetze (§. 1.) bezeichneten geschäftlichen Zwecke verfolgt, so kann sie aufgelöst werden, ohne daß deshalb ein Anspruch auf Entschädigung stattfindet.[106])

---

[106]) Die Aufnahme dieses §. 34 in das Gesetz ist die letzte und erheblichste Konzession, welche die Kommission des Abgeordnetenhauses der Staatsregierung insofern gemacht hat, als sie die Bestimmung desselben nicht für nützlich, sondern für schädlich erachtete und dennoch dem Abgeordnetenhause deren Annahme empfahl. (Vergl. Anmerkung 85 zu §. 26, Anmerkung 103 zu §. 32 und Anmerkung 104 zu §. 33). Der §. 34 stimmt mit dem §. 5 Artikel 12 des Preußischen Einführungsgesetzes zum Deutschen Handelsgesetzbuche vom 24. Juni 1861, welcher Gleiches für die Aktiengesellschaften anordnet, überein, jedoch mit dem Unterschiede, daß nur die das Gemeinwohl gefährdenden Handlungen und Unterlassungen, nicht auch die Verfolgung anderer Zwecke eine Auflösung der Aktiengesellschaft ohne Entschädigung zur Folge haben kann. Die Preußische Regierung hatte eine ähnliche Bestimmung zur Aufnahme in das Deutsche Handelsgesetzbuch selbst in ihrem Entwurfe vorgeschlagen, nur sollte an Stelle der Gefährdung des Gemeinwohls der grobe Mißbrauch ihres Rechts zur Auflösung der Aktiengesellschaft durch richterliches Urtel führen. Die Kommission zum Entwurf des Handelsgesetzbuchs überließ dies aber den Landesgesetzgebungen und ordnete im letzten Absatz des Art. 242 des Handelsgesetzbuchs nur an, daß der über die Auflösung der Aktiengesellschaften handelnde Vierte Abschnitt des dritten Titels auf Fälle der Auflösung oder Konzessionszurücknahme nach dem in den einzelnen Staaten geltenden Recht, ebenfalls Anwendung finde. (Vergl. Makower a. a. O. S. 148 Anmerkung 3 und 4, und namentlich Koch a. a. O. Anmerkung 36 und 37, S. 51—53, und Anmerkung 134 S. 262.)

Die eingetragene Genossenschaft ist weit schlechter gestellt, als die Aktiengesellschaft, insofern die Auflösung auch ausgesprochen werden kann, sobald eine Genossenschaft andere als die im §. 1 bezeichneten geschäftlichen Zwecke verfolgt. Der ursprüngliche Entwurf des Ministeriums hatte statt dessen gar „wenn sie andere als die im Gesellschaftsstatut bezeichneten Zwecke verfolgt" und motivirte den §. 34 einfach durch die exorbitante Behauptung, daß eine Genossenschaft, welche sich jener das Gemeinwohl gefährdenden rechtswidrigen Handlungen oder Unterlassungen schuldig macht, oder „die im Statut ihr gesetzten Grenzen durch Verfolgung anderer Zwecke überschreite, keinen Anspruch auf Fortdauer machen könne." Also eine handelsrechtliche Persönlichkeit muß vernichtet werden, sobald sie nach der Meinung des Gerichts dem Zwecke, den sie in einer schriftlichen Urkunde ankündigte, zuwiderhandelt, ohne diese Urkunde zuvor abzuändern!

Durch den §. 34, auch in seiner jetzigen Gestalt, ist das Gedeihen der einzelnen eingetragenen Genossenschaft so ziemlich von dem Belieben der Bezirks-Regierung abhängig gemacht. Denn schon durch einen Antrag auf Auflösung würden die meisten Genossenschaften, namentlich wol jede Volksbank, aufs Tiefste erschüttert werden.

Die Auflösung kann in diesem Falle nur durch gerichtliches Erkenntniß auf Betreiben der Bezirksregierung erfolgen. Als das zuständige Gericht ist dasjenige anzusehen, bei welchem die Genossenschaft ihren ordentlichen Gerichtsstand hat.[107])

Das Erkenntniß ist von dem zuständigen Gerichte demjenigen Gerichte, welches das Genossenschaftsregister führt, zur Eintragung und Veröffentlichung nach §. 36. mitzutheilen.

§. 35.

Die Auflösung der Genossenschaft muß, wenn sie nicht eine Folge des eröffneten Konkurses ist, durch den Vorstand zur Eintragung in das Genossenschaftsregister angemeldet werden; sie muß zu drei verschiedenen Malen durch die für die Bekanntmachungen der Genossenschaft bestimmten Blätter bekannt gemacht werden.[108])

Hervorzuheben ist, daß die Genossenschaft selbst sich gesetzwidrig verhalten haben muß, wenn die Auflösung begründet sein soll. Handlungen oder Unterlassungen des Vorstandes oder Aufsichtsrathes haben nicht diese Folge, sonst hätte dies ausdrücklich ausgesprochen werden müssen. Wenn es „keine dehnbareren Begriffe giebt", als „die überwiegenden Gründe des Gemeinwohls", wie seiner Zeit die Kommission zum Entwurf des Handelsgesetzbuchs anerkannte (Hahn a. a. O. S. 473 §. 8), so ist doch der Begriff „Gefährdung des Gemeinwohls" genau ebenso dehnbar. Sobald also die Genossenschaft sich einer gesetzwidrigen Handlung oder Unterlassung schuldig macht, so schwebt sofort das Damoklesschwert über ihrem Haupte. Ueber den Ausdruck „über andere als die im gegenwärtigen Gesetze (§. 1) bezeichneten geschäftlichen Zwecke" vgl. Anmerkung 85 zu §. 26.

[107]) Das Verfahren ist ein ordentlicher Prozeß, welchen die Bezirksregierung gegen die Genossenschaft anstellt. Der von Koch a. a. O. Anmerkung 37 Seite 53 für die Aktiengesellschaft bei gleicher Sachlage für möglich erachtete Fall, daß die Gesellschaft „zufällig auch einmal die Rolle des Klägers übernähme", erscheint uns, für die Genossenschaft wenigstens, bei gegenwärtiger Lage der Gesetzgebung undenkbar.

Wenn die Bezirksregierung eine Klage auf Auflösung gegen die Genossenschaft auf Grund des §. 34 anstellt, so kann die Klage im Gebiete der allgemeinen Gerichtsordnung wegen mangelnder Begründung ebenso zurückgewiesen werden, wie jede andere Zivilklage. Darin liegt allerdings ein erheblicher Schutz, welcher da fortfällt, wo der Prozeßordnung die Zurückweisung der Klage per decretum unbekannt ist.

[108]) Der Ministerial-Entwurf sagt über diesen §. 35 in den Motiven: „Erfolgt die Auflösung durch den Willen der Genossenschaft oder durch Erkenntniß, so erfordert das Interesse der Gläubiger, daß diese davon Kenntniß erhalten, um ihre Rechte wahrzunehmen. Es ist deshalb für diesen Fall eben so wie im Artikel 243 des Handelsgesetzbuches bei der Auflösung der Aktien-

Durch die Bekanntmachung müssen die Gläubiger zugleich aufgefordert werden, sich bei dem Vorstande der Genossenschaft zu melden.[109])

§. 36.

Die Konkurseröffnung ist vom Konkursgerichte von Amtswegen in das Genossenschaftsregister einzutragen. Die Bekanntmachung der Eintragung durch eine Anzeige in den im §. 4 Nr. 6 bestimmten Blättern unterbleibt.[110]) Wenn das Genossen-

---

gesellschaften nicht allein die Eintragung der Auflösung der Genossenschaft in das Genossenschaftsregister, sondern auch öffentliche Bekanntmachung und Aufforderung der Gläubiger zur Geltendmachung ihrer Ansprüche vorgeschrieben." Außer dem Artikel 243 sind auch Artikel 129, Artikel 171 und Artikel 201 des Handelsgesetzbuchs zu vergleichen. Bei der Auflösung durch Konkurseröffnung kann natürlich die Eintragung in das Handelsregister nicht durch den Vorstand, als Vertreter des Konkursschuldners, angemeldet werden. (Vergl. Hahn a. a. O. S. 327 und 475.)

Im Fall des §. 35 findet eine doppelte Bekanntmachung statt; außer der hier vorgeschriebenen dreimaligen Bekanntmachung der Auflösung noch die im §. 6 vorgeschriebene Bekanntmachung der über die Auflösung im Handelsregister erfolgten Eintragung. Die erstere ist zur Sicherung der Gläubiger nothwendig und kann in ganz andern Blättern erfolgen, als die letztere.

109) Die Uebertragung der Bestimmung des zweiten Absatzes des Artikels 243 des Handelsgesetzbuchs ist hier nicht ohne Aenderungen erfolgt. Jener lautet:

„Durch diese Bekanntmachung müssen zugleich die Gläubiger aufgefordert werden, sich bei der Gesellschaft zu melden."

Die Meldung muß im Fall des Artikels 243 ohne Zweifel bei den Liquidatoren erfolgen, als Vertretern der Aktiengesellschaft, denen auch alle Zustellungen zu machen sind (Artikel 224 und Artikel 144 des Handelsgesetzbuchs), und zu Liquidatoren können nach Artikel 244 durch den Gesellschaftsvertrag oder durch den Beschluß der Aktionäre auch andere Personen als der Vorstand bestellt werden. Da nun letztere Bestimmung nach §. 39 auch für die Genossenschaft eingeführt ist, so ist ganz unbegreiflich, weshalb die Genossenschaftsgläubiger aufgefordert werden sollen, sich nicht bei der Genossenschaft, d. h. bei den Liquidatoren, sondern bei dem Vorstande der Genossenschaft zu melden. Da die Abweichung in den Motiven nicht erwähnt ist, wird man sie wol zu jenen mehrfach vorgekommenen, unangenehmen Redaktionsfehlern aus Flüchtigkeit rechnen müssen, von denen es bedauerlich ist, daß die Kommissionen des Abgeordnetenhauses und des Herrenhauses sie unverändert bestehen ließen.

110) Die Motive des Ministerialentwurfs besagen (Seite 31 a. a. O.) über §. 36:

„Bei der Auflösung der Genossenschaft durch Konkurseröffnung wird die Konvokation der Gläubiger durch das Konkursgericht bewirkt; es bedarf deshalb in diesem Falle nur der Eintragung der Auflösung in das Genossenschaftsregister."

schaftsregister nicht bei dem Konkursgerichte geführt wird, so ist die Konkurseröffnung von Seiten des Konkursgerichtes dem Han=

Der §. 36 ist eine Nachbildung des Artikels 13 des Einführungsgesetzes zum Allgemeinen Deutschen Handelsgesetzbuche vom 24. Juni 1861, die aber in den ersten beiden Sätzen zwei wenig glückliche Abweichungen enthält. Der Antrag Schulze's hatte die von der Kommission des Abgeordnetenhauses von 1863 auf Vorschlag des Herausgebers angenommene Fassung, welche an jenem Artikel 13 nur die Worte Handelsgesellschaft und Handelsregister in Genossenschaft und Genossenschaftsregister verwandelt hatte:

„Wird über eine Genossenschaft der Konkurs eröffnet, so ist dies von Amtswegen in das Genossenschaftsregister einzutragen.

Die Bekanntmachung der Eintragung durch eine Anzeige in öffentlichen Blättern unterbleibt."

Der Ministerialentwurf änderte in Gemäßheit seiner übrigen Bestimmungen Zweierlei.

a) Er fügte hinzu, daß die Konkurseröffnung vom Konkursgerichte „dem Oberpräsidenten anzuzeigen", da diesem ja die Anerkennung der Genossenschaft übertragen werden sollte.

b) Statt „in öffentlichen Blättern" setzte er „im Amtsblatt", weil er in einem besonderen §. 55 unter den Schlußbestimmungen vorgeschrieben hatte, daß alle Bekanntmachungen, sowohl die von Seiten des Vorstandes oder sonstiger Organe der Genossenschaft als die nach Inhalt des Gesetzes vom Handelsgericht zu erlassenden, durch das Amtsblatt der Bezirksregierung erfolgen sollten.

Die Kommission des Abgeordnetenhauses mußte in Konsequenz ihrer übrigen Beschlüsse beide Aenderungen wieder streichen. Statt nun aber den Text des Schulze'schen Antrages, den der Ministerialentwurf im letzten Satze des §. 36 unverändert gelassen hatte, einfach in den beiden ersten Sätzen wiederherzustellen, nahm sie auf die Fassung jenes Antrages keine Rücksicht.

Zu a. Bei der Fortstreichung der Anzeige an den Oberpräsidenten ließ sie die Worte „Vom Konkursgerichte" stehen. Diese Worte waren jedenfalls überflüssig und könnten überdies zu der falschen Auffassung Anlaß geben, als ob der Konkursrichter, der Kommissarius des Konkurses, und von den Konkursakten aus die Eintragung in das Genossenschaftsregister vornehmen solle, eine Auffassung, die freilich im §. 15 der Ministerialinstruktion vom 2. Mai 1867 (vgl. unten) durch die Anordnung eines von den Konkursakten zu den Akten über das Genossenschaftsregister zu machenden Anzeige beseitigt wird.

Zu b. beging die Kommission ein erheblicheres Versehen, indem sie für „im Amtsblatt" statt „in öffentlichen Blättern" herzustellen, „in den §. 4 Nr. 6 bestimmten Blättern" setzte. Ursprünglich stand statt „im §. 4 Nr. 6" in der den Berichten beigefügten Zusammenstellung „im §. 4—6" und man hätte annehmen können, daß mit diesem, wenn auch nicht eben geschickten Ausdrucke diejenigen Blätter gemeint seien, in welchen das Handelsgericht die Eintragungen gemäß §. 4 und §. 6 des Gesetzes veröffentlicht. Allein da in dem Hauptbericht selbst (Drucksachen Nr. 55 S. 19) deutlich und klar gesagt ist:

delsgerichte, bei welchem das Register geführt wird, zur Bewirkung der Eintragung unverzüglich anzuzeigen.

„Das Amtsblatt ist durch die im Vertrage bezeichneten Blätter ersetzt",

so hatte der Berichterstatter Lasker ganz Recht, wenn er bei der Berathung im Plenum erklärte: daß ein Druckfehler vorläge und es §. 4 Nr. 6 heißen müsse. Wo der Irrthum auch stecken mag, ob in den Motiven zum Bericht und dieser Bemerkung des Berichterstatters oder bei dem Beschlusse der Kommission, jedenfalls ist nun etwas ganz anderes in den §. 36 hineinkorrigirt als beabsichtigt wurde. Denn Eintragungen werden niemals in den im § 4 Nr. 6 bestimmten Blättern bekannt gemacht, der Zusatz war also überflüssig. Was nun aber Rechtens ist, erscheint höchst zweifelhaft. Man vergleiche nur §§. 35 und 36 des Gesetzes mit den entsprechenden Artikeln 243 des Handelsgesetzbuchs und Artikel 13 des Einführungsgesetzes zum Handelsgesetzbuche. Lägen diese Bestimmungen gar nicht vor, so wäre nach Artikel 12—14 des Handelsgesetzbuchs und §. 4 des Genossenschaftsgesetzes die Auflösung einer Aktiengesellschaft und einer Genossenschaft in allen Fällen zur Eintragnng in das Handelsregister anzumelden und müßte der Handelsrichter die Eintragung der Auflösung in den im Artikel 14 des Handelsgesetzbuchs (vgl. oben Anmerkung 35 Seite 29) bezeichneten Blättern bekannt machen. Das Handelsgesetzbuch in Verbindung mit dem Einführungsgesetz stellen nun zwei Abweichungen für die Aktiengesellschaft fest:

1) Bei Auflösung der Aktiengesellschaft außer dem Falle des Konkurses muß neben jener Bekanntmachung der im Handelsregister stattgefundenen Eintragung durch die Blätter des Artikels 14 des Handelsgesetzbuchs noch eine dreimalige Bekanntmachung — nicht der Eintragung, sondern der Auflösung und nicht in den Blättern des Artikels 14, sondern in den durch den Gesellschaftsvertrag festgestellten und nach Artikel 210 bekannt gemachten Gesellschaftsblättern erfolgen. Artikel 243.

2) Bei Auflösung der Aktiengesellschaft durch Konkurs hat nicht nur die durch die Sonderbestimmung des Artikels 243 für die andern Auflösungsarten festgestellte dreimalige Bekanntmachung der Auflösung in den Gesellschaftsblättern nicht stattzufinden, sondern es fällt auch die ordentliche Bekanntmachung der Eintragung der Auflösung in die Handelsregister-Blätter fort. Letzteres spricht der Artikel 13 des Einführungsgesetzes aus, ersteres braucht er nicht zu erwähnen, da ja die Sonderbestimmung des Artikels 243 ausdrücklich nicht für die Auflösung durch Konkurs eingeführt ist.

Die Entwürfe des Genossenschaftsgesetzes beabsichtigten nach den Motiven des Ministerialentwurfs und nach den keiner Mißdeutung fähigen Beschlüssen der Kommission von 1863 genau dasselbe anzuordnen. Daß die Kommission von 1866 etwas von den Entwürfen Abweichendes anordnen wollte, ist in keiner Weise ersichtlich. Die Bestimmung zu 1) ist dem §. 35 konform. Statt in Gemäßheit der Bestimmung zu 2) die Bekanntmachung der Eintragung in den Handelsregister-Blättern zu verbieten, verbietet im §. 36 diese Bekanntmachung in den Gesellschaftsblättern, obschon in diesen niemals

§. 37.

Jeder Genossenschafter hat das Recht, aus der Genossenschaft auszutreten, auch wenn der Gesellschaftsvertrag auf bestimmte Zeit geschlossen ist.[111])

Eintragungen bekannt gemacht werden. Findet nun trotzdem die Bekanntmachung der Eintragung in den Handelsregister-Blättern statt? — Wer sich an den Wortlaut des Gesetzes hält, muß die Frage bejahen; denn diese Bekanntmachung ist durch §§. 4 und 6 des Gesetzes in Verbindung mit Artikel 12—14 des Handelsgesetzbuchs angeordnet und durch keine Ausnahme-Bestimmung untersagt. Dennoch möchten wir die Frage verneinen, indem wir annehmen, der zweite Satz des §. 36 habe nur Sinn, wenn man eine irrthümliche Bezeichnung der Blätter annimmt, also statt §. 4 Nr. 6 „§. 4 und §. 6" oder bloß „§. 6" liest.

[111]) Der wesentlichste Unterschied der Genossenschaft von der offenen Handelsgesellschaft, die nicht geschlossene Mitgliederzahl, bedingt gesetzliche Bestimmungen über das Ausscheiden der Genossenschafter, welche von denen des Handelsgesetzbuchs erheblich abweichen. Das Ausscheiden eines einzelnen Gesellschafters aus der offenen Gesellschaft hindert den Fortbestand derselben unter den übrigen Gesellschaftern nur dann nicht, wenn darüber vorher, sei es durch den Gesellschaftsvertrag oder später, eine Uebereinkunft stattgefunden hat. (Artikel 127.) In diesem Falle erfolgt die Endigung der Mitgliedschaft namentlich:

a) durch den Tod, wenn nicht der Vertrag bestimmt, daß die Erben eintreten (Artikel 123 Nr. 2);

b) durch freiwilligen Austritt

bei Gesellschaften, die auf unbestimmte Dauer eingegangen sind, nach bloßer Aufkündigung sechs Monate vor Ablauf des Geschäftsjahrs (Artikel 123 und 124),

bei allen Gesellschaften ohne Kündigungsfrist aus erheblichen Ursachen, welche im Fall des Widerspruchs das Gericht zu prüfen hat (Artikel 125);

c) durch Ausschluß aus erheblichen Ursachen (Artikel 128).

Die Genossenschaft, welche „gegen das Ausscheiden von Mitgliedern verhältnißmäßig gleichgültig sich verhält" (Lasker's Bericht Nr. 53 der Drucksachen S. 4), erfordert statutarische oder gesetzliche Bestimmungen über alle diese drei Arten des Ausscheidens.

Die statutarischen Bestimmungen waren bei den Deutschen Volksbanken ursprünglich dem freien Austritt allzu günstig. Nach dem revidirten Delitzscher Statut (Schulze, Vorschuß- und Kreditvereine als Volksbanken. Zweite Auflage. 1859) hörte die Mitgliedschaft durch den Tod und nach schriftlicher Kündigung mit dem ersten Tage des demnächst folgenden Monats auf. — Der allgemeine Vereinstag zu Mainz im August 1864 empfahl indessen auf Schulze's Antrag den Volksbanken in ihre Statuten Bestimmungen dahin aufzunehmen: Der Austritt ist nur am Schlusse des Geschäftsjahres und nur nach 4—6 Monate vorausgegangener schriftlicher Kündigung zulässig; im Falle

Ist über die Kündigungsfrist und den Zeitpunkt des Aus-

---

des Todes scheiden die Erben ohne Kündigung am Jahresschluß aus; die Ausschließung endet sofort die Mitgliedschaft (vgl. „Mittheilungen über den sechsten allgemeinen Vereinstag der auf Selbsthülfe beruhenden Deutschen Erwerbs- und Wirthschaftsgenossenschaften zu Mainz am 14. — 17. August 1864 u. s. w. Potsdam 1864 S. 16 ff.). Diese Empfehlung hat die meisten Volksbanken zu entsprechender Aenderung der Statuten veranlaßt. (Vgl. Schulze, Vorschuß- und Kreditvereine als Volksbanken 3. Aufl. 1862. S. 189, 4. Aufl. 1867. S. 264.)

Die englischen Konsumvereine lassen den freiwilligen Austritt nur durch Uebertragung der eigentlichen Stammaktien an eine geeignete Person zu. Ebenso wird die Stammaktie vererbt, die Genossenschaft kann dem Erben, statt ihn als Mitglied aufzunehmen, auch seinen Geschäftsantheil auszahlen. Die Französischen Genossenschaften halten schriftliche Kündigung 6 Monat vor Ablauf des Geschäftsjahres als die mustergültige Bestimmung.

Was nun die Entstehung des §. 37 anbetrifft, so ist nöthig, die früheren Gesetzentwürfe zu vergleichen. Schulze's Entwurf von 1863 und der der Kommission des Abgeordnetenhauses vom selben Jahre erklärten den Ausschluß durch die Genossenschaft aus den im Gesellschaftsvertrag festgestellten Gründen in jedem Falle für zulässig. Außerdem unterscheiden sie zwischen Genossenschaften von unbestimmter und bestimmter Dauer. Durch den Tod sollte die Mitgliedschaft bei den Genossenschaften der ersten Art stets erlöschen, bei den Genossenschaften von bestimmter Dauer hingegen sollten die Erben bis zum Ablauf verpflichtet bleiben, es sei denn, daß der Gesellschaftsvertrag anders bestimme oder ein Beschluß der Genossenschaft sie entließe. Der freiwillige Austritt sollte nur bei den Genossenschaften von unbestimmter Dauer gestattet sein und zwar nach den im Gesellschaftsvertrage bemessenen Kündigungsfristen.

Der Ministerialentwurf beseitigte die Unterscheidung zwischen Genossenschaften von unbestimmter und bestimmter Dauer. „Der Austritt einzelner Mitglieder", heißt es in den Motiven S. 31, „ist dem Prinzip des §. 1 gemäß allgemein gestattet, gleichviel, ob der Gesellschaftsvertrag auf bestimmte oder unbestimmte Zeit geschlossen ist. Die näheren Bestimmungen darüber sind zunächst dem Gesellschaftsvertrage zu überlassen. In Ermangelung derselben empfiehlt es sich, den Austritt nur mit dem Schluß eines Geschäftsjahrs mit einer angemessenen Kündigungsfrist zuzulassen und als solche ist eine vierwöchentliche angenommen. Ebenso ist der Tod in Ermangelung entgegenstehender Vertragsbestimmung, den allgemeinen Grundsätzen über Gesellschaftsverträge gemäß, als ein Grund des Erlöschens der Mitgliedschaft angenommen worden. Das Recht der Ausschließung der Mitglieder aus bestimmten im Statut vorgesehenen Gründen ist als Ausfluß des Vertragsrechtes anerkannt."

Der Vorschlag des Ministerialentwurfes ist mit zwei Zusätzen, welche zuerst im Herrenhause beschlossen wurden, in das Gesetz übergegangen. Der erste Absatz lautete im Ministerialentwurf nur:

„Jeder Genossenschafter hat das Recht, aus der Genossenschaft auszutreten."

tritts im Gesellschaftsvertrage nichts festgesetzt, so findet der Aus-

---

Die Kommission des Abgeordnetenhauses sagte darüber in ihrem Berichte (Drucksachen Nr. 55 S. 19):

„Wenn das Mitglied für eine bestimmte Zeit zur Theilnahme sich ausdrücklich verpflichtet hat, so gilt natürlich die vertragsmäßige Festsetzung. Verschieden hiervon ist jedoch der Fall, wenn der Gesellschaftsvertrag für die Dauer der Gesellschaft eine bestimmte Frist festgestellt, das später beigetretene Mitglied aber sich nicht geäußert hat. Nach den Regeln des gewöhnlichen Rechtes würde die Vertragsfrist gegen den Beitretenden gelten. Der Antragsteller [Schulze] sprach sich für die Beibehaltung der allgemeinen Rechtsregel aus [NB. de lege ferenda]. Die Mehrheit der Kommission schloß sich der abweichenden Bestimmung des Regierungsentwurfs an. Es läge nicht im Wesen der Genossenschaft, auf das Verbleiben einzelner Mitglieder einen zu großen Werth zu legen" u. s. f.

Die Kommission faßte also den ersten Absatz des von ihr verändert angenommenen Paragraphen des Ministerialentwurfs dahin auf, daß er den Austritt aus einer Genossenschaft mit bestimmter Dauer denjenigen Genossenschaftern, welche den Gesellschaftsvertrag mit abgeschlossen haben, keineswegs gestatte. Das Abgeordnetenhaus nahm den ganzen §. 37 ohne Diskussion an.

In der Kommission des Herrenhauses wurde auf die Zweideutigkeit des ersten Satzes und auf den Widerspruch zwischen den Motiven der Regierungsvorlage und des Kommissionsberichtes des Abgeordnetenhauses aufmerksam gemacht und die Frage aufgeworfen, ob bestimmt werde, daß jeder Genossenschafter alljährlich austreten könne, auch wenn der Gesellschaftsvertrag das Gegentheil enthalte, oder ob der jährliche Austritt unzulässig sei, wenn der Gesellschaftsvertrag über diesen Punkt nichts bestimme. Die Kommission entschied sich für eine Veränderung des Satzes. Ein Mitglied trug darauf an, dem ersten Satze hinzuzufügen:

„wenn der Genossenschaftsvertrag nicht auf eine bestimmte Zeit geschlossen ist",

und dann einen langen besonderen Paragraphen einzufügen, in welchem fünf ziemlich phantasiereich zusammenkomponirte Fälle aufgeführt werden, in welchen „jeder Genossenschafter vor Ablauf der für ihre Dauer (sic!) bestimmten Zeit oder bei Genossenschaften von unbestimmter Zeit ohne vorgängige Aufkündigung" sollte austreten können. Dieser auch sonst durch nicht konzinne Fassung hervorragende Antrag des Referenten wurde abgelehnt, dahingegen der Antrag angenommen, dem ersten Satze hinzuzufügen:

„auch wenn der Genossenschaftsvertrag auf bestimmte Zeit geschlossen ist."

Ueber diesen Antrag, in welchem der die Zusammenstellung fertigende Schreiber — diesmal mit Glück — Genossenschaftsvertrag in Gesellschaftsvertrag änderte, fand im Plenum des Herrenhauses eine erregte Diskussion statt, die mit Annahme desselben in namentlicher Abstimmung endigte. Der Regierungskommissar Geh. Ober-Reg.-Rath Eck erklärte darin den Antrag für überflüssig, weil die Fassung des Regierungsentwurfes, trotz der entgegenge-

tritt nur mit dem Schluß des Geschäftsjahres nach vorheriger,

---

setzten Meinung der Kommission des Abgeordnetenhauses, klar und deutlich die von der Regierung ausgesprochene Absicht wiedergäbe: den Genossenschaftern den Austritt aus der Genossenschaft innerhalb jedes Jahres zu ermöglichen, auch wenn der Gesellschaftsvertrag auf längere Zeit geschlossen sei. Durch den Antrag werde der Zweck größerer Deutlichkeit überdies nicht erreicht u. s. w. (Stenograph. Bericht über die Sitzung vom 6. Februar 1867 S. 403.)

Diese Erklärung hat die Kommission des Abgeordnetenhauses von ihrer Meinung nicht abzubringen vermocht. Der Abgeordnete Lasker sagte in seiner mündlichen Berichterstattung: Die Kommission halte die im Herrenhause vorgenommene Abänderung des ersten Satzes für lediglich redaktionell. Sowohl nach dem jetzigen Beschlusse des Herrenhauses, wie nach dem früheren Beschlusse des Abgeordnetenhauses sei Rechtens: „Wenn eine Genossenschaft für eine bestimmle Zeit konstituirt ist, aber der Genossenschafter hat sich nicht für seine Person ausdrücklich verpflichtet, eine bestimmte Zeit in der Genossenschaft zu bleiben, so kann er jeder Zeit kündigen und nach vierwöchentlicher Kündigungsfrist mit Ablauf des laufenden Geschäftsjahres austreten. Wenn aber der Genossenschafter sich für eine bestimmte Zeit verpflichtet hat, so kommt ihm die Klausel des Gesetzes nicht zu Gute." (Stenogr. Bericht Bd. III. Seite 1956. 67. Sitzung vom 7. Februar 1867.)

Da hiernach eine und dieselbe Bestimmung von der Staatsregierung, dem Herrenhause und dem Abgeordnetenhause verschieden gedeutet ist, so wird die Auslegung immer eine zweifelhafte bleiben. Unserer Meinung nach ist die Auslegung des Regierungskommissars die richtige. Mit Rücksicht auf §. 8 des Gesetzes kann das im §. 37 dem Genossenschafter ohne Vorbehalt zugesprochene Recht ihm durch keine Bestimmung des Gesellschaftsvertrages genommen werden. Freilich ist nirgends ausgesprochen, daß jeder Genossenschafter dadurch in den Stand gesetzt werden soll, spätestens innerhalb oder am Schluß des nach seinem Eintritt folgenden nächsten Geschäftsjahres wieder auszuscheiden. Denn die Kündigungsfrist festzustellen ist in erster Linie dem Gesellschaftsvertrage überlassen. Gegen die Festsetzung einer mehrjährigen Kündigungsfrist dürfte aber doch mit Recht geltend gemacht werden, daß eine solche Ausdehnung derselben der Absicht des Gesetzgebers widerspreche. Jede Genossenschaft hat im Voraus ihre zukünftige Lebenszeit in eine Reihe von Geschäftsperioden einzutheilen, von denen jede mit einer Inventur des Genossenschaftsvermögens und mit einer Gewinn- und Verlustvertheilung endigt (§. 3 Nr. 3 und 6). Hat der Gesellschaftsvertrag die Dauer der Genossenschaft auf eine bestimmte Zahl solcher Geschäftsperioden festgesetzt, und ist dennoch dem Genossenschafter durch das Gesetz gestattet, nach Aufkündigung auszuscheiden, so scheint daraus zu folgen, daß derselbe am Schlusse jeder Geschäftsperiode in den Stand gesetzt werden soll, sich zu entschließen, nur noch die nächste Geschäftsperiode der Genossenschaft anzugehören, d. h. die Kündigungsfrist darf die Dauer einer Geschäftsperiode nicht übersteigen. Ebenso ist es bei einer Genossenschaft von unbestimmter Dauer, also bei einer solchen Genossenschaft, welche auf eine unbestimmte Zahl von Geschäftsperioden eingegangen ist

mindestens vierwöchentlicher Aufkündigung statt.[112]) Ferner erlischt die Mitgliedschaft durch den Tod, sofern der Gesellschaftsvertrag keine entgegengesetzten Bestimmungen enthält.

In jedem Falle kann die Genossenschaft Genossenschafter aus den im Gesellschaftsvertrage festgesetzten Gründen, sowie wegen des Verlustes der bürgerlichen Ehrenrechte,[113]) ausschließen.

Wenn der Gesellschaftsvertrag eine Kündigungsfrist vorschreibt, welche die Dauer einer Geschäftsperiode übersteigt, so wird dadurch die Dauer der Genossenschaft auf mehr als eine Geschäftsperiode im Voraus bestimmt; sie bekommt also für eine gewisse Anzahl Geschäftsperioden den Charakter einer Genossenschaft von bestimmter Dauer. Handelt es sich einmal um Revision des Genossenschaftsgesetzes, werden wir allerdings eine zweifellosere Formulirung dieser Bestimmungen für geboten erachten.

[112]) Hier ist wiederum irrthümlich angenommen, daß jede Genossenschaft als ihre Geschäftsperiode das Jahr gewählt hat. (Vgl. Schluß der vorigen Anmerkung und Anmerkung 16.) Bei Genossenschaften mit halbjährlichen oder vierteljährlichen Geschäftsperioden ist es zweifelhaft, ob der Austritt am Schluß jeder Geschäftsperiode gestattet werden soll oder nur einer solchen, deren Schluß für den Fall, daß die Genossenschaft Geschäftsjahre eingeführt hätte, mit dem Schlusse eines solchen Geschäfsjahres zusammenfallen würde. Die erstere Ansicht dürfte der Absicht des Gesetzgebers am nächsten kommen. Darnach wäre hier Geschäftsjahr mit Geschäftsperiode identisch.

[113]) Die Worte: „sowie wegen des Verlustes der bürgerlichen Ehrenrechte" sind zufolge eines zuerst in der Kommission des Herrenhauses (vom Grafen Brühl) gestellten Antrages in das Gesetz gekommen. Man meinte, die Genossenschaften würden sich scheuen, den Verlust der bürgerlichen Ehrenrechte als einen Grund der Ausschließung in ihr Statut zu setzen. Denn ein solcher Passus, welcher die Voraussetzung enthalte, daß ein Genossenschafter zu Zuchthaus verurtheilt werden könne, würde vom Beitritt zur Genossenschaft abschrecken.

Die Bestimmung ist von keiner Bedeutung. Die einzelnen Genossenschaften, namentlich die Volksbanken, haben in ihrem Gesellschaftsvertrage in der Regel strenge Bestimmungen darüber, in welchen Fällen die Ausschließung stattfinden muß, z. B. wenn der Genossenschafter den Verein oder Bürgen beschädigt, ferner in welchen Fällen die Ausschließung vom Vorstand oder Verwaltungsrath bei der Generalversammlung beantragt werden muß, z. B. wenn der Genossenschafter, welcher der Genossenschaft etwas verschuldet, es zur Klage kommen läßt, und endlich in welchen Fällen außerdem die Ausschließung beantragt und beschlossen werden kann, z. B. „wegen Verletzung der Mitgliedpflichten oder ehrenrührigen Handlungen". Die Genossenschaften pflegen also nicht weniger als Korporationen ständischer Art bedacht zu sein, daß Mitglieder, welche sich der Genossenschaft unwürdig bezeigt haben, schleunigst ausgestoßen werden. (Vgl. Auerbach a. a. O. in Goldschmidt's Zeitschrift Bd. 7. Seite 350.)

§. 38.[114])

Die aus der Genossenschaft ausgetretenen oder ausgeschlossenen Genossenschafter, sowie die Erben verstorbener Genossenschafter, bleiben den Gläubigern der Genossenschaft für alle bis zu ihrem Ausscheiden von der Genossenschaft eingegangenen Verbindlichkeiten bis zum Ablauf der Verjährung (§. 51.) verhaftet.

Wenn der Gesellschaftsvertrag nichts Anderes bestimmt, haben sie an dem Reservefonds und an dem sonst vorhandenen Vermögen der Genossenschaft keinen Anspruch, sind vielmehr nur berechtigt, zu verlangen, daß ihnen der eingezahlte Geschäftsantheil nebst den zugeschriebenen Dividenden binnen drei Monaten nach ihrem Ausscheiden ausgezahlt werde.[115])

---

[114]) Der dem Ministerialentwurf entlehnte §. 38 wird in den Motiven (S. 31) folgendermaßen begründet: Nach dem für andere Gesellschaftsformen, z. B. die offene Handelsgesellschaft geltenden Rechte bestünden die Folgen des Austritts, des Todes oder der Ausschließung darin, daß der Ausgeschiedene für die bisherigen Verpflichtungen der Gesellschaft verhaftet bleibe und daß er an dem zur Zeit seines Ausscheidens vorhandenen Vermögen einen seinem Theilnahmerecht entsprechenden Antheil habe, also nach diesem Verhältnisse sowohl an einem vorhandenen Gewinne als einem eingetretenen Verluste partizipire. Die Verpflichtungen der Genossenschafter in Beziehung auf die Schulden der Genossenschaft seien abweichend von dem gewöhnlichen Gesellschaftsrechte geregelt (§. 11). Für die Ausscheidenden werde später eine weitere Abweichung durch Einführung einer besonderen Verjährungsfrist vorgeschlagen. Auch in Beziehung auf die Theilnahme an dem vorhandenen Genossenschaftsvermögen würden abweichende Bestimmungen von den Regeln der Theilung des Gesellschaftsvermögens durch die Eigenthümlichkeiten der Genossenschaften motivirt. Der Zweck der Genossenschaften sei in der Regel ein dauernder und erfordere zu seiner Ausführung die Ansammlung besonderer Fonds, welche während des Bestehens der Genossenschaft zur Vertheilung an die einzelnen Genossenschafter nicht bestimmt seien. Es erscheine deshalb auch nicht angemessen, ausscheidenden oder ausgeschlossenen Mitgliedern ein Recht auf Theilung des Genossenschaftsvermögens einzuräumen und dadurch das Fortbestehen der Genossenschaft zu gefährden. Um zugleich weitläuftige Berechnungen zu vermeiden und andererseits auch den Ausscheidenden gerecht zu werden, scheine sich der von der Kommission des Abgeordnetenhauses (vom Jahre 1863) vorgeschlagene Weg als zweckmäßig zu empfehlen u. s. w.

[115]) Dieser zweite Absatz des §. 38 ist sehr mangelhaft gefaßt. Die Mängel rühren znm Theil schon aus Schulze's erstem Entwurfe, zum Theil aus dem Entwurfe der Kommission des Abgeordnetenhauses vom Jahre 1863 her. In Schulze's Entwurf von 1863 lautet der Satz folgendermaßen:

„An dem etwaigen Reservefonds oder sonst vorhandenen Gesammtvermögen des Vereins steht ihnen in der Regel ein An-

Gegen diese Verpflichtung, auch wenn sich das Vermögen der Genossenschaft bei dem Austritt oder der Ausschließung eines

---

spruch nicht zu, vielmehr sind sie nur berechtigt zu verlangen, daß ihnen der eingezahlte Geschäftsantheil nebst zugeschriebenen Dividenden, und zwar in Ermangelung einer im Gesellschaftsvertrage bestimmten Frist binnen 4 Wochen nach dem Ausscheiden ausgezahlt werde."

Der Herausgeber als vorläufiger Berichterstatter in der Kommission des Abgeordnetenhauses fand nur die Frist von 4 Wochen zu kurz und den Ausdruck „in der Regel" zu unbestimmt und schlug, indem er für letzteren Ausdruck die Worte: „wenn der Gesellschaftsvertrag nichts Anderes bestimmt" substituirte, den Satz in derjenigen Fassung anzunehmen vor, in welcher er jetzt in das Gesetz übergegangen ist.

Die Abweichungen, welche hiernach durch den Gesellschaftsvertrag festgestellt werden können, sind weit erheblicher, als ursprünglich beabsichtigt war. Man darf dabei nicht vergessen, daß damals vorzugsweise Volksbanken in's Auge gefaßt wurden, indem die andern Arten von Genossenschaften noch zu wenig entwickelt waren. Bei den Volksbanken kam es damals und kommt es auch wohl heute nicht vor, daß ausscheidenden Mitgliedern von ihrem buchmäßigen Guthaben Abzüge in Form eines Austrittsgeldes gemacht werden. Dahingegen räumten einzelne Volksbanken freiwillig ausscheidenden Mitgliedern oder wenigstens den Erben verstorbener Mitglieder einen Anspruch auf einen Antheil an dem Reservefonds ein. Unsers Erachtens sollte nun nicht bloß nach der Fassung des Schulze'schen Antrages, sondern auch nach dem von der Kommission angenommenen Vorschlage des Herausgebers die Vertragsfreiheit nicht so weit ausgedehnt werden, daß das beim Ausscheiden vorhandene buchmäßige Guthaben ganz oder theilweise zurückbehalten, gleichsam zum Besten der Genossenschaft konfiszirt werden darf. Daß der Wortlaut gegen die Absicht, lediglich zu Folge der fehlerhaften Fassung, dies zuläßt, erscheint insoweit ganz glücklich, als nach Vorgang englischer Genossenschaften namentlich die Konsumvereine vielfach an der Stelle des Eintrittsgeldes ein Austrittsgeld eingeführt haben, das in einer nach dem Maximalbetrage hin begrenzten Quote des Geschäftsantheils besteht. Freilich würde es auch im entgegengesetzten Falle zweifelhaft geblieben sein, ob ein solches Austrittsgeld nicht als Konventionalstrafe für das Ausscheiden stipulirt werden könnte.

Der erheblichste Mangel des Absatzes liegt in dem Ausdruck „der eingezahlte Geschäftsantheil nebst den zugeschriebenen Dividenden". Dieser falsche Ausdruck hat sich erhalten, obgleich bereits Auerbach („Die Deutschen Genossenschaften" in Goldschmidt's Zeitschrift für das gesammte Handelsrecht Bd. VII. S. 376) im Jahre 1864 ihn berichtigte. „Nicht der eingezahlte Geschäftsantheil", — sagt er — „der sich sogar durch verhältnißmäßig mitzutragenden Verlust vermindert haben kann, nebst den zugeschriebenen Dividenden, sondern der auf Kapitalkonto gutgeschriebene, welcher die Jahresdividenden bis zum Abgange in sich begreift, ist herauszuzahlen." Unsers

Genossenschafters vermindert hat, kann sich die Genossenschaft nur dadurch schützen, daß sie ihre Auflösung beschließt und zur Liquidation schreitet.[116])

Erachtens muß dem getadelten Ausdruck auch jetzt schon die gleiche Bedeutung beigelegt werden, weil es geradezu widersinnig wäre, wenn ausscheidenden Mitgliedern der bereits von ihrem Geschäftsantheil — auf „Kapitalkonto" — abgeschriebene Verlust einer früheren Geschäftsperiode wieder vergütigt würde. (Vgl. folgende Anmerkung.)

[116]) Auch dieser letzte Absatz giebt nach Inhalt und Form zu den schwersten Bedenken Veranlassung. In Schulze's erstem Entwurfe folgt dem in voriger Anmerkung mitgetheilten Satze folgender besonderer Absatz: „Gegen diese Verpflichtung kann sich der Verein nur dadurch schützen, daß er seine Auflösung beschließt und zur Liquidation schreitet." In der Kommission des Abgeordnetenhauses von 1863 hat der Herausgeber als Referent vergeblich die Streichung dieses Satzes beantragt. Der Regierungsentwurf von 1866 behielt denselben nicht nur bei, sondern schob noch einen Zwischensatz ein, den wir nur als eine wesentliche Verschlechterung ansehen können. Mit diesem hat er nun ganz unangefochten die verschiedenen Stadien der Gesetzgebung passirt. Sehen wir zunächst von dem Zwischensatze ganz ab. Auerbach, welchem nur erst der Gesetzentwurf nach der Zusammenstellung der Kommission des Abgeordnetenhauses von 1863 vorlag, sagt a. a. O. (S. 376) vor der in der vorigen Anmerkung mitgetheilten Stelle mit Recht: „Zweckentsprechender scheint mir, wenn bloß bestimmt würde, daß ihnen der nach der letzten Bilanz gutkommende Geschäftsantheil binnen 3 Monaten nach ihrem Ausscheiden auszuzahlen ist. Denn der Abgang eines Mitgliedes kann für eine Genossenschaft der in Rede stehenden Art keinen Auflösungsgrund bilden. Eben so wenig kann es die zu geschehende Abrechnung mit demselben, die nach Art. 130 des Handelsgesetzbuchs nicht einmal auf eine offene Handelsgesellschaft diese Wirkung übt und nur die Betheiligung des Abgegangenen an den unmittelbaren Folgen der zur Zeit des Abgangs bestandenen Verhältnisse, sowie dessen Interesse an der Abwickelung der laufenden Geschäfte wahrt."

Da die Genossenschaft jederzeit ihre Auflösung beschließen kann, so ist der letzte Absatz des §. 38 nur von Bedeutung in Ansehung des Klagerechts des Ausscheidenden und der Liquidation der Genossenschaft. Ein ausgeschiedener Genossenschafter tritt (abgesehen von seiner Haftpflicht gegenüber den Gläubigern der Genossenschaft), vom Tage seines Ausscheidens an, der Genossenschaft und den in derselben verbleibenden Genossenschaftern als Gläubiger gegenüber. Er muß also verlangen können, daß ihm dasjenige Guthaben, welches ihm nach dem Gesellschaftsvertrage oder dem Gesetze bei seinem Ausscheiden zukommt, berechnet und an dem vertragsmäßigen oder gesetzlichen Fälligkeitstermine ausgezahlt werde. Gegen diese Verpflichtung soll der Ausführungsbeschluß schützen, d. h. diese Verpflichtung, abzurechnen und auszuzahlen, tritt nicht ein, oder wenn sie durch Ablauf jener Frist bereits eingetreten war, wird sie wieder suspendirt, sobald die Genossenschaft ihre Auflösung beschließt. Es ist somit anzunehmen, daß die Klage des Ausgeschiedenen oder, wenn bereits vor dem Auflösungsbeschlusse erkannt war, der Exekutionsantrag von der in Liquidation getretenen Genossenschaft durch einen Einwand beseitigt werden kann.

Für den weiteren Verlauf ist der Umstand erheblich, ob der Tag des Ausscheidens eines Mitgliedes mit dem Ablauf einer Geschäftsperiode der Genossenschaft zusammenfällt oder nicht.

a. Fallen beide zusammen, so ist zu unterscheiden:

1) Der Auflösungsbeschluß erfolgt, nachdem die Bilanz gezogen ist und die Generalversammlung über die Vertheilung des Gewinnes oder Verlustes bereits Beschluß gefaßt hat. Dann tritt der Ausgeschiedene mit seinem durch diesen Beschluß rechnungsmäßig festgestellten Guthaben lediglich in die Stelle eines Gläubigers und hat gleich jedem andern Gläubiger nach §. 46a. aus dem Genossenschaftsvermögen seine Befriedigung zu erhalten, gleichviel welche Irrthümer der letzten Bilanz (z. B. bei Abschätzung des Werthes der Außenstände) sich bei der Liquidation herausstellen.

2) Erfolgt der Auflösungsbeschluß, bevor der Abschluß und die Gewinnvertheilung stattfand, aber nach dem Tage des Ausscheidens, so muß bei der Liquidation unzweifelhaft nach Befriedigung sämmtlicher eigentlichen Gläubiger ein Abschluß über die letzte Geschäftsperiode gemacht werden, da an den Verlusten der spätern Zeit der ausgeschiedene Genossenschafter keinen Antheil haben kann. (Vgl. §. 46. b. und c.)

3) Erfolgt der Auflösungsbeschluß nach der Kündigung, aber noch vor dem Tage des Ausscheidens, so ist zwischen Demjenigen, der die Mitgliedschaft bereits gekündigt hatte und den übrigen Genossenschaftern natürlich gar kein Unterschied.

b. Fällt der Tag des Ausscheidens eines Mitgliedes nicht mit dem Tage des Ablaufs einer Geschäftsperiode zusammen, so kann der Fälligkeitstermin des Guthabens nach oder vor dem Tage des Ablaufs der nächsten bei dem Ausscheiden noch nicht begonnenen Geschäftsperiode stattfinden. Im ersteren Falle ist der ausscheidende Genossenschafter in Ansehung der neuen Geschäftsperiode mit dessen Gewinn ebenso zu behandeln wie der mit dem Schluß der Geschäftsperiode ausgeschiedene (zu a). In Betreff derjenigen Geschäftsperiode aber, in welcher der Austritt stattfindet, wird in beiden Fällen die Theilnahme des Ausscheidenden an dem sich bei der Liquidation ergebenden Verluste durch den dritten Absatz des §. 38 (abgesehen von seinem Zwischensatze) festgestellt, während sie sonst nicht stattgefunden hätte, es sei denn, daß der Gesellschaftsvertrag es ausdrücklich bestimmte.

Hiernach wird nicht bezweifelt werden, daß dieser Absatz von geringer Bedeutung sein würde, wenn das Ausscheiden nur am Schluß einer Geschäftsperiode zulässig wäre.

Es fragt sich nun, ob durch den Zwischensatz des Regierungsentwurfes:

„auch wenn sich das Vermögen der Genossenschaft bei dem Austritt oder der Ausschließung eines Genossenschafters vermindert hat"

etwas in der Bedeutung des Absatzes 3 geändert ist. Dieser stylistisch unkorrekt eingefügte Zwischensatz ist seinem Inhalte nach undeutlich. Soll er be-

Abschnitt V.

Von der Liquidation der Genossenschaft.[117])

§. 39.

Nach Auflösung der Genossenschaft außer dem Falle des Konkurses erfolgt die Liquidation durch den Vorstand, wenn nicht dieselbe durch den Gesellschaftsvertrag oder einen Beschluß der

---

deuten, daß gegen diese Verpflichtung sich die Genossenschaft durch den Auflösungsbeschluß auch dann schützen kann,

„wenn sich das Vermögen derselben, wie es durch die letzte Bilanz (seit der letzten Zuschreibnng von Dividenden) festgestellt war, bis zu dem Austritt oder der Ausschließung des Genossenschafters vermindert hat“ u. s. w.

oder:

„wenn sich das Vermögen derselben, wie es bei dem Austritt oder der Ausschließung des Genossenschafters bestand, sich bis zum Fälligkeitstermine vermindert hat?“

Wir glauben, daß Ersteres gemeint ist, aber daß es nur auf den Fall bezogen werden sollte, daß das Ausscheiden mitten in der Geschäftsperiode stattfand. Auffällig ist auch noch, daß nur von dem Austritt, d. h. dem freiwilligen Ausscheiden und der Ausschließung die Rede ist, nicht auch vom Ausscheiden in Folge des Todes eines Genossenschafters.

Endlich kann für zweifelhaft erachtet werden, ob die Bestimmung dieses letzten Absatzes unbedingt gelten, also der Abänderung durch den Gesellschaftsvertrag nicht unterworfen sein soll, oder ob die Eingangsworte des zweiten Absatzes: „wenn der Gesellschaftsvertrag nichts Anderes bestimmt“ auch noch für den dritten Absatz maßgebend bleiben sollen.

[117]) Die Motive des Regierungsentwurfs sagen im Allgemeinen über diesen fünften Abschnitt (S. 32) Folgendes: „Der fünfte Abschnitt handelt von der Liquidation der Genossenschaft. Die Abwickelung der Geschäfte einer aufgelösten Gesellschaft durch ein Liquidationsverfahren ist in den allgemeinen gesetzlichen Vorschriften über den Gesellschaftsvertrag nicht begründet. Dagegen hat das Handelsgesetzbuch darüber bei der Auflösung kaufmännischer Gesellschaften zweckmäßige, sowohl den Gläubiger als den Gesellschafter sichernde Vorschriften. Es empfiehlt sich deshalb, dieselben auch auf die Genossenschaften auszudehnen und für diese die Vorschriften anzuwenden, welche in den Art. 244 ff. und beziehungsweise Art. 133 bis 139, 144, 145 des Handelsgesetzbuchs für die Handels-Aktiengesellschaften gegeben sind. Nach diesen Grundsätzen sind die §§. 40 bis 51 [jetzt §§. 39 bis 50] entworfen. Abweichende Bestimmungen enthalten die §§. 47 und 48“ u. s. f.

Genossenschaft an andere Personen übertragen wird. Die Bestellung der Liquidation ist jederzeit widerruflich.[118])

§. 40.

Die Liquidatoren sind von dem Vorstande beim Handelsgerichte zur Eintragung in das Genossenschaftsregister anzumelden; sie haben ihre Unterschrift persönlich vor dieser Behörde zu zeichnen oder die Zeichnungen in beglaubigter Form einzureichen.

Das Austreten eines Liquidators oder das Erlöschen der Vollmacht eines solchen ist gleichfalls zur Eintragung in das Genossenschaftsregister anzumelden.[119])

§. 41.

Dritten Personen kann die Ernennung von Liquidatoren, sowie das Austreten eines Liquidators oder das Erlöschen der Vollmacht eines solchen nur insofern entgegengesetzt werden, als hinsichtlich dieser Thatsachen die Voraussetzungen vorhanden sind, unter welchen nach Artikel 25. und 46 des Allgemeinen Deutschen Handelsgesetzbuches hinsichtlich einer Aenderung der Inhaber einer Firma oder des Erlöschens einer Prokura die Wirkung gegen Dritte eintritt.[120])

Sind mehrere Liquidatoren vorhanden, so können sie die zur

---

[118]) Dieser §. 39 entspricht dem ersten und dritten Absatze des Art. 244, womit auch die Art. 133, 134 und 205 des Handelsgesetzbuchs zu vergleichen sind. Wer die Bestellung der Liquidatoren zu widerrufen hat, ob dazu außer der Generalversammlung auch der Aufsichtsrath befugt ist, hängt lediglich vom Gesellschaftsvertrage ab. (Vgl. §. 48).

Der Druckfehler im letzten Satze: „Liquidation“ statt „Liquidatoren“ war schon im Regierungsentwurf vom 2. Februar 1866 vorhanden. Er wurde zuerst in der Commission des Herrenhauses bemerkt und korrigirt. (Vgl. Bericht Drucksachen Nr. 132 S. 15 und 22.) Der Präsident des Herrenhauses hatte ihn in seiner Benachrichtigung an den Präsidenten des Abgeordnetenhauses nicht ausdrücklich erwähnt (Akten des Abgeordnetenhauses Nr. 19 Bd. II. Blatt 244), und so ist er auch in die Gesetzsammlung hineingekommen.

[119]) Vergl. Art. 135 Absatz 1 und 2 und Art. 244 Absatz 2 des Handelsgesetzbuchs. Die Bestimmung, daß eine Zeichnung der Unterschriften stattfinden muß, gilt auch dann, wenn die Vorstandsmitglieder zugleich die Liquidatoren sind.

[120]) Der erste Absatz des §. 41 stimmt wörtlich mit dem letzten Absatz des Art. 135 des Handelsgesetzbuchs überein. Vgl. Art. 244 daselbst und oben §. 22 und Anmerkung 77 dazu.

Liquidation gehörenden Handlungen mit rechtlicher Wirkung nur in Gemeinschaft vornehmen, sofern nicht ausdrücklich bestimmt ist, daß sie einzeln handeln können.[121])

§. 42.

Die Liquidatoren haben die laufenden Geschäfte zu beendigen, die Verpflichtungen der aufgelösten Genossenschaft zu erfüllen, die Forderungen derselben einzuziehen und das Vermögen der Genossenschaft zu versilbern; sie haben die Genossenschaft gerichtlich und außergerichtlich zu vertreten, sie können für dieselbe Vergleiche schließen und Kompromisse eingehen. Zur Beendigung schwebender Geschäfte können die Liquidatoren auch neue Geschäfte eingehen.

Die Veräußerung von unbeweglichen Sachen kann durch die Liquidatoren, sofern nicht der Gesellschaftsvertrag oder ein Beschluß der Genossenschaft anders bestimmt, nur durch öffentliche Versteigerung bewirkt werden.[122])

§. 43.

Eine Beschränkung des Umfanges der Geschäftsbefugnisse der Liquidatoren (§. 42.) hat gegen dritte Personen keine rechtliche Wirkung.[123])

§. 44.

Die Liquidatoren haben ihre Unterschrift in der Weise abzugeben, daß sie der bisherigen, nunmehr als Liquidationsfirma zu bezeichnenden Firma ihren Namen beifügen.[124])

§. 45.

Die Liquidatoren haben der Genossenschaft gegenüber bei der Geschäftsführung den von der Generalversammlung gefaßten Beschlüssen Folge zu geben.[125])

---

[121]) Der letzte Absatz des §. 41 ist wörtlich übereinstimmend mit Art. 136 des Handelsgesetzbuchs.

[122]) Mit den beiden Absätzen des §. 42 ist der entsprechende Art. 137 des Handelsgesetzbuchs zu vergleichen. Ueber die Beschränkung der Liquidatoren in Ansehung neuer Geschäfte und das daraus erwachsende Verhältniß Dritter zu den Geschäften der in Liquidation befindlichen Genossenschaft vergleiche man die Auseinandersetzungen von Hahn's a. a. O. S. 338 in den Bemerkungen zu Art. 137 des Handelsgesetzbuchs.

[123]) Art. 138 des Handelsgesetzbuchs.

[124]) Art. 139 des Handelsgesetzbuchs. Die Firma wird also z. B. lauten: „Xer Vorschußverein, Eingetragene Genossenschaft, in Liquidation."

[125]) Vgl. Art. 140 des Handelsgesetzbuchs und §. 48.

§. 46.[126])

Die bei Auflösung der Genossenschaft vorhandenen und die während der Liquidation eingehenden Gelder werden, wie folgt, verwendet:

a) es werden zunächst die Gläubiger der Genossenschaft[127]) je nach der Fälligkeit ihrer Forderungen befriedigt und die zur Deckung noch nicht fälliger Forderungen nöthigen Summen zurückbehalten;

b) aus den alsdann verbleibenden Ueberschüssen werden die eingezahlten Geschäftsantheile einschließlich der denselben

---

[126]) Die Motive zum Regierungsentwurfe sagen über diesen unverändert angenommenen §. 46 Folgendes:

„Der §. 46 setzt die Verwendung der bei Auflösung der Genossenschaft vorhandenen Gelder in Gemäßheit der von der 19. Kommission des Abgeordnetenhauses im §. 35 des von derselben redigirten Entwurfes gefaßten Beschlüsse dahin fest, daß in erster Linie die Bezahlung der Geschäftsantheile der Genossen (Einlagen und Dividenden früherer Geschäftsjahre) erfolgt und aus dem etwaigen Ueberschusse der Gewinn des letzten Geschäftsjahres nach den Bestimmungen des Genossenschaftsvertrages ermittelt und vertheilt wird. Der dann noch vorhandene Bestand, der also z. B. aus dem Reservefonds oder aus dem Erlös der für die Zwecke der Gesellschaft erworbenen Immobilien 2c. sich ergeben haben kann, wird in Ermangelung besonderer darauf bezüglicher Bestimmungen des Vertrags unter die bei Auflösung der Genossenschaft vorhandenen Genossenschafter nach der Kopfzahl vertheilt."

Die Kommission des Abgeordnetenhauses von 1863 hat den Paragraphen fast wörtlich aus dem ersten Entwurfe Schulze's entlehnt. Die Vertheilung, wie sie in demselben vorgeschrieben ist, entspricht vollkommen dem Bedürfniß. Nur hätte man in den späteren Stadien der Gesetzgebung nicht übersehen dürfen, daß inzwischen eine ganze Gattung von Genossenschaften, die Consumvereine, mehr und mehr zu einer kürzern Rechnungsperiode übergegangen sind, so daß das für die Vorschußvereine noch heute allein übliche Rechnungsjahr für sie nicht paßt. Auch einzelne Mängel in der Fassung hätten beseitigt werden müssen.

Zu vergleichen sind die entsprechenden Artikel des Handelsgesetzbuchs, welche für die einzelnen Handelsgesellschaften die Vertheilung bei der Liquidation regeln: Artikel 141—42, 172, 202, 203 und 245. Der §. 46 enthält nicht bloß eine Instruktion für die Liquidatoren, sondern es können auch die „Kommunionsinteressenten" (v. Hahn a. a. O. S. 341) auf Ausführung gegen die in Liquidation befindliche Genossenschaft klagen.

[127]) Darüber, mit welchem Zeitpunkt ein ausgeschiedener Genossenschafter in Betreff seiner fälligen Forderung vollständig in die Reihe der Gläubiger der Genossenschaft tritt, vergleiche man oben die Anmerkungen zu §. 39. Auerbach (a. a. O. S. 378) erinnert, daß hier wohl aus Art. 202 Absatz 2

zugeschriebenen Dividenden früherer Jahre[128]) an die Genossenschafter zurückgezahlt. Reicht der Bestand zur vollständigen Deckung nicht aus, so erfolgt die Vertheilung desselben nach Verhältniß der Höhe der einzelnen Guthaben;

c) aus dem nach Deckung der Schulden der Genossenschaft, sowie der Geschäftsantheile der Genossenschafter, noch verbleibenden Bestande wird zunächst der Gewinn des letzten Rechnungsjahres an die Genossenschafter nach den Bestim-

---

und 3, resp. Art. 205 Absatz 3 der Satz am Platze wäre: „Letzteres (nämlich die Reservirung der betreffenden Summen) muß auch in Ansehung der unerhobenen Schuldbeträge, sowie der streitigen Forderungen geschehen."

[128]) Auch hier ist der unkorrekte Ausdruck des §. 38 Absatz 2 beibehalten (vgl. Anmerkung 116). Gemeint ist der buchmäßige Geschäftsantheil des Genossenschafters, — das Aktiv-Saldo, welches sich nach Berichtigung der Bücher in Folge des letzten vollendeten Abschlusses auf seinem Kapitalkonto herausgestellt hat. Unter dem Ausdruck „frühere Jahre" im Gegensatze zu dem „letzten Rechnungsjahre" der Nr. c. sind diejenigen Geschäftsperioden zu verstehen, nach deren Beendigung ein solcher vollständiger Buchabschuß stattgefunden hat. Das „letzte Rechnungsjahr" ist also diejenige bei der Auflösung der Genossenschaft bereits vollendete Geschäftsperiode, in Betreff derer noch kein Abschluß gemacht, keine Uebertragung von Gewinn- oder Verlustkonto auf das Kapitalkonto der Mitglieder stattgefunden hat. Das Gesetz geht nämlich, dem Brauche der Volksbanken gemäß, davon aus, daß an dem Gewinn einer Geschäftsperiode nur die Guthaben der Genossenschafter beim Beginn derselben Geschäftsperiode, nicht also die innerhalb derselben gemachten Einzahlungen, mit andern Worten die Aktiv-Saldos beim letzten Buchabschluß Theil nehmen, und daß die Auflösung nur nach Vollendung einer Geschäftsperiode in Folge der Inventur, aber vor dem vollendeten Abschlusse, also vor der Ab- oder Zuschreibung auf den Kapitalkonti's der Genossenschafter stattfindet. Sobald also die Auflösung nach vollendetem Geschäftsabschlusse der letztverflossenen Geschäftsperiode stattfinden sollte, so ist die ganze Unterscheidung zwischen den „früheren Jahren" und dem „letzten Rechnungsjahre", wie sie in b. und c. dieses Paragraphen gemacht wird, nicht zutreffend; es ist dann nämlich kein „letztes Rechnungsjahr" im Sinne der Nr. c. dieses Paragraphen vorhanden.

Die Bestimmung, wonach der Verlust (denn ein solcher ist doch vorhanden, sobald die Geschäftsantheile bei der Liquidation nicht vollständig gedeckt werden können), „nach Verhältniß der Höhe der einzelnen Guthaben", soweit diese reichen, vertheilt werden soll, widerspricht streng genommen der Bestimmung des §. 8, wonach der Verlust, wenn der Gesellschaftsvertrag nichts Anderes bestimmt, unter die Genossenschafter nach Köpfen vertheilt werden soll. Es ist bei der Feststellung des §. 46 die in der Anmerkung 47 zu §. 8 S. 42 unter A. dargestellte Statutbestimmung, welche bei den Volksbanken allgemein

mungen des Gesellschaftsvertrages gezahlt. Die Vertheilung weiterer Ueberschüsse unter die Genossenschafter er-

---

üblich war, dergestalt als Regel ins Auge gefaßt, daß das Mißverhältniß übersehen ist, welches nothwendig eintreten muß, wenn der zweite Absatz des §. 8 bei Verlusten zur Anwendung kommt, die sich erst bei der Liquidation herausstellen. Gesetzt z. B., eine liquidirende Genossenschaft von 20 Mitgliedern behielte nach Befriedigung sämmtlicher Gläubiger (§. 46a) nur noch 200 Thlr. zur Vertheilung auf das 2000 Thlr. betragende Kapitalkonto der Genossenschafter übrig und der Gesellschaftsvertrag enthielte keine Bestimmung über Vertheilung der Verluste, so ist augenscheinlich, daß je nach Anwendung des §. 8 oder des §. 46b. ein durchaus verschiedenes Ergebniß der Abschreibungen sich herausstellen wird, es sei denn, daß der buchmäßige Aktiv-Saldo (das Guthaben) aller einzelnen Genossenschafter gleich hoch ist. Der Verlust von 800 Thlrn. betrüge bei kopfweiser Berechnung nach §. 8 40 Thlr. für jeden Genossenschafter, nach Verhältniß der Höhe der einzelnen Guthaben in Gemäßheit des §. 46 4/5 oder 80 pCt. jedes Guthabens. Gesetzt nun ferner' die Guthaben der Genossenschafter betrügen

a.	von	5	je	100 Thaler,	zusammen	500 Thlr.,
b.	„	10	„	45 „	„	450 „
c.	„	5	„	10 „	„	50 „
	Summa	20		von	zusammen	1000 Thlr.,

dann hätte im ersteren Falle jeder Genossenschafter zu a. noch 60 Thlr. (zusammen 300 Thlr.), zu b. noch 5 Thlr. (zusammen 50 Thlr.) herauszubekommen und zu c. 30 Thlr. (zusammen 150 Thlr.) hinzuzuzahlen. Dahingegen würde im zweiten Falle — (nach §. 46b.) jeder Genossenschafter zu a. 20 Thlr. (zusammen 100 Thlr.), zu b. 9 Thlr. (zusammen 90 Thlr.) und zu c. 2 Thlr. (zusammen 10 Thlr.) ausgezahlt bekommen. Man wird nun wol mit Recht einwenden können, daß durch den zweiten Absatz des §. 48 (vergl. unten Anmerkung 132) in dem ersteren Falle die Genossenschafter zu c. dagegen geschützt seien, aus ihrem Vermögen noch einschießen zu müssen, so lange noch etwas von dem Guthaben anderer Genossenschafter vorhanden sei: das macht jedoch nur eine Aenderung zu Ungunsten der Genossenschafter zu b. Denn dann würden jene 150 Thlr., welche aus dem Guthaben der 5 Genossenschafter zu c. nicht gedeckt würden, wieder auf die übrigen 15 mit 10 Thlr. pro Kopf zu vertheilen sein. Da aber von den Guthaben der 10 Genossenschafter zu b. nur je 5 Thlr. übrig geblieben waren, so würde das schließliche Ergebniß der kopfweisen Vertheilung unter Berücksichtigung des zweiten Satzes des §. 48 dasjenige, daß von den Genossenschaftern ein Jeder zu a. 40 Thlr. und ein Jeder zu b. und c. nichts zurückerhielte.

Zur Beseitigung des Widerspruchs zwischen §. 8 und §. 46b. wird man demgemäß annehmen müssen, daß letztere Bestimmung die erstere für den Fall der Liquidation auf diejenigen Verluste einschränkt, welche nach Absorbirung der gesammten Geschäftsantheile noch auf die einzelnen Genossenschafter zu vertheilen sind — §. 46c. — (Man vergl. v. Hahn über die Regreßpflicht, je nachdem der Gewinnvertheilungs-Quotient von dem Verlustvertheilungs-Quotient verschieden ist; a. a. O. S. 345.)

folgt in Ermangelung anderer Vertragsbestimmungen nach Köpfen.[129])

§. 47.

Die Liquidatoren haben sofort beim Beginn der Liquidation eine Bilanz aufzustellen. Ergiebt diese oder eine später aufgestellte Bilanz, daß das Vermögen der Genossenschaft (einschließlich des Reservefonds und der Geschäftsantheile der Genossenschafter) zur Deckung der Schulden der Genossenschaft nicht hinreicht, so haben die Liquidatoren bei eigener Verantwortlichkeit sofort eine Generalversammlung zu berufen und hierauf, sofern nicht Genossenschafter binnen acht Tagen nach der abgehaltenen Generalversammlung den zur Deckung des Ausfalles erforderlichen Betrag baar einzahlen, bei dem Handelsgerichte die Eröffnung des kaufmännischen Konkurses (Falliments) über das Vermögen der Genossenschaft zu beantragen.[130])

---

[129]) Ueber den letzten Satz dieses Paragraphen sagt der Bericht der Kommission des Abgeordnetenhauses von 1866:

„Abweichend von der allgemeinen Regel (Art. 245 des Handelsgesetzbuchs) ist die Vertheilung der Ueberschüsse nach Köpfen, statt im Verhältniß zu den Geschäftsantheilen. Die erste Theilungsart empfiehlt sich als die einfachere, da es sich immer nur um kleine Kapitalien und meist um viele Köpfe handelt. Ein erheblicher Kapitals-Erwerb ist ohnehin nicht der vermuthliche Zweck der Mitgliedschaft."

Diese Bemerkung trifft nicht ganz zu. Der Solidar-Bürgschaft der Genossenschafter, welche erst eintritt, wenn das Vermögen der Genossenschaft vollständig aufgezehrt ist, entspricht die Vertheilung der Ueberschüsse nach Köpfen, während bei der Aktiengesellschaft die Vertheilung des gesammten Gewinns nach den Geschäftsantheilen, und bei der offenen Handelsgesellschaft nach Köpfen (Art. 109 des Handelsgesetzbuchs) folgerichtig Regel sein mußte.

[130]) „Der §. 47 enthält ebenfalls eine Abweichung von den allgemeinen Vorschriften über die Konkurseröffnung, welche in §. 37 des von der Kommission des Abgeordnetenhauses von 1863 aufgestellten Entwurfs in Vorschlag gebracht ist und sich aus Zweckmäßigkeitsgründen empfiehlt" u. s. w. (Motive des Regierungsentwurfs S. 33.) Bei Handels-Aktiengesellschaften hat der Vorstand, sobald das Vermögen der Gesellschaft nicht mehr die Schulden deckt, davon sofort dem Gerichte behufs Eröffnung des Konkurses Anzeige zu machen; die Mitglieder des Vorstandes werden mit Gefängniß bis zu 3 Monaten bestraft, wenn sie die Anzeige unterlassen. (Art. 241 des Handelsgesetzbuchs und Art. 12 §. 9, und Art. 32 des Einführungsgesetzes v. 24. Juni 1861.) Ob die erstere Vorschrift, wie der Regierungsentwurf in seinen Motiven und die Kommission des Abgeordnetenhauses von 1866 (Bericht Nr. 55 S. 21) annimmt, auch ohne besondere Bestimmung in Folge des §. 10 dieses Gesetzes auf eingetragene Genossenschaften anwendbar sein würde, mag dahin gestellt

§. 48.

Ungeachtet der Auflösung der Genossenschaft kommen bis zur Beendigung der Liquidation im Uebrigen in Bezug auf die Rechtsverhältnisse der bisherigen Genossenschafter untereinander, sowie zu dritten Personen, die Vorschriften des zweiten und dritten Abschnitts dieses Gesetzes zur Anwendung, soweit sich aus den Bestimmungen des gegenwärtigen Abschnitts und aus dem Wesen der Liquidation nicht ein Anderes ergiebt.[131]) Im Fall der Auflösung der Genossenschaft kann kein Genossenschafter wegen des etwaigen geringeren Betrages der statutenmäßigen Einzahlung auf seinen Geschäftsantheil von anderen Genossenschaftern, welche

---

bleiben; wir können dies nicht annehmen. Jedenfalls erschien es angemessen, eine ähnliche Bestimmung auch für die Genossenschaften zu erlassen. Da nun aber sämmtliche Genossenschafter persönlich und solidarisch für einen etwaigen Ausfall haften, so liegt es in ihrem Interesse, zur Vermeidung des kostspieligen und weitläufigen Konkurses den zu befürchtenden Ausfall im Voraus zu decken und dadurch die Unterbilanz zu beseitigen. Dies ist der Grund, weshalb hier die sofortige Berufung einer Generalversammlung vorgeschrieben und dadurch ein Zwischenstadium zwischen der Entdeckung der Unterbilanz und dem Antrage auf Konkurseröffnung eingeschoben ist, von welchem in der Regel ein günstiger Erfolg erwartet werden kann. Diese ungewöhnliche Vorschrift entspricht nicht bloß dem Interesse der Genossenschafter, sondern auch dem der Gläubiger, welche die Weiterungen des Konkurses fast noch mehr zu scheuen haben als jene. Da die Bedenkfrist nur 8 Tage beträgt, so wird durch die Verzögerung eine Gefährdung der Gläubiger nicht herbeigeführt.

[131]) Der erste Satz des §. 48 stimmt ziemlich wörtlich mit dem ersten Absatz des Art. 144 des Handelsgesetzbuchs, welcher von der Kommission zur Berathung des Handelsgesetzbuchs erst bei der dritten Lesung beschlossen wurde, da man annahm, daß vom Augenblick der Auflösung der Gesellschaft an, alle für das Rechtsverhältniß der Gesellschafter unter einander und zu dritten Personen geltenden Rechtssätze nicht mehr anwendbar sein sollten.

Im Art. 144 ist statt „sowie zu dritten Personen" gesetzt „sowie der Gesellschaft zu dritten Personen". Ob die statt der Worte „der Gesellschaft" zu substituirenden Worte „der Genossenschaft" im §. 48 absichtlich fortgeblieben sind, oder ob hier wieder ein Flüchtigkeitsfehler bei der Redaktion des Ministerialentwurfs vorliegt, ist nicht zu entscheiden.

Welche Bestimmungen des zweiten und dritten Abschnitts auch für die Genossenschaft in Liquidation anwendbar und welche ausgeschlossen sind, ist leicht zu untersuchen.

Was zunächst den zweiten Abschnitt anlangt, so können der zweite Absatz des §. 11 und des §. 15 nicht angewendet werden, weil dazu die Voraussetzungen fehlen. Alle übrigen Bestimmungen sind anwendbar.

In Ansehung des dritten Abschnittes muß hervorgehoben werden, daß der Aufsichtsrath, wo ein solcher bestellt ist, und die Generalversammlung bis

auf ihre Antheile mehr eingezahlt haben, im Wege des Rückgriffs in Anspruch genommen werden.[132]) Der Gerichtsstand, welchen

zur Vollendung der Liquidation in Thätigkeit verbleiben. Die Befugnisse des Vorstandes hingegen hören, wenn andere Personen als Liquidatoren bestellt worden sind, gänzlich auf.

[132]) Dieser zweite Satz des §. 48 war nicht in dem Ministerialentwurfe enthalten. Er ist in der Kommission des Abgeordnetenhauses von 1866 analog einer in der Fassung mangelhafteren Bestimmung des Kommissionsentwurfes von 1863 mit Genehmigung von Schulze eingeschoben worden. Die Motive weisen darauf hin (Drucksachen Nr. 55 S. 20), daß die Statuten der Genossenschaften meist eine Maximalsumme beispielsweise von 20, 50 oder 100 Thlrn. festsetzten, über welche hinaus kein Mitglied mit Einzahlungen zugelassen oder mindestens nicht zum Dividendengenuß verstaltet werde. Auf diesen Geschäftsantheil müßte jedes Mitglied eine im Mindestsatz bestimmte kleinere Summe sofort und nachher monatliche Beiträge, etwa nicht unter 5 Sgr., einzahlen. Am Ende des Geschäftsjahres werde vom Reingewinn auf jeden vollen Thaler die Dividende berechnet, aber nicht ausbezahlt, sondern so lange gutgeschrieben und zum Geschäftsantheil zugerechnet, bis das statutarisch festgestellte Maximum, worauf außerdem jedes Mitglied jederzeit Einzahlungen machen könne, vollständig erreicht sei. „Es könnte nun", fährt der Bericht wörtlich fort, „nach dem bestehenden Rechte zutreffend erscheinen, den „Geschäftsantheil", so lange er noch nicht gezahlt ist, analog wie die zugesicherte Einlage des stillen Gesellschafters, Kommanditisten oder Aktionärs (Art. 165, 219, 255 Alinea 2 des Handelsgesetzbuches) zu behandeln und demnach im Falle des Bedürfnisses und auch zum Zwecke der Ausgleichung unter den Mitgliedern eine Nachzahlung zu fordern. Dies ist jedoch nicht der Zweck der Geschäftsantheile; das Mitglied soll, außer seiner Solidarhaft gegen Dritte, zu keiner andern Leistung, als zu den Minimalbeiträgen und zum Aufsparen des Gewinnes bis zur Ergänzung des Geschäftsantheiles angehalten werden. Geht ein Mitglied über das knappere Maß der Beitragspflicht hinaus, so erlangt er in der verhältnißmäßig erhöhten Dividende den entsprechenden Vortheil, übernimmt aber damit auch das Risiko des größeren Verlustes, wenn die Genossenschaft das Vermögen vermindert; ein Rückgriff an die anderen Mitglieder steht ihm nicht zu, sofern diese nicht mit den übernommenen Beiträgen rückständig sind."

Ueber die schließliche Auseinandersetzung unter den Genossenschaftern sind die Bemerkungen von Hahn's über die von den Liquidatoren bei einer offenen Handelsgesellschaft herbeizuführende schließliche Auseinandersetzung unter den Gesellschaftern zu vergleichen (von Hahn a. a. O. zu Art. 142 des Handelsgesetzbuchs S. 342—346). Eine Schwierigkeit ergiebt sich für die letzte bei Vollendung der Liquidation zu ziehende Bilanz nur noch dann, wenn einer oder mehrere Genossenschafter auf Grund des §. 47 den zur Deckung des Ausfalles erforderlichen Betrag zur Vermeidung des Konkurses baar eingezahlt haben. In dem einfacheren Falle, wo nur ein Genossenschafter den betreffenden Ausfall deckt, kann dieser einen Regreß an alle übrigen Genossenschafter geltend machen und zwar gegen Jeden auf Höhe seines Passiv-Saldo's, d. h.

die Genossenschaft zur Zeit ihrer Auflösung hatte, bleibt bis zur

---

wegen desjenigen Betrages, welcher sich nach Abschluß der Bücher, nachdem also auch der Verlust dem Konto jedes einzelnen Genossenschafters zur Last geschrieben ist, auf diesem Konto sich als dessen Schuld ergiebt. Ist nun im Regreßfalle nicht jeder Genossenschafter fähig, die ihn betreffende Regreßsumme zu zahlen, so ist dieser Ausfall wiederum auf alle übrigen Genossenschafter einschließlich Desjenigen, welcher die Regreßklage anstellte, zu vertheilen.

Haben mehrere Genossenschafter jenen erstern Ausfall zur Vermeidung des Konkurses gedeckt, so bilden sie unter sich eine zufällige Gemeinschaft und können daher zusammen oder, wenn sie sich getheilt haben, auch einzeln die erforderlichen Regreßklagen anstellen.

In dem ersten Gesetzentwurfe von Schulze war ein ganz besonderes Verfahren zur Realisirung der Solidarhaft im Falle der Insuffizienz vorgeschlagen. Dasselbe gab diejenigen Bestimmungen wieder, welche die Königl. Sächsische Regierung schon zu Ende der 50er Jahre mehreren Volksbanken, zuerst dem Kreditverein in Meißen, bei Verleihung der Korporationsrechte zugestanden hatte und von denen Schulze sagt: „Die Zweckmäßigkeit derselben, den Vereinsgläubigern wie den Mitgliedern gegenüber, spricht für sich selbst, da die ersteren dadurch einer weitläufigen Einklagung ihrer Forderung enthoben, die letztern dagegen geschützt werden, nicht einzeln sogleich für die ganze Schuld in Anspruch genommen zu werden.“ (Motive in Nr. 25 der Drucksachen von 1863 Nr. 23.) Die betreffenden Bestimmungen bilden den §. 36 des Schulze'schen Entwurfes und lauten:

„In jedem Falle, wo bei Insuffizienz des Vereinsvermögens die Deckung des Ausfalls aus dem Privatvermögen der Mitglieder bewirkt werden muß, tritt unter Leitung des Gerichts folgendes Verfahren ein:

a) nach Prüfung des eingereichten oder im Konkursverfahren festgestellten Vermögensstatus setzt das Gericht den Betrag derjenigen Summe, die zur vollen Befriedigung der Vereinsgläubiger erforderlich ist, durch Dekret fest und vertheilt dieselbe auf sämmtliche haftbare, gegenwärtige und frühere Mitglieder des Vereins gleichmäßig;

b) die Liquidatoren, nach Befinden der Massenkurator, ziehen auf Grund dieser gerichtlichen Umlage die den Einzelnen zur Last fallenden Antheile von diesen ein und beschreiten gegen die Säumigen den Rechtsweg;

c) sind von einzelnen Mitgliedern die sie treffenden Antheile der Umlage nicht zu erlangen, so bleibt für solche Defekte die Gesammtheit der übrigen Mitglieder verhaftet und das Gericht bestimmt die zur Deckung des Fehlbetrags weiter erforderlichen Summen und vertheilt sie auf die übrigen Mitglieder gleichmäßig, worauf ebenso wie bei der ersten Umlage die Einziehung erfolgt, und ist mit dieser Ausschreibung und Einziehung so lange fortzufahren, bis sämmtliche Vereinsgläubiger an Kapital, Zinsen und Kosten vollständig befriedigt sind;

d) gegen die vom Gericht in dieser Beziehung getroffenen Anordnungen steht keinem Mitgliede ein Einspruch zu, insbesondere dürfen die einzelnen Vereinsmitglieder, gegen welche wegen der sie treffenden Antheile der Rechts-

Beendigung der Liquidation für die aufgelöste Genossenschaft bestehen. Zustellungen an die Genossenschaft geschehen mit rechtlicher Wirkung an einen der Liquidatoren.[133])

§. 49.

Nach Beendigung der Liquidation werden die Bücher und Schriften der aufgelösten Genossenschaft einem der gewesenen Genossenschafter oder einem Dritten in Verwahrung gegeben. Der Genossenschafter oder der Dritte wird in Ermangelung einer gütlichen Uebereinkunft durch das Handelsgericht bestimmt.

Die Genossenschafter und deren Rechtsnachfolger behalten das Recht auf Einsicht und Benutzung der Bücher und Papiere.[134])

§. 50.[135])

Ueber das Vermögen der Genossenschaft wird außer im Falle des §. 47. der kaufmännische Konkurs (Falliment) eröffnet, sobald sie ihre Zahlungen vor oder nach ihrer Auflösung eingestellt hat. §. 281. Nr. 2. der Konkursordnung vom 8. Mai 1855., Rheinisches Handelsgesetzbuch Art. 441., Gesetz vom 9. Mai 1859. (Gesetz-Samml. 209).

---

weg beschritten ist, insofern nur ihre Mitgliedschaft feststeht, in Bezug auf ihre Zahlungspflicht und die Höhe der Umlage keine Einwendungen erheben."

In der Kommission des Abgeordnetenhauses von 1863 machte sich zwar überwiegend die Ansicht geltend, daß es „wünschenswerth sei, derartige Bestimmungen in das Gesetz aufzunehmen" (Protokoll vom 24. April 1863 in den Akten des Abgeordnetenhauses); schließlich ließ man dieselben aber fallen, weil man die Schwierigkeiten, welche sich aus der Organisation der Gerichte in den verschiedenen Landestheilen dabei ergeben, für überwiegend erachtete. Es dürfte darauf zurückzukommen sein, sobald wir es in Deutschland oder wenigstens in Norddeutschland zu einer einheitlichen Gerichtsverfassung gebracht haben. Die wesentlichsten Gründe, welche gegen jenes Verfahren sprechen, findet man bei Auerbach a. a. O. S. 382.

133) Der dritte und vierte Satz des §. 48 stimmen überein mit dem zweiten und dritten Absatz des Art. 144 des Handelsgesetzbuchs. Ueber den Ausdruck „Zustellungen" vergleiche man Anmerkung 79 zu §. 23, S. 82 u. 83. Makower (a. a. O. Anmerkung 19 zu Art. 146) macht darauf aufmerksam, daß der Ausdruck „Zustellungen" (significations) der Technik des rheinischen Prozesses entnommen sei und auch die Ladungen (assignations) in sich begreife.

134) §. 49 stimmt mit Art. 145 des Handelsgesetzbuchs wörtlich überein. Man vergleiche auch Art. 206 daselbst.

135) Die Eröffnung des Konkurses im Falle der Zahlungseinstellung ist eine Folge der kaufmännischen Rechte. Dagegen ist die materielle Unzulänglichkeit des Vermögens, insoweit sie noch nicht zur Zahlungseinstellung führt,

Die Verpflichtung zur Anzeige der Zahlungseinstellung liegt dem Vorstande der Genossenschaft, und wenn die Zahlungseinstellung nach Auflösung der Genossenschaft eintritt, den Liquidatoren derselben ob.[136])

Die Genossenschaft wird durch den Vorstand, beziehungsweise die Liquidatoren vertreten. Dieselben sind persönlich zu erscheinen und Auskunft zu ertheilen in allen Fällen verpflichtet, in welchen dies für den Gemeinschuldner selbst vorgeschrieben ist. Ein Akkord (Konkordat) kann nicht geschlossen werden.[137])

Der Konkurs (Falliment) über das Gesellschaftsvermögen zieht den Konkurs (Falliment) über das Privatvermögen der einzelnen Genossenschafter nicht nach sich.

Der Beschluß über Eröffnung des Konkurses (resp. die Erklärung des Falliments) hat die Namen der solidarisch verhafteten Genossenschafter nicht zu enthalten. Sobald der Konkurs (Falliment) beendigt ist, sind die Gläubiger berechtigt, wegen des Ausfalls an ihren Forderungen, jedoch nur, wenn solche bei dem Konkursverfahren (Falliment) angemeldet und verifizirt sind, einschließlich Zinsen und Kosten, die einzelnen, ihnen solidarisch haftenden Genossenschafter in Anspruch zu nehmen.[138])

---

außerhalb der Liquidation kein Konkursgrund. Diese Abweichung von der Bestimmung über die Aktiengesellschaft rechtfertigt sich durch die Solidarhaft, da die Gläubiger durch die materielle Unzulänglichkeit des Gesellschaftsvermögens noch nicht mit Verlusten bedroht sind. Die Genossenschaft ist vielmehr in dieser Beziehung der offenen Handelsgesellschaft gleichzustellen. Dagegen liegt es wegen der nur eventuellen Haftbarkeit und der Stellung der Mitglieder zur Genossenschaft **nicht** in der Natur der Sache, daß, wie bei einer offenen Handelsgesellschaft, der Konkurs über das Gesellschaftsvermögen auch den über das Privatvermögen der Mitglieder nach sich ziehe. (Bericht der Kommission des Abgeordnetenhauses Drucksachen Nr. 55 von 1866, S. 21.)

[136]) Der zweite Absatz des §. 50 stimmt überein mit dem §. 382 der Konkursordnung vom 8. Mai 1855, welcher das Gleiche anordnet für den Konkurs über das Vermögen von Aktiengesellschaften. (Vergl. oben §. 47 und Anmerkung 130 dazu.)

[137]) Dieser dritte Absatz des §. 50 giebt die §§. 284 und 285 der Konkursordnung vom 8. Mai 1855 wieder.

[138]) „Da die Genossenschaften nur für den Ausfall als Solidarbürgen haften, so zieht der Konkurs über das Genossenschaftsvermögen die gleichzeitige Eröffnung des Konkurses über das Vermögen der einzelnen Genossenschaften nicht nach sich. Um aber die subsidiarische Verpflichtung der Genossenschafter nicht zu erschweren, ist es erforderlich, daß alle Genossenschaftsgläu-

Abschnitt VI.

Von der Verjährung der Klagen gegen die Genossenschafter.[139])

§. 51.

Die Klagen gegen einen Genossenschafter aus Ansprüchen gegen die Genossenschaft verjähren in zwei Jahren nach Auflö-

---

biger ihre Befriedigung aus dem Genossenschaftsvermögen suchen. Es kann ihnen deshalb nicht gestattet werden, die Geltendmachung ihrer Rechte bei dem Konkurse über das Genossenschaftsvermögen zu unterlassen, vielmehr sind sie zu dem Rückgriff auf die einzelnen Genossenschafter wegen ihres Ausfalls nur dann für berechtigt zu erachten, wenn sie ihre Forderungen beim Konkurse angemeldet und verifizirt haben. Diese Bestimmungen sind in Alinea 4 und 5 des §. 50 aufgenommen. Hierbei ist noch in Erwägung gezogen, ob es nicht für angemessen zu erachten sei, den Gläubigern Atteste über ihren beim Konkurse resp. Fallitverfahren erlittenen Ausfall vom Konkursgerichte ertheilen zu lassen. Da indeß die Ertheilung solcher Atteste dem rheinischen Fallitverfahren nicht entspricht und durch die Ausfallsatteste die Forderung selbst gegen den in Anspruch zu nehmenden Genossenschafter nicht für verifizirt angenommen werden kann, weil die Anmeldung und Verifizirung der Forderung im Konkurse nur gegen die Genossenschaft, nicht gegen die einzelnen Genossenschafter gilt, so ist hiervon abstrahirt worden." (Motive des Regierungsentw. S. 29.) Die Ausfallsatteste waren in der Kommission von 1863 vom Herausgeber in dem von ihm als Referenten gestellten Antrage, welcher §. 40 des damaligen Entw. wurde, auf besondere Empfehlung des Kommissars des Justizministerii aufgenommen und von Auerbach a. a. O. S. 383 ebenfalls für nothwendig erachtet. Daß der Genossenschaftsgläubiger sein Klagerecht gegen die Mitglieder gänzlich verliert, sobald er im Konkurse seinen Anspruch nicht angemeldet, oder nicht bis zur Anerkennung betrieben hat, wurde in der Kommission des Abgeordnetenhauses von 1866 von einer Seite als eine über das unmittelbare Bedürfniß hinausgehende Strenge gerügt. „Im Gegensatz hierzu" — heißt es im Bericht — „wurde das weit höhere Interesse der mit ihrem ganzen Vermögen verpflichteten Genossenschafter hervorgekehrt; dieses gebiete, im Konkurse den gesammten Umfang der Verpflichtungen genau zu ermitteln." Auerbach hält auch noch eine Veröffentlichung der Solidarschuldner für erforderlich. Diese würde oft geradezu unmöglich sein, weil bei Genossenschaften, welche mit zahlreichem und oft wechselndem Mitgliederbestande eine Reihe von Jahren bestehen, bei den einzelnen ausgefallenen Forderungen die Solidarschuldner zum großen Theil durchaus verschieden sein werden. Es muß Sache des ausfallenden Gläubigers sein, sich aus den zu den Akten des Genossenschaftsregisters übergebenen Mitgliederlisten die ihm solidarisch haftenden Genossenschafter selbst herauszusuchen.

Ueber das Verhältniß des letzten Absatzes des §. 50 zu §. 3 Nr. 12 und §. 11 vergl. Anmerkung 30 S. 21 und Anmerkung 57 S. 57.

sung der Genossenschaft oder nach seinem Ausscheiden oder seiner Ausschließung aus derselben, sofern nicht nach Beschaffenheit der Forderung eine kürzere Verjährungsfrist gesetzlich eintritt.[140])

---

[139]) In den Motiven des Ministerialentwurfs vom 2. Febr. 1866 heißt es in Betreff dieses Abschnitts: „Das Handelsgesetzbuch hat für die Klagen, welche aus Ansprüchen gegen eine offene Handelsgesellschaft herrühren, zu Gunsten der Gesellschafter eine 5jährige Verjährung eingeführt. Diese Verjährung läuft, sofern die Forderungen nicht später fällig werden, vom Zeitpunkte der Auflösung der Gesellschaft oder des Ausscheidens, beziehungsweise der Ausschließung des Gesellschafters aus der Gesellschaft und wird durch Rechtshandlungen, welche gegen die Gesellschaft oder einen anderen Gesellschafter vorgenommen werden, nicht unterbrochen (Art. 146, 148 des Handelsgesetzbuchs). Die Sicherstellung der Genossenschafter gegen die Ansprüche, welche aus den Forderungen an die Genossenschaft gegen sie geltend gemacht werden können, begründet rücksichtlich ihrer ebenfalls die Einführung einer kürzeren Verjährungsfrist, und die Bestimmung derselben erscheint um so nothwendiger, als die Kreditoren in der Regel aus dem Ausscheiden einzelner Genossenschafter keine Veranlassung nehmen werden, ihre Forderungen gegen die Genossenschaft geltend zu machen, und die hieraus entstehende Verzögerung die einzelnen Genossenschafter der Gefahr eines Regresses für einen außer aller Berechnung liegenden Zeitraum aussetzen würde. Die Stellung der einzelnen Genossenschafter, den Gesellschaftsgläubigern gegenüber, unterscheidet sich aber von derjenigen der Gesellschafter bei der offenen Handelsgesellschaft sehr wesentlich dadurch, daß die letzteren wegen jeder fälligen Gesellschaftsschuld sofort in Anspruch genommen werden können, während die Genossenschafter nur wegen des Ausfalls, den die Gläubiger der Genossenschaft bei dem Liquidationsverfahren oder dem Konkurse erleiden, verhaftet sind. Es ist also nothwendig, daß jeder Gläubiger der Genossenschaft zunächst sein Recht gegen diese verfolge, um demnächst die subsidiarisch haftenden Genossenschafter in Anspruch nehmen zu können. Daraus folgt, daß die Rechtshandlungen, welche gegen die Genossenschaft vorgenommen werden, zugleich als eine Rechtsverfolgung gegen den einzelnen Genossenschafter anzusehen, und deshalb, abweichend vom Art. 148 des Handelsgesetzbuchs, die Verjährung gegen die einzelnen Genossenschafter zu unterbrechen geeignet sind." Mit diesem Unterschiede und mit Abkürzung der Verjährungsfrist auf zwei Jahre u. s. w. seien die Vorschriften des Handelsgesetzbuches über die Verjährung der Klagen gegen die Gesellschafter bei der offenen Handelsgesellschaft auch auf die Genossenschafter übertragen.

[140]) Der erste Absatz des §. 51 entspricht dem ersten Absatz des Art. 146 des Handelsgesetzbuches mit der einzigen Abweichung, daß die Verjährungsfrist — in Gemäßheit eines Vorschlages der Kommission vom Jahre 1863 — von fünf auf zwei Jahre herabgesetzt ist. „Die Verkürzung erschien annehmbar, weil dem ausgeschiedenen Mitgliede viel daran liege, möglichst schnell aus der zweifelhaften Lage zu kommen, der Gläubiger aber selten nur von der Klage gegen das einzelne ausgeschiedene Mitglied Gebrauch mache." (Bericht der Kommission des Abgeordnetenhauses von 1866, Nr. 55 der Drucksachen.)

Die Verjährung beginnt mit dem Tage, an welchem die Auflösung der Genossenschaft in das Genossenschaftsregister eingetragen oder das Ausscheiden, beziehungsweise die Ausschließung des Genossenschafters dem Handelsgerichte angezeigt ist. Wird die Forderung erst nach diesem Zeitpunkte fällig, so beginnt die Verjährung mit dem Zeitpunkte der Fälligkeit.[141]) Ist noch un-

Genossenschafter gegen einander oder der Genossenschaft gegen den ausgeschiedenen oder ausgeschlossenen Genossenschafter.

[141]) Die ersten beiden Sätze dieses zweiten Absatzes des §. 51 entsprechen dem zweiten und dritten Absatze des Art. 146 des Handelsgesetzbuchs. Für eine erst später fällige Fordernng solle der Fälligkeitstermin den Anfang der Verjährung bilden, „weil", wie es in den Motiven des Ministerialentwurfs heißt, „der Kreditor sich bis dahin in der rechtlichen Unmöglichkeit befindet, seine Forderung zu verfolgen." In dem Entwurfe Schulze-Delitzsch's vom Jahre 1862 war der spätere Fälligkeitstermin als Anfangspunkt der Verjährung auf „fest befristete Forderungen" beschränkt. Es waltete dabei wol die Absicht ob, dem Zweifel, welcher bei den kündbaren Forderungen über den Anfangspunkt der Verjährung entstehen könnte, von vornherein zu begegnen. Die Kommission des Abgeordnetenhauses strich diesen ganzen Satz, in der Meinung, die zweijährige Frist sei lang genug auch für die fest befristeten Forderungen, welche erst später fällig werden und für die kündbaren Forderungen. Der Ministerialentwurf stellte ihn genau nach Inhalt des Art. 146 des Handelsgesetzbuchs wieder her. Demgemäß ist die Lage der Genossenschafter allen solchen Ansprüchen gegenüber, abgesehen von der um drei Jahre kürzeren Frist und der bei §. 52 zu erwähnenden Abweichung, dieselbe, wie die der Gesellschafter bei einer offenen Handelsgesellschaft im Falle des Art. 146.

Nach Erlaß des Genossenschaftsgesetzes ist das Bedenken angeregt, ob nicht zufolge Bestimmung dieses Paragraphen die ausscheidenden Genossenschafter allen denjenigen Gläubigern, deren Forderungen an die Genossenschaft ungekündigt fortbestehen, nach wie vor verhaftet bleiben, und zwar bis zwei Jahre nach Ablauf der mit der wirklich erfolgten Kündigung begonnenen Kündigungsfrist. In einem Aufsatze des Dr. Richard Schultze von Greifswald in Nr. 45 der „Blätter für Genossenschaftswesen" von 1867 ist dies nament- für das Rechtsgebiet des gemeinen Rechts nachzuweisen versucht und als eine große Gefahr für die Volksbanken dargestellt, da diese ihre Geschäfte zum größten Theile mit kündbaren Darlehnen machen. Wir können diese Bedenken durchaus nicht theilen. Die Bestimmungen des Abschnitts VI. begründen ebensowenig wie die des Abschnitts VI. im zweiten Buch des ersten Titels des Handelsgesetzbuchs ein neues System der Klagverjährung. Es finden vielmehr alle nicht ausdrücklich abgeänderten Grundsätze des allgemeinen Rechts auch auf die hier behandelte Verjährung Anwendung. Aus den in den Anmerkungen 139) und 140) mitgetheilten Motiven geht klar hervor, daß die besondere Verjährung nur zu Gunsten des einzelnen Genossenschafters stattfindet. Der zweite Satz des zweiten Absatzes des §. 51 ändert ebensowenig

getheiltes Genossenschaftsvermögen vorhanden, so kann dem Gläu-

---

wie der gleichlautende dritte Absatz des Art. 146 des Handelsgesetzbuchs etwas zu Ungunsten des Genossenschafters oder Gesellschafters in den allgemeinen gesetzlichen Bestimmungen über den Beginn der Verjährungsfrist bei kündbaren Forderungen. Es ist nun richtig, daß über den Beginn der Verjährung einer erst nach vorhergegangener Kündigung zahlbaren Schuldforderung vorzugsweise drei verschiedene Meinungen unter den Juristen existiren:

1) Die Verjährung beginnt erst nach wirklich geschehener Kündigung und Ablauf der Kündigungsfrist.
2) Die Verjährung beginnt mit dem Ablauf der Kündigungsfrist von dem Tage an gerechnet, wo die Kündigung zuerst möglich war.
3) Die Verjährung beginnt mit dem Tage, wo die Kündigung zuerst möglich oder zulässig war.

Für das Gebiet des Allg. Preußischen Landrechts kann die erste Meinung kaum in Frage kommen; die zweite wird in Uebereinstimmung mit mehrfachen Entscheidungen des Obertribunals (Plenarbeschluß vom 5. Januar 1838, Entscheidungen Bd. III. S. 165 und Präj. 681, vom 29. Mai 1839) allgemein als die richtige angesehen, und nur einzelne juristische Schriftsteller wie Koch (vgl. Glosse zum Allgem. Landrecht Anmerkung zu §. 545 Tit. 9 Thl. I. A. L. R.) entscheiden sich für die dritte, den Schuldnern noch günstigere Meinung. Im Gebiete des gemeinen Rechts gehen die Meinungen der Gerichtshöfe und der juristischen Schriftsteller mehr auseinander, während die rheinisch-französischen Juristen sich ebenfalls zu der vorerwähnten Ansicht des Obertribunals bekennen, welche weniger aus besonderen Bestimmungen des Allgem. Landrechts als aus Zweck und Grund der Klagverjährung im Allgemeinen gerechtfertigt worden ist. Diese Streitfragen können aber hier um so weniger in Betracht kommen, als bei einem verzinslichen Darlehn auch nach Preußischem Landrecht kein Zweifel darüber sein kann, daß, so lange Zinsen gezahlt werden, keine Verjährung beginnt, oder aber jede Zinsenzahlung die Verjährung unterbricht. Wollte man nun annehmen, daß der dritte Absatz des Art. 146 des Handelsgesetzbuchs für die kündbaren Darlehnsforderungen, verzinsliche und unverzinsliche, den Ablauf der Kündigungsfrist nach wirklich geschehener Aufkündigung als den Zeitpunkt der Fälligkeit und somit als den Tag, an welchem die Verjährung beginnt, feststelle, so käme man mindestens in Ansehung der verzinslichen Darlehnsforderungen zu dem unlösbaren Widerspruch, daß unter Umständen eine gegen die noch bestehende Gesellschaft bereits verjährte Forderung gegen den zu begünstigenden ausgeschiedenen Gesellschafter geltend gemacht werden kann, ohne daß ihm ein Regreß an die Gesellschaft möglich ist. Hat nämlich wegen ausgebliebener Zinszahlung die 30jährige Verjährung der Klage gegen die Gesellschaft bereits vor dem Ausscheiden eines Gesellschafters begonnen, so könnte der Gläubiger den letzteren noch an demjenigen Tage, wo die Verjährungsfrist gegen die Gesellschaft abläuft, wegen der ganzen Forderung klagend in Anspruch nehmen. Wie widersinnig dies mit Hinblick auf Art. 148 des Handelsgesetzbuchs wäre, wonach die Verjährung gegen den ausgeschiedenen Gesellschafter nicht einmal durch Rechtshandlungen gegen die fortbestehende Gesellschaft unterbrochen wird, bedarf keiner Ausführung. Die Bestim-

biger die zweijährige Verjährung nicht entgegengesetzt werden, sofern er seine Befriedigung nur aus dem Gesellschaftsvermögen sucht.[142])

§. 52.

Die Verjährung zu Gunsten eines ausgeschiedenen oder ausgeschlossenen Genossenschafters wird nicht durch Rechtshandlungen

---

mungen des Art. 146 des Handelsgesetzbuchs können in Betreff aller kündbaren nicht bereits gekündigten Forderungen nur dahin aufgefaßt werden, daß für diese die fünfjährige Verjährungsfrist beginnt mit Ablauf der Kündigungsfrist von dem Tage der Eintragung der Veränderung in das Handelsregister an gerechnet, also mit demjenigen Zeitpunkte, wo die Forderung wirklich fällig ist, sofern der Gläubiger, welchem die Kenntniß jener Veränderung durch das Handelsregister ermöglicht ist, seine Forderung sofort zur Wahrung seiner Ansprüche gekündigt hat. Ist diese Ausführung für Art. 146 des Handelsgesetzbuchs richtig, so muß man sie auch auf §. 51 des Genossenschaftsgesetzes anwenden, obschon die in Anmerkung 143) zu erörternde Abweichung von Art. 148 des Handelsgesetzbuchs die Auslegung wesentlich erschwert. Bei §. 51 spricht für unsere Meinung auch die oben angeführte Stelle der Motive des Ministerialentwurfs. War die Aufnahme des dritten Absatzes des Art. 146 des Handelsgesetzbuchs in den §. 51 erforderlich, weil dem Kreditor vor Fälligkeit der Forderung rechtlich unmöglich ist, sie zu verfolgen, so sollte eben derjenige Zeitpunkt, wo für ihn diese Möglichkeit eintritt, als der Anfangspunkt der Verjährungsfrist in allen den Fällen festgestellt werden, wo die sonst maßgebende Eintragung in das Genossenschaftsregister, beziehungsweise Anzeige an das Handelsgericht früher stattfand. Die Vertreter der Staatsregierung haben dies ausdrücklich anerkannt, indem auf Schulze's Anfrage in der Kommissionssitzung vom 24. November 1866, „wie sich die Verjährung bei Forderungen auf Kündigung verhalte", der Vertreter des Justizministers, Geh. Justizrath Herzbruch, erwiderte: „daß die Kündigungsfrist der Verjährungsfrist zugerechnet werde." (Protokoll vom genannten Tage in den Akten des Abgeordnetenhauses Nr. 19 Vol. 2, vergl. auch Schulze-Delitzsch's Aufsatz in Nr. 51 und 52 S. 201—204 der „Blätter für Genossenschaftswesen", Jahrgang 1867.)

[142]) Dieser letzte Satz des §. 51 stimmt mit Art. 147 des Handelsgesetzbuchs überein. Derselbe war in den Entwurf der Kommission von 1863 aufgenommen, wurde aber als „bei Genossenschaften nicht zutreffend" in dem Ministerialentwurf vom 2. Februar 1866 fortgelassen. Die Kommission von 1866 erklärte dies nicht für gerechtfertigt, „da selbst nach der Auflösung der Genossenschaft noch ungetheiltes Vermögen sich vorfinden kann." Der Ministerial-Entwurf vom 11. November 1866 nahm nun ebenfalls den Satz auf, jedoch nachdem einmal das zweimal vorkommende Wort „Gesellschaftsvermögen" in Genossenschaftsvermögen umgewandelt war. (Vergl. Anmerkung 87) S. 88.)

gegen einen anderen Genossenschafter, wohl aber durch Rechtshandlungen gegen die fortbestehende Genossenschaft unterbrochen.[143])

Die Verjährung zu Gunsten eines bei der Auflösung der Genossenschaft zu derselben gehörigen Genossenschafters wird nicht durch Rechtshandlungen gegen einen anderen Genossenschafter, wohl aber durch Rechtshandlungen gegen die Liquidatoren, beziehungsweise gegen die Konkursmasse unterbrochen.[144])

---

[143]) Der erste Abschnitt des §. 52 entspricht dem ersten Absatz des Artikels 148 des Handelsgesetzbuchs mit der in der Anmerkung 139) besprochenen Abweichung, welche von der Kommission des Abgeordnetenhauses vom Jahre 1863 nicht für nöthig gehalten war. Es muß anerkannt werden, daß das Prinzip der Solidarbürgschaft im Gegensatz zu der Solidarhaft des Gesellschafters in der offenen Handelsgesellschaft eine einfache Uebertragung des Art. 148 des Handelsgesetzbuchs auf die Genossenschaft unmöglich macht. Denn da der Gläubiger ein Forderungsrecht gegen den ausgeschiedenen Gesellschafter erst nach der Liquidation oder nach dem Konkurse zur Geltung bringen und mancher Prozeß leicht zwei Jahre lang hingezogen werden kann, so würde eine Genossenschaft, aus welcher sich die zahlungsfähigen, kreditwürdigen Mitglieder zurückgezogen haben, im Stande sein, den Anspruch des Gläubigers, der vielleicht nur wegen der ausgeschiedenen Genossenschafter mit der Genossenschaft in Geschäftsverbindung trat, illusorisch zu machen. Dennoch dürfte fraglich sein, ob es nicht angemessener gewesen wäre, dem Gläubiger in einer besonderen Vorschrift das Recht zu wahren, durch eine direkt gegen den ausgeschiedenen Genossenschafter gerichtete Handlung die Verjährung zu unterbrechen. Denn außer der Streitverkündigung in dem gegen die Genossenschaft anzustrengenden Prozesse (§. 3 Tit. 17 der Prozeßordnung) dürfte ihm z. B. im Gebiete der Allgem. Gerichtsordnung kaum ein Mittel zu diesem Zwecke zu Gebote stehen. Wenn statt dessen allgemein alle Rechtshandlungen gegen die fortbestehende Genossenschaft die Verjährung zu Gunsten des ausgeschiedenen Genossenschafters unterbrechen, so liegt auf der andern Seite für den Gläubiger die Möglichkeit vor, den Eintritt der Verjährung in Ansehung aller ausgeschiedenen Genossenschafter regelmäßig zu hintertreiben. Zu den Rechtshandlungen würde z. B. im Gebiete des Allgem. Landrechts die Einziehung von Zinsen gerechnet werden können (vgl. §. 570 Tit. 9 Thl. I. Allgem. Landr. und die Anmerkungen dazu in Koch's Glosse). Unsers Erachtens würde die Absicht des Gesetzgebers bei Einführung dieser kurzen Verjährungsfrist besser erreicht werden, wenn nur eine Klage gegen die Genossenschaft die Verjährung zu Gunsten des ausgeschiedenen Genossenschafters unterbräche.

[144]) Der zweite Absatz des §. 52 stimmt mit dem zweiten Absatze des Art. 148 des Handelsgesetzbuchs überein, nur sind die Worte „beziehungsweise gegen die Konkursmasse" eingefügt. Nach dem Wortlaute müßte man annehmen, als ob Rechtshandlungen gegen die Liquidatoren, beziehungsweise gegen die Konkursmasse die Verjährung zu Gunsten eines schon vor der Auflösung der Genossenschaft ausgeschiedenen Genossenschafters nicht unterbrächen, so daß

§. 53.

Die Verjährung läuft auch gegen Minderjährige und bevormundete Personen, sowie gegen juristische Personen, denen gesetzlich die Rechte der Minderjährigen zustehen, ohne Zulassung der Wiedereinsetzung in den vorigen Stand, jedoch mit Vorbehalt des Regresses gegen die Vormünder und Verwalter.[145])

Schluß-Bestimmungen.

§. 54.

Das Handelsgericht hat den Vorstand der Genossenschaft zur Befolgung der in den §§. 4. 6. 17. 22. 24. 25. 30. Absatz 3. 32. Absatz 2. 35. 40. enthaltenen Vorschriften von Amtswegen durch Ordnungsstrafen anzuhalten.[146])

---

ein Genossenschaftsgläubiger kein Mittel hätte, die Vollendung der Verjährung gegen diese Genossenschafter während der Liquidation oder dem Konkurse zu verhindern. Dies ist indessen der Absicht des Gesetzgebers so sehr widersprechend, daß wir die immerhin gewagte Interpretation nach der gegentheiligen Meinung für angezeigt erachten. Bei einer Revision des Genossenschaftsgesetzes wird dieser Mangel zu beseitigen sein.

145) §. 53 stimmt wörtlich mit Art. 149 des Handelsgesetzbuchs überein.

146) Bei der Anführung der einzelnen Paragraphen in diesem Absatze war in dem Regierungsentwurfe ungenau verfahren worden, ohne daß es im Abgeordnetenhause zur Sprache kam. In der Kommission und im Plenum des Herrenhauses fand indeß eine spezielle Prüfung statt. Die Absicht der Regierungsvorlage in der Kommission des Abgeordnetenhauses war gewesen, „daß die Kontrole des Handelsrichters sich lediglich beziehen solle auf diejenige Amtsübung des Handelsrichters, welche schon in den allegirten Paragraphen erwähnt ist, oder wo eine Publikation stattfinden solle; während es nicht Absicht gewesen ist, dem Handelsminister eine Kontrole zu gewähren auch über die inneren Angelegenheiten der Genossenschaft.“ (Lasker's mündlicher Bericht über den Gesetzentwurf nach den Beschlüssen des Herrenhauses, erstattet in der Sitzung vom 7. Februar 1867 S. 1956 der stenographischen Berichte.) Im Herrenhause wurden mehrere Ungenauigkeiten bei den Allegaten, diesem Prinzipe entsprechend, abgeändert, außerdem aber zwei Abweichungen von dem Prinzipe beliebt. Man hielt für nöthig, durch Hinzufügung des Zitates „§. 30 Absatz 3“ das Handelsgericht zu befähigen, die Berufung einer Generalversammlung zu erzwingen, falls der Vorstand dieselbe nach gehörigem Antrage der Genossenschafter unterläßt. „Zur Begründung“ — heißt es in dem Bericht der Kommission des Herrenhauses S. 16 — „wurde angeführt, daß es sich hier um Erzwingung einer formellen Maßregel handle, daß der Ausweg, die Genossenschafter auf eine Zivilklage gegen den Vorstand zu verweisen, um die Berufung einer Generalversammlung herbeizuführen, ein weit aus-

Für das hierbei zu befolgende Verfahren sind die im Artikel 5. des Einführungsgesetzes zum Allgemeinen Deutschen Handelsgesetzbuche vom 24. Juni 1861. getroffenen Bestimmungen maaßgebend.[147])

---

sehender und nicht zum Ziel führender sei, daß diese Bestimmung den sonstigen Anordnungen des §. 54 entspreche." — Erheblicher ist es, daß das Herrenhaus unterließ, eine der Ungenauigkeiten in den Zitaten zu verbessern: In der Kommission wurde der Antrag, statt §. 25 zu setzen „§. 25 Satz 2" verworfen und im Plenum des Herrenhauses nicht wieder aufgenommen. Lasker sagte darüber in seinem mündlichen Berichte vor dem Abgeordnetenhause (stenographische Berichte S. 1957): „Im §. 25 sind zwei verschiedene Gegenstände behandelt — in dem ersten Satze die Buchführung, für welche der Vorstand zu sorgen hat. Es könnte nun scheinen, als ob dem Handelsrichter gleichfalls eine Kontrole über die Buchführung eingeräumt werden solle, eine Kontrole, die praktisch wol nicht durchführbar wäre. Es ist die einstimmige Ansicht der Kommission gewesen, daß sie wenigstens nicht die Meinung mit dem Allegat verbunden haben will, daß die Kontrole des Handelsrichters sich auf die Buchführung erstrecke. Ich kann es aber nicht verschweigen, daß, da nun einmal der §. 25 ohne die Erwähnung des zweiten Satzes allegirt ist, in der späteren Judikatur es zweifelhaft sein könnte, ob nicht dem Handelsrichter auch eine Kontrole über die Buchführung zustehe. Wir sind aber nicht in der Lage, der Judikatur vorzugreifen, und können auch mit Rücksicht auf den nahe bevorstehenden Schluß der Session keine Abänderung mehr bewirken, ohne das Gesetz zu gefährden." Dem läßt sich nichts hinzufügen. (Vgl. oben S. 85 Anmerkung 82) zu §. 25.)

[147]) Der Artikel 5 des Einführungsgesetzes zum Allgemeinen Deutschen Handelsgesetzbuche vom 24. Juni 1861 lautet folgendermaaßen:

Art. 5. Die Vorschriften des Handelsgesetzbuchs, gemäß welchen die Handelsgerichte von Amtswegen die Betheiligten zur Befolgung der gesetzlichen Anordnungen über die Anmeldung zur Eintragung in das Handelsregister und über die Zeichnung oder Einreichung der Zeichnung der Firmen oder Unterschriften durch Ordnungsstrafen anhalten sollen, sind nach folgenden Bestimmungen in Ausführung zu bringen:

§. 1. Wenn das Handelsgericht in glaubhafter Weise davon Kenntniß erhält, daß die gesetzliche Anordnung nicht befolgt worden ist, so hat es eine Verfügung an den Betheiligten zu erlassen, durch welche derselbe unter Androhung einer angemessenen Ordnungsstrafe aufgefordert wird, innerhalb einer bestimmten Frist entweder die gesetzliche Anordnung zu befolgen, oder die Unterlassung mittelst Einspruchs gegen die Verfügung zu rechtfertigen.

Der Lauf der in der Verfügung bestimmten Frist beginnt mit dem Tage, welcher auf den Tag der Zustellung der Verfügung folgt.

Der Einspruch geschieht durch schriftliche Eingabe an das Handelsgericht, oder zu Protokoll bei demselben.

§. 2. Wird binnen der durch die Verfügung bestimmten Frist weder die gesetzliche Anordnung befolgt, noch Einspruch gegen die Verfügung erhoben,

§. 55.

Unrichtigkeiten in den nach den Vorschriften des gegenwärtigen Gesetzes dem Vorstande obliegenden Anzeigen oder sonstigen

---

so hat das Handelsgericht die angedrohte Strafe gegen den Betheiligten festzusetzen und gleichzeitig die Verfügung unter Androhung einer anderweiten Ordnungsstrafe zu wiederholen.

§. 3. Wird gegen die Verfügung binnen der bestimmten Frist Einspruch erhoben, so hat das Handelsgericht, sofern nicht aus dem Einspruche die Rechtfertigung des Betheiligten sich ergiebt, einen Termin zu bestimmen, in welchem mündlich und in öffentlicher Sitzung der Betheiligte über die Verwirkung der Ordnungsstrafe zu hören, im geeigneten Falle Beweis aufzunehmen und zu entscheiden ist.

Der Betheiligte ist zu diesem Termine vorzuladen; er kann in demselben persönlich, oder durch einen Bevollmächtigten die Gründe und Beweise seiner Rechtfertigung vorbringen. Wer als Bevollmächtigter zuzulassen sei, ist nach den Vorschriften zu beurtheilen, welche bei dem Gerichte für das Prozeßverfahren in Civilsachen maaßgebend sind.

§. 4. Erscheint der Betheiligte nicht in dem Termine, oder ergiebt sich bei der Verhandlung, daß die gesetzliche Anordnung von dem Betheiligten hätte befolgt werden müssen, so wird die Ordnungsstrafe gegen denselben festgesetzt, und zugleich mit der Entscheidung, wenn nicht etwa inzwischen die Verhältnisse sich geändert haben, eine neue Verfügung nach Maaßgabe des §. 1 erlassen.

§. 5. Der Verurtheilte kann gegen die Entscheidung nur Beschwerde an das Appellationsgericht erheben. Dieselbe muß binnen zehn Tagen durch schriftliche Eingabe oder zu Protokoll bei dem Handelsgerichte angemeldet werden. Die Vollstreckung der Entscheidung wird durch Einlegung der Beschwerde gehemmt. Das Handelsgericht hat ohne Verzug die Beschwerde nebst den bisherigen Verhandlungen dem Appellationsgerichte einzureichen. Bei diesem ist nach den Bestimmungen des §. 3 zu verfahren.

§. 6. Für die neuen Verfügungen, welche gemäß §. 2 oder §. 4 erlassen werden, und für das auf dieselben folgende Verfahren gilt dasselbe, was in den vorstehenden Paragraphen vorgeschrieben ist.

Der Lauf der Frist, welche in einer gemäß §. 4 erlassenen neuen Verfügung bestimmt ist, beginnt mit dem Tage, der auf denjenigen folgt, an welchem die Frist zur Erhebung der Beschwerde abgelaufen ist.

Die Verfügungen und die Festsetzungen von Ordnungsstrafen werden wiederholt, bis die gesetzliche Anordnung befolgt, oder ihre Voraussetzung weggefallen ist.

§. 7. Die Ordnungsstrafe, welche angedroht und festgesetzt werden kann, besteht in Geldbuße von fünf bis zweihundert Thalern. Eine Umwandlung der Geldbuße in Gefängnißstrafe findet nicht statt. Bei der Feststellung der Ordnungsstrafe ist der Betheiligte zugleich in die Kosten des Verfahrens zu verurtheilen.

§. 8. Die Gerichte sind befugt, zu jeder Zeit, das Verfahren mag be-

amtlichen Angaben werden gegen die Vorstandsmitglieder mit Geldbuße bis zu 20 Thalern geahndet.[148])

§. 56.

Durch die im §. 55. enthaltene Bestimmung wird die Anwendung härterer Strafen nicht ausgeschlossen, wenn dieselben nach sonstigen Gesetzen durch die Handlung begründet werden.

§. 57.

Die Eintragungen in das Genossenschaftsregister erfolgen kostenfrei.[149]) Die näheren geschäftlichen Anordnungen über die

---

reits eingeleitet sein, oder nicht, durch die Beamten der gerichtlichen Polizei oder der Verwaltungspolizei Ermittelungen über den Sachverhalt einzuziehen, auch in Fällen, in welchen dies erforderlich erscheint, durch einen Kommissar des Gerichts oder durch Requisition anderer Gerichte die eidliche Vernehmung von Zeugen zu bewirken. Sie können auch die Verhandlung in der Sitzung zu einer anderen Sitzung vertagen, sowie von Amtswegen Zeugen zur Sitzung vorladen lassen. Gegen Zwischenverfügungen findet ein Rechtsmittel nicht statt.

§. 9. Im Bezirke des Appellations-Gerichtshofes zu Köln sind bei diesem Verfahren die Eingaben an das Handelsgericht bei dem Sekretariat desselben einzureichen und die Protokolle über den Einspruch und die Beschwerde von dem Sekretär des Handelsgerichts aufzunehmen. Die Verfügungen und Entscheidungen werden durch einen von dem Präsidenten des Handelsgerichts beauftragten Gerichtsvollzieher zugestellt. Die Anweisung der Gebühren der Beamten und der Entschädigung von Zeugen, sowie die Einziehung der Geldbußen und Kosten wird in gleicher Art wie bei den Landgerichten in den vor sie gehörigen Strafsachen bewirkt.

[148]) Die Motive des Regierungsentwurfs sagen: „Unrichtige Anzeigen des Vorstandes sind wegen des dabei obwaltenden Interesses der Genossenschaft sowohl, als der Kreditoren der Genossenschaft mit Geldbuße bis zu 20 Thlrn. bedroht, wenn durch die Unrichtigkeit auch kein Strafgesetz verletzt ist" rc. (Drucksachen Nr. 86 S. 30).

[149]) Die Motive des Regierungsentwurfes zu diesem §. 57 lauten: „Zur Förderung der Genossenschaften ist den Eintragungen in das Genossenschaftsregister Kostenfreiheit zugestanden. Die geschäftliche Anordnung über die Führung dieser Register muß den Ressortministern vorbehalten bleiben." Die Kommission des Abgeordnetenhauses war nicht ohne Bedenken in Betreff der Kostenfreiheit. Es heißt darüber in dem Berichte (Drucksachen Nr. 55 S. 22): „Weder der Antragsteller, noch die Kommission ist gesinnt, irgend ein Vorrecht für die Genossenschaft zu beanspruchen. Da sie jedoch mit der Prüfung des ehemaligen Regierungsentwurfes sich befaßten, so hielten sie sich nicht gezwungen, die für die Eintragung angebotene Kostenfreiheit abzulehnen. Es liegt im öffentlichen Interesse, die Genossenschaften zu ermuntern, wenn sie einmal die übrigen Erfordernisse erfüllen, daß sie durch Eintragung sich unter die Herrschaft dieses Gesetzes stellen. Unzweifelhaft werden die Genossenschaften

Führung des Genossenschaftsregisters bleiben einer von den Ministern für Handel, Gewerbe und öffentliche Arbeiten und der Justiz zu erlassenden Instruktion vorbehalten.[150])

Die Minister für Handel, Gewerbe und öffentliche Arbeiten und der Justiz werden mit der Ausführung dieses Gesetzes beauftragt.

Urkundlich unter Unserer Höchsteigenhändigen Unterschrift und beigedrucktem Königlichen Insiegel.

Gegeben Berlin, den 27. März 1867.

(L. S.) **Wilhelm.**

Gr. v. Bismarck-Schönhausen. Frh. v. d. Heydt.
v. Roon. Gr. v. Itzenplitz. v. Mühler. Gr. zur Lippe.
v. Selchow. Gr. zu Eulenburg.

---

ihren eigenen Vortheil zu würdigen wissen. Wenn aber die Königliche Staatsregierung durch Kostenfreiheit den Antrieb vermehren und ihre Theilnahme für die Entwickelung des Genossenschaftswesens ausdrücken will, so darf die Landesvertretung dem beistimmen, ohne das fiskalische Interesse strenger wahren zu müssen, als die Staatsregierung. In England ist den Genossenschaften durchweg Freiheit von Stempel und Kosten gewährt. Nur darf aus der kleinen Gunst kein Einmischungsrecht hergeleitet werden; gegen einen solchen Preis verzichten die Genossenschaften gern auf jede Bevorzugung."

[150]) Vgl. §. 4 und Anmerkungen 33) bis 35) dazu und untenstehend die Verfügung des Justizministers Grafen zur Lippe vom 2. Mai 1867, betreffend die Instruktion vom selbigen Tage, nebst Anmerkung dazu.

Die Verordnungen

vom 12. Juli 1867, 12. August 1867 und 22. September 1867, betreffend die Einführung des Gesetzes über die privatrechtliche Stellung der Erwerbs- und Wirthschaftsgenossenschaften vom 27. März 1867 in die mit der Preußischen Monarchie im Jahre 1866 vereinigten Territorien.

I. Verordnung, betreffend die Einführung des Gesetzes über die privatrechtliche Stellung der Erwerbs- und Wirthschaftsgenossenschaften vom 27. März 1867. (Gesetz-Samml. S. 501.) in das Gebiet des vormaligen Königreichs Hannover. Vom 12. Juli 1867.[151])

Wir Wilhelm, von Gottes Gnaden König von Preußen 2c. verordnen, auf den Antrag des Staatsministeriums, was folgt:

Artikel I.

Das Gesetz, betreffend die privatrechtliche Stellung der Erwerbs- und Wirthschaftsgenossenschaften vom 27. März 1867. (Gesetz-Samml. S. 501.), wird in das mit Unserer Monarchie vereinigte Gebiet des vormaligen Königreichs Hannover mit folgenden Abänderungen und Ergänzungen eingeführt.

§. 1. Die im §. 4. des Gesetzes enthaltenen Worte:

„(Artikel 73. des Einführungsgesetzes zum Allgemeinen Deutschen Handelsgesetzbuche vom 24. Juni 1861.)“

fallen fort.

§. 2. Im dritten Absatze des §. 10. treten an die Stelle der Worte:

„vom 24. Juni 1861. (Gesetz-Samml. S. 449.)“

die folgenden Worte:

„vom 5. Oktober 1864. (Hannoversche Gesetz-Sammlung Abtheilung 1. Seite 213.)“[152])

---

151) Diese Verordnung ist im 69. Stück der Gesetzsammlung von 1867, ausgegeben zu Berlin den 1. August 1867, unter Nr. 6736 publizirt. Zu vergleichen ist oben Seite 3 die Anmerkung 1), welche bereits vor dem Erlaß dieser Verordnung gedruckt ist.

152) Von den Bestimmungen des Hannoverschen Gesetzes betreffend die Einführung des allgemeinen Handelsgesetzbuches vom 5. Oktober 1864 dürften als für eingetragene Genossenschaften wesentlich zu erachten sein:

§. 3. Die im §. 26. enthaltenen Worte:

„§. 1. der Verordnung über die Verhütung eines die gesetzliche Freiheit gefährdenden Mißbrauches des Versammlungsrechtes vom 11. März 1850.)"

fallen fort.

§. 4. Das im zweiten Satze des §. 47. enthaltene Wort:

„kaufmännischen"

fällt fort.

§. 5. An die Stelle des ersten und zweiten Absatzes im §. 50. tritt folgende Bestimmung:

Das Konkursverfahren (§. 47.) richtet sich nach den Vorschriften der allgemeinen bürgerlichen Prozeßordnung für das Königreich Hannover vom 8. November 1850., Theil 6. (Gesetz-Sammlung erste Abtheilung Seite 341. und folgende).

§. 6. An die Stelle des zweiten Absatzes im §. 54. tritt folgende Bestimmung:

Die Ordnungsstrafen können im einzelnen Falle bis zur

---

1. Die Vorschrift des §. 8, Absatz 3, wonach auch auf die Anlagen zum Handelsregister die Bestimmung des zweiten Absatzes des Art. 12 des Handelsgesetzbuchs Anwendung findet, demnach können auch diese Anlagen von einem Jeden während der gewöhnlichen Dienststunden eingesehen werden. (Vgl. unten §. 8 der Instruktion vom 10. August 1867.)

2. §. 10 zu Art. 26 des H.-G.-B.:

Die im Handelsgesetzbuch bestimmten Ordnungsstrafen können im einzelnen Falle bis zu einer Summe von 200 Thlr. angedroht und erkannt werden.

3. §. 11 zu Art. 34 des H.-G.-B.:

Bei Streitigkeiten über Handelssachen gegen Nichtkaufleute dienen ordnungsmäßig geführte Handelsbücher zur Unterstützung anderer Beweise über die darin eingetragenen Thatsachen.

(Vgl. S. 55 Anmerkung 56 III.)

4. §. 13. zu Art. 47 des H.-G.-B.:

Es ist gestattet, auch die Ertheilung einer Handlungsvollmacht in das Handelsregister eintragen zu lassen.

Ist die Ertheilung einer Vollmacht eingetragen, so ist der Vollmachtgeber verpflichtet, jede Aenderung, so wie das Erlöschen der Vollmacht gleichfalls in das Handelsregister eintragen zu lassen.

Die Vollmacht und deren Aenderungen sind schriftlich bei dem das Handelsregister führenden Gerichte niederzulegen.

Bei der Bekanntmachung der geschehenen Eintragungen unterbleibt die Angabe des Inhalts der Vollmacht und deren Aenderungen.

Summe von 200 Rthlr. angedroht und erkannt werden. Eine Umwandlung der Geldbuße in Gefängnißstrafe findet nicht statt.[153])

Artikel II.

Der nach Nummer 144. des Stempeltarifs vom 30. Januar 1859. (Hannoversche Gesetz-Sammlung Abtheilung 1. Seite 39.) zu Gesellschaftsverträgen zu verwendende besondere Stempel wird für die zur Gründung von Genossenschaften geschlossenen Verträge (§. 3.), ohne Rücksicht auf den Betrag des in die Gesellschaft einzuschießenden Kapitals, auf 15 Silbergroschen (15 Groschen Hannoversch Kurant) festgesetzt.

Urkundlich unter Unserer Höchsteigenhändigen Unterschrift und beigedrucktem Königlichen Insiegel.

Gegeben Ems, den 12. Juli 1867.

(L. S.) **Wilhelm.**

Frh. v. d. Heydt. Gr. v. Itzenplitz. v. Mühler.
Gr. zur Lippe. v. Selchow.

Im Uebrigen kommen bei der Handlungsvollmacht die Bestimmungen der Art. 13, 45 und 46 des Handelsgesetzbuchs und zwar sowohl hinsichtlich der Ertheilung und des Erlöschens, als der Aenderung der Vollmacht gleichfalls zur Anwendung.

(Vgl. Seite 55 Anmerkung 56 IV.)

5. Die Bestimmung des §. 25 zu Art. 288 des H.-G.-B.:

„Wenn ein Kaufmann einem Nichtkaufmann Waaren auf unbestimmten Kredit verkauft, findet ein Anspruch auf gesetzliche Zinsen vor erfolgter Mahnung überhaupt nicht statt“

kann bei eingetragenen Genossenschaften, Konsum-, Rohstoff- und Produktivgenossenschaften oft praktisch werden.

6. §. 26 zu Art. 291 und 300 des H.-G.-B.:

Die Bestimmungen des Art. 291 des Handelsgesetzbuchs gelten auch dann, wenn ein Kaufmann mit einem Nichtkaufmann in laufender Rechnung (Kontokurrent) steht, und diejenige des Art. 300 des Handelsgesetzbuchs auch dann, wenn ein Nichtkaufmann eine auf ihn ausgestellte Anweisung angenommen hat. Es sollen diese Bestimmungen allgemeine, nicht auf Handelsgeschäfte beschränkte Geltung haben.

Vgl. Seite 55 Anmerkung 56 VII.)

[153]) Vgl. Anmerkung 152) Nr. 2.)

II. Verordnung,[154]) betreffend die Einführung des Gesetzes über die privatrechtliche Stellung der Erwerbs- und Wirthschaftsgenossenschaften vom 27. März 1867 (Gesetz-Samml. S. 501.) in die Gebiete des vormaligen Kurfürstenthums Hessen, des vormaligen Herzogthums Nassau, der ehemals freien Stadt Frankfurt und in die durch Gesetz vom 24. Dezember v. J. (Gesetz-Samml. S. 876.) mit der Preußischen Monarchie vereinigten Landestheile, mit Ausnahme der ehemals Bayerischen Enklave Kaulsdorf und des Oberamtes Meisenheim.[155]) Vom 12. August 1867.

Wir Wilhelm, von Gottes Gnaden König von Preußen ꝛc. verordnen, auf Antrag des Staatsministeriums, was folgt:

Das Gesetz, betreffend die privatrechtliche Stellung der Erwerbs- und Wirthschaftsgenossenschaften, vom 27. März 1867.

---

[154]) Diese Verordnung ist im 88. Stück der Gesetzsammlung von 1867, ausgegeben zu Berlin den 11. September 1867, unter Nr. 6809. publizirt.

[155]) Es sind dies also:

1) von Bayerischen Gebietstheilen
   a. das Bezirksamt Gersfeld,
   b. der Landgerichtsbezirk Orb ohne Aura.
2) Von Großherzoglich Hessischen Gebietstheilen
   a. die Landgrafschaft Hessen-Homburg ohne das Oberamt Meisenheim,
   b. der Kreis Biedenkopf,
   c. der Kreis Vöhl einschließlich der Enklaven Eimelrod und Höringhausen,
   d. der nordwestliche Theil des Kreises Gießen, welcher die Orte Frankenbach, Krumbach, Königsberg, Fellingshausen, Bieber, Haina, Rodheim, Waldgirmes, Naunheim und Hermanstein mit ihren Gemarkungen umfaßt,
   e. der Ortsbezirk Rödelheim,
   f. der bisher unter Großherzoglich Hessischer Souveränetät stehende Theil des Ortsbezirks Nieder-Ursel.

Im Oberamt Meisenheim (früher zur Landgrafschaft Hessen-Homburg gehörig) und in der zwischen Saalfeld und dem Preußischen Landkreis Ziegenrück belegenen vormals Bayerischen Enklave Kaulsdorf gilt das Genossenschaftsgesetz ebenfalls. Durch die Verordnung vom 13. Mai 1867 (Gesetzsammlung 1867 S. 700) sind nämlich „alle seit dem 5. April 1815 ergangenen, das Zivil- und Strafrecht, sowie die Zivil- und Strafrechtspflege betreffenden Gesetze, Verordnungen und Bestimmungen, welche in dem Landgerichtsbezirk Koblenz Gesetzeskraft haben, mit derselben Wirkung vom 1. Juli 1867 ab in den bisherigen Bezirk des Oberamts Meisenheim für eingeführt erklärt.“ Ebenso sind durch die Verordnung vom 22. Mai 1867 (Gesetzsammlung 1867 S. 729) „alle Preußischen Gesetze, Verordnungen und Bestimmungen, welche in dem Kreise Ziegenrück des Regierungsbezirks Erfurt Gesetzeskraft haben, mit derselben Wirkung vom 1. Juni 1867 ab in der Enklave Kaulsdorf“ eingeführt.

(Gesetz-Samml. S. 501.) wird in die Gebiete des vormaligen Kurfürstenthums Hessen, des vormaligen Herzogthums Nassau, der ehemals freien Stadt Frankfurt und in die durch das Gesetz vom 24. Dezember v. J. (Gesetz-Samml. S. 876.) mit der Preußischen Monarchie vereinigten Landestheile, mit Ausnahme der vormals Bayerischen Enklave Kaulsdorf und des Oberamtes Meisenheim, eingeführt, und zwar mit folgenden Abänderungen:

§. 1. Die im §. 4 des Gesetzes enthaltenen Worte:

„(Art. 73. des Einführungsgesetzes zum Allgemeinen Deutschen Handelsgesetzbuche vom 24. Juni 1861.)"

fallen fort.

§. 2. Im dritten Absatze des §. 10. treten an die Stelle der Worte:

„vom 24. Juni 1861. (Gesetz-Samml. S. 449.)"

die folgenden Worte:

„1) für das ehemalige Kurfürstenthum Hessen vom 3ten Mai 1865.,[156])

---

[156]) Aus den Bestimmungen des Kurhessischen Einführungsgesetzes zum Allgemeinen Deutschen Handelsgesetzbuche vom 3. Mai 1865 (J. Lutz, Sammlung der Einführungsgesetze sämmtlicher Deutscher Staaten u. s. w. Würzburg. 1866. Seite 224 ff.), dürfte folgendes als für eingetragene Genossenschaften wichtig zu bemerken sein:

1) Von der Beweiskraft der Handelsbücher gegen Nichtkaufleute gilt nach §. 10 dasselbe wie im Preußischen Recht (siehe oben Anmerkung 56) S. 55 zu III.).

2) „§. 31. Den im Handelsgesetzbuch ... bezüglich der Anmeldungen zur Eintragung in das Handelsregister entnommenen Vorschriften sind die Betheiligten innerhalb vier Wochen nach Eintritt des Falles nachzukommen verbunden. Das Handelsrecht hat Denjenigen, welche den gedachten Vorschriften innerhalb der erwähnten Frist nicht nachkommen, die Befolgung derselben oder die Rechtfertigung ihrer Unterlassung unter Strafandrohung binnen einer zu bestimmenden anderweiten Frist aufzugeben. Ueber das etwaige Vorbringen der Betheiligten hat das Handelsgericht nach angestellter Sacherörterung zu entscheiden, bei Erkennung der Strafe aber für den Fall ferneren Ungehorsams eine höhere Geldstrafe anzudrohen und damit so lange fortzufahren, bis die gesetzliche Anordnung befolgt oder deren Voraussetzung weggefallen ist.

Als Ordnungsstrafen können Geldbußen bis Einhundertfünfzig Thaler angedroht und verhängt werden, eine Umwandlung derselben in Gefängnißstrafe findet aber nicht Statt."

„§. 32. An das im §. 31 dieses Gesetzes bestimmte höchste Maaß der Ordnungsstrafen ist das Handelsgericht auch in dem Falle des Art. 26 Abs. 2 des Handelsgesetzbuches gebunden. Das im §. 31 vorgeschriebene Verfahren kommt auch hier zur Anwendung."

2) für das ehemalige Herzogthum Nassau vom 2. Oktober 1861.,[157])

3) für die ehemals freie Stadt Frankfurt vom 17. Oktober 1861.,[158])

„§. 33. Beschwerden gegen die im Verfahren nach §. 31 und 32 ergehenden Straferkenntnisse, desgleichen Beschwerden wegen versagter Eintragung sind bei dem Gerichte erster Instanz binnen zehn Tagen einzubringen." (Vgl. oben Anmerkung 147) zu §. 54 des Genossenschaftsgesetzes.)

[157]) Aus den Bestimmungen des Nassauischen Einführungsgesetzes zum Allgemeinen Deutschen Handelsgesetzbuche vom 9. November 1861 (J. Lutz a. a. O. Seite 51 ff.) dürfte nur der §. 3 für Genossenschaften von Wichtigkeit sein:

„§. 3. Die Ordnungsstrafen, durch welche zufolge der Vorschriften des Handelsgesetzbuchs die Handelsgerichte von Amtswegen die Betheiligten zur Befolgung der gesetzlichen Anordnungen über die Anmeldung zur Eintragung in das Handelsregister und über die Zeichnung der Firmen oder Unterschriften anhalten sollen, bestehen in Geldstrafen von 10 fl. bis 350 fl.

Vorstehende Strafbestimmungen kommen auch gegen Denjenigen zur Anwendung, welcher sich einer ihm nicht zustehenden Firma bedient (Art. 26 des Handelsgesetzbuchs), jedoch erst dann, wenn er von dem Handelsgerichte unter Strafandrohung vergeblich aufgefordert worden ist, sich dieser Firma zu enthalten.

Der gegen Ordnungsvorschriften und Ordnungsstrafen der Handelsgerichte zu ergreifende Rekurs geht nur bis an das betreffende Hof- und Appellationsgericht und nicht weiter."

[158]) Aus den Bestimmungen des Einführungsgesetzes zum Allgemeinen Deutschen Handelsgesetzbuche für die Freie Stadt Frankfurt vom 17. Oktober 1862 (J. Lutz a. a. O. S. 30 ff.) notiren wir für die Genossenschaften folgende Paragraphen:

„§. 3. Bis zur Einführung des Handelsgerichts wird das Handelsregister bei der ersten Abtheilung des Stadtgerichts durch die Wechselnotare, welche für diesen Zweck eine Abtheilung des Sekretariates bilden, geführt.

„§. 4. Das Handelsregister liegt an den Werktagen von 9 bis 12 Uhr Vormittags und von 3 bis 5 Uhr Nachmittags in dem Geschäftszimmer des Wechselnotariats zur Einsicht offen.

Daselbst sind in den nämlichen Stunden die zum Behufe der Eintragung in das Handelsregister vorgeschriebenen Anmeldungen zu machen.

„§. 5. Die Prüfung der Anmeldungen und die darauf erforderliche Verfügung ist, bis zur Einführung des Handelsgerichts, der ersten Abtheilung des Stadtgerichtes übertragen und in deren Auftrag werden die Eintragungen in das Handelsregister durch die Wechselnotare bekannt gemacht.

Ueber Beschwerden gegen die Verfügungen des Stadtgerichts entscheidet in zweiter und letzter Instanz das Appellationsgericht.

Die Nothfristen und das Verfahren in zweiter Instanz bestimmen sich nach der Zivilprozeßordnung.

4) für die ehemals Bayerischen Gebietstheile vom 10ten November 1861.,[159])

5) für die ehemals Hessen-Homburgischen Landestheile vom 25. August 1863.,[160])

6) für die ehemals Großherzoglich Hessischen Landestheile vom 29. September 1862." [161])

„§. 13. Die Erkennung der Ordnungsstrafen ist bis zur Einsetzung eines Handelsgerichts der ersten Abtheilung des Stadtgerichts übertragen.

Diese Ordnungsstrafen bestehen in Geldbußen von 10 bis 200 Gulden. Eine Umwandlung dieser Geldbußen in Gefängnißstrafe findet nicht statt.

Ueber Beschwerden gegen die Strafverfügungen des Stadtgerichts entscheidet in zweiter und letzter Instanz das Appellationsgericht.

Die Nothfristen und das Verfahren in zweiter Instanz bestimmen sich nach der Zivilprozeßordnung.

„§. 14. Alle Behörden und Beamten, sowie die Wechselnotare sind verpflichtet, die bei Ausübung ihrer Amtsobliegenheiten zu ihrer Kenntniß gelangenden Verfehlungen gegen die in dem Allgemeinen Deutschen Handelsgesetzbuche bei Ordnungsstrafe vorgeschriebenen Bestimmungen der ersten Abtheilung des Stadtgerichts anzuzeigen."

159) Aus den Bestimmungen des Bayerischen Einführungsgesetzes zum Allgemeinen Deutschen Handelsgesetzbuch vom 10. November 1861, publizirt Ende Februar 1862 (J. Lutz a. a. O. S. 13 ff.), ist hervorzuheben:

1. Das Verfahren bei Ausführung der Vorschriften des Handelsgesetzbuchs, gemäß welchen die Handelsgerichte von Amtswegen die Betheiligten zur Befolgung der gesetzlichen Anordnungen über die Anmeldung zur Eintragung in das Handelsregister, über die Zeichnung der Firmen oder Unterschriften u. s. w. durch Ordnungsstrafen anhalten sollen, ist in den §§. 10 bis 23 dargestellt und entspricht im Wesentlichen den Bestimmungen des Art. 5 des Preußischen Einführungsgesetzes vom 24. Juni 1861 (vgl. oben Anmerkung 147) zu §. 54 des Genossenschaftsgesetzes). „Die Ordnungsstrafe besteht in einer Geldbuße, welche den Betrag von dreihundert Gulden nicht übersteigen darf. Umwandlung der Geldbuße in Freiheitsstrafe findet nicht statt."

2. „§. 73. Ordnungsmäßig geführte Handelsbücher (Art. 28, 32, 34 und 35 des Allgemeinen Deutschen Handelsgesetzbuches) liefern bei Streitigkeiten über Handelssachen auch gegen Nichtkaufleute Beweis, wenn dieselben von dem Kaufmann oder seinen Erben mit einem körperlichen Eide bekräftiget sind." (Vgl. oben Anmerkung 56) Seite 55 unter III.)

160) Das Einführungsgesetz zum Allgemeinen Deutschen Handelsgesetzbuche für das Landgrafthum Hessen vom 25. August 1863, publizirt am 20. September 1863 (J. Lutz a. a. O. Seite 209 ff.), ist dem Einführungsgesetze zum Allgemeinen Deutschen Handelsgesetzbuche für das Großherzogthum Hessen vom 29. Septbr. 1862 (J. Lutz a. a. O. Seite 34 ff.) nachgebildet. Aus beiden ist hier nur die gleichlautende Bestimmung des §. 7 zu notiren: „Die von den Handelsgerichten anzudrohenden oder auszusprechenden Ordnungsstrafen bestehen in Geldstrafen bis zu dreihundert Gulden."

161) Siehe Anmerkung 160).

§. 3. Das im zweiten Satze des §. 47. enthaltene Wort:

„kaufmännischen"

fällt fort.

§. 4. An die Stelle der Vorschriften im ersten und zweiten Absatze des §. 50. tritt folgende Bestimmung:

„Das Konkursverfahren über das Vermögen der Genossenschaft richtet sich nach den für die einzelnen Landestheile geltenden allgemeinen Vorschriften."

§. 5. An Stelle der Vorschrift im zweiten Absatze des §. 54. tritt folgende Bestimmung:

„Die Höhe der Ordnungsstrafen und das bei ihrer Festsetzung zu befolgende Verfahren richtet sich nach den Bestimmungen, welche in den im §. 10. erwähnten Einführungsgesetzen für die durch das Handelsgesetzbuch angedrohten Ordnungsstrafen getroffen sind." [162])

Urkundlich unter Unserer Höchsteigenhändigen Unterschrift und beigedrucktem Königlichen Insiegel.

Gegeben Ems, den 12. August 1867.

(L. S.) **Wilhelm.**

Gr. v. Itzenplitz. Gr. zur Lippe.

III. Verordnung, betreffend die Einführung des Gesetzes über die privatrechtliche Stellung der Erwerbs- und Wirthschaftsgenossenschaften vom 27. März 1867. (Gesetz-Samml. S. 501.) in die Herzogthümer Holstein und Schleswig. Vom 22. September 1867.[163])

Wir Wilhelm, von Gottes Gnaden König von Preußen 2c., verordnen, auf den Antrag des Staatsministeriums, was folgt:

Das Gesetz, betreffend die privatrechtliche Stellung der Erwerbs- und Wirthschaftsgenossenschaften vom 27. März 1867. (Gesetz-Samml. S. 501.), wird in die Herzogthümer Holstein und Schleswig mit dem 30. September 1867. eingeführt und zwar mit folgenden Abänderungen:

§. 1. Die im §. 4. des Gesetzes enthaltenen Worte:

---

[162]) Vergleiche die Anmerkungen 156—161. Die Höhe der Ordnungsstrafen beträgt demnach in Kurhessen bis 150 Thlr., in Nassau 10 bis 350 Gulden, in Frankfurt 10 bis 200 Gulden, in Hessen-Homburg und Großherzogthum Hessen bis 300 Gulden, in Hannover aber bis zu 200 Thlr. und in den alten Provinzen und in Schleswig-Holstein 5 bis 200 Thlr. Mannigfaltig genug!

[163]) Diese Verordnung ist in Nr. 102 der Gesetzsammlung von 1867, ausgegeben zu Berlin den 28. September 1867, unter Nr. 6856 publizirt.

„(Art. 73. des Einführungsgesetzes zum Allgemeinen Deutschen Handelsgesetzbuche vom 24. Juni 1861.)“

fallen fort.

§. 2. Im dritten Absatze des §. 10. treten an die Stelle der Worte:

„dem Einführungsgesetze vom 24. Juni 1861. (Gesetz-Samml. S. 449.)“

die folgenden Worte:

„der Einführungs-Verordnung vom 5. Juli 1867. (Gesetz-Samml. S. 1133.)“ [164])

§. 3. Das im zweiten Satze des §. 47. enthaltene Wort:

„kaufmännischen“

fällt fort.

§. 4. An die Stelle der Vorschriften im ersten und zweiten Absatze des §. 50. tritt folgende Bestimmung:

„das Konkursverfahren über das Vermögen der Genossenschaft richtet sich nach den für die Herzogthümer Holstein und Schleswig geltenden allgemeinen Vorschriften.“

§. 5. Im zweiten Absatze des §. 54. treten an die Stelle der Worte:

„im Artikel 5. des Einführungsgesetzes zum Allgemeinen Deutschen Handelsgesetzbuche vom 24. Juni 1861.“

die folgenden Worte:

„in den §§. 11. bis 18. der Einführungs-Verordnung zum Allgem. Deutschen Handelsgesetzbuche vom 5. Juli 1867.“

Urkundlich unter Unserer Höchsteigenhändigen Unterschrift und beigedrucktem Königlichen Insiegel.

Gegeben Baden-Baden, den 22. September 1867.

(L. S.) **Wilhelm.**

Gr. v. Bismarck-Schönhausen. Frhr. v. d. Heydt. v. Roon. Gr. v. Itzenplitz. v. Mühler. Gr. zur Lippe. v. Selchow. Gr. zu Eulenburg.

---

[164]) Die Verordnung, betreffend die Einführung des Allgemeinen Deutschen Handelsgesetzbuchs in die Herzogthümer Holstein und Schleswig vom vom 5. Juli 1867 kommt in denjenigen Bestimmungen, welche die Genossenschaften besonders interessiren mit dem Einführungsgesetze vom 24. Mai 1861, überein. Namentlich sind die §§. 11 bis 19 den §§. 1 bis 7 des Art. 5 (siehe oben Anm. 147) zu §. 54 des Genossenschaftsgesetzes) und der §. 22 (über die Beweiskraft der Handelsbücher bei Streitigkeiten gegen Nichtkaufleute — vgl. oben Anm. 56) S. 55 unter III.) dem Art. 8 des gen. Einf.-Ges. wörtlich gleich.

Die

Allgemeinen
Verfügungen und Instruktionen

des Justizministers

1) vom 2. Mai 1867,
2) vom 10. August 1867,
3) vom 25. September 1867,
4) vom 26. October 1867,

zur Ausführung des Gesetzes, betreffend die privatrechtliche Stellung der Erwerbs- und Wirthschafts-Genossenschaften, vom 27. März 1867 (Gesetz-Samml. S. 501).

Allgemeine Verfügung und Instruktion

des Justiz-Ministers vom 2. Mai 1867 zur Ausführung des Gesetzes, betreffend die privatrechtliche Stellung der Erwerbs- und Wirthschafts-Genossenschaften, vom 27. März 1867 (Ges.-Samml. S. 501).[165])

a.

Verfügung.

Mit Bezugnahme auf die Bestimmungen der §§. 54 und 57 des Gesetzes vom 27. März 1867, betreffend die privatrechtliche Stellung der Erwerbs- und Wirthschafts-Genossenschaften, wird den Gerichten in Betreff der Führung der Genossenschafts-Register die nachstehend abgedruckte Instruktion zur Kenntnißnahme und Befolgung mitgetheilt.[166])

Berlin, den 2. Mai 1867.

Der Justiz-Minister
Graf zur Lippe.

An sämmtliche Gerichtsbehörden.
I. 2092. G. 58. Vol. II.

— Hannover — **Allgemeine Verfügung und Instruktion** des Justiz-Ministers vom **10. August** 1867 zur Ausführung u. s. w. in dem Gebiete des vormaligen Königreiches Hannover.[167])

---

[165]) Justiz-Ministerial-Blatt Nr. 19 Seite 134 bis 142. Verfügung Nr. 37. Die Instruktionen vom 10. August, 25. September und 26. October 1867 stimmen in den meisten und wichtigsten §§. wörtlich mit der Instruktion vom 2. Mai 1867 überein. Ein vollständiger Abdruck aller vier Instruktionen erscheint daher überflüssig. Damit die Uebersichtlichkeit nicht leide, werden in der Reihenfolge ihres Alters die einzelnen Instruktionen § für § folgen, jedoch so, daß von den drei späteren nur die Abweichungen registrirt werden. Es steht jedes Mal vor den §§. der Instruktion vom 10. August „— Hannover —", vor denen der Instruktion vom 25. September „— Hessen —" und vor denen der Instruktion vom 26. October „—Schleswig-Holstein —". Der Leser in den neuen Provinzen wird sich hiernach leicht zurechtfinden.

[166]) Nach § 57 des Genossenschaftsgesetzes sind die näheren geschäftlichen Anordnungen über die Führung des Genossenschafts-Registers einer von den Ministern für Handel, Gewerbe und öffentliche Arbeiten und der Justiz zu erlassenden Instruktion vorbehalten. Wie es zugegangen ist, daß statt dessen die Instruktion einseitig vom Justizminister erlassen worden, darüber ist uns nichts bekannt. Eine Mitwirkung des Handelsministers wäre vielleicht für die Instruktion nützlich gewesen, um so mehr, als der Gesetzentwurf seiner Zeit wesentlich eine Arbeit des Handelsministerii gewesen sein wird. Möglicherweise wäre bei einer Mitwirkung des Handelsministerii das Genossenschafts-Register, wie es das Gesetz im §. 4 vorschreibt, als ein wirklicher Theil des Handels-Registers eingerichtet. (Vgl. oben Anmerkungen 33 Seite 27 und Anmerkung 35 Seite 29).

[167]) Justiz-Ministerialblatt Nr. 33 Seite 252—258, Verfügung Nr. 67.

a) Allgemeine Verfügung an sämmtliche Gerichtsbehörden in dem Gebiete u. s. w. (I. 3924 G. 58. Vol. II.) — wie vom 2. Mai 1867, (jedoch unter Bezugnahme auf die Allerhöchste Verordnung vom 12. Juli 1867).

— Hessen. — **Allgemeine Verfügung und Instruktion** des Justiz-Ministers vom **12. September 1867** zur Ausführung u. s. w. in dem Gebiete des vormaligen Kurfürstenthums Hessen, des vormaligen Herzogthums Nassau, der freien Stadt Frankfurt und in den durch Gesetz vom 24. December 1866 mit der Preußischen Monarchie vereinigten Landestheilen, mit Ausnahme der ehemals Bayerischen Enklave Kaulsdorf und des Oberamtes Meisenheim.[168])

a) Allgemeine Verfügung an sämmtliche Gerichtsbehörden in den Gebieten u. s. w. (I. 4536 G. 58 Vol. II.) — wie vom 2. Mai 1867 (jedoch unter Bezugnahme auf die Allerhöchste Verordnung vom 12. August 1867).

— Schleswig-Holstein. — **Allgemeine Verfügung und Instruktion** des Justiz-Ministers vom **26. October 1867** zur Ausführung u. s. w. in den Herzogthümern Holstein und Schleswig.[169])

a) Allgemeine Verfügung an sämmtliche Gerichtsbehörden in den Herzogthümern Holstein und Schleswig I. 5157 G. 58 Vol. II.) — wie vom 2. Mai 1867 (jedoch unter Bezugnahme auf die Allerhöchste Verordnung vom 22. September 1867).

b.

Instruktion

des Justiz-Ministers, vom 2. Mai 1867, betreffend die Führung der Genossenschafts-Register.

§. 1.

Das Genossenschafts-Register (§. 4 des Gesetzes vom 27. März 1867) hat den Zweck, diejenigen Rechtsverhältnisse einer eingetragenen Genossenschaft (§. 2. a. a. O.), welche für deren kaufmännischen Verkehr von erheblichem Interesse sind, in möglichster Vollständigkeit und in zuverlässiger Weise zur öffentlichen Kenntniß zu bringen.[170])

---

168) Justiz-Ministerialblatt Nr. 38 Seite 336—340, Verfügung Nr. 79.

169) Justiz-Ministerialblatt Nr. 43 Seite 379—388, Verfügung Nr. 88.

170) Dieser § 1, wörtlich entlehnt der Einleitung zur Instruktion betreffend das Handelsregister vom 12. Dezember 1861 ist mindestens in einer Beziehung unrichtig. Für den „kaufmännischen Verkehr" der Genossenschaften ist wahrlich die Prokuraertheilung von erheblichem Interesse. Die Instruktion gedenkt ihrer nicht; sie wird also in die zweite Abtheilung des Handelsregisters, in das Prokuraregister einzutragen sein. (Vgl. oben §§ 4, 10 und 29 des Gesetzes und Anmerkungen dazu). Anschütz und Völderndorf, welche in dem ersten Hefte des zweiten Bandes ihres Kommentars zum Han-

— Hannover. — b) Instruktion vom 10. Aug. 1867 §. 1. wie §. 1.
— Hessen. — b) Instruktion vom 23. Septbr. 1867 §. 1. wie §. 1.
— Schleswig-Holstein. — b) Instruktion vom 26. Oktober 1867 §. 1. wie §. 1.

§. 2.

Das Genossenschafts-Register ist öffentlich. Die Oeffentlichkeit wird in doppelter Weise zur Geltung gebracht; einmal ist die Einsicht desselben während der gewöhnlichen Dienststunden einem Jeden gestattet; auch kann von den Eintragungen in dasselbe auf Verlangen eine einfache oder zu vidimirende Abschrift (Attest, Auszug) gegeben werden, welche sowohl die Eintragung und ihren Inhalt unmittelbar bezeugt, als auch zugleich sich darauf erstreckt, ob und wie weit eine die Wirksamkeit der Eintragung berührende Thatsache oder Veränderung eingetragen sei. Findet sich eine solche Thatsache eingetragen, so ist auch der vollständige Inhalt der betreffenden Eintragung in das Attest aufzunehmen.

In gleicher Form hat das Gericht auf Verlangen ein Attest darüber zu ertheilen, daß eine bestimmte Eintragung in das Genossenschafts-Register nicht erfolgt, oder eine auf dessen Inhalt sich beziehende Thatsache oder Aenderung nicht eingetragen sei. Sodann ist regelmäßig jede Eintragung durch eine oder mehrere Anzeigen in öffentlichen Blättern bekannt zu machen.

Jedes Handelsgericht hat für seinen Bezirk alljährlich im Dezember die öffentlichen Blätter zu bestimmen, in welchen im Laufe des nächstfolgenden Jahres die Eintragungen in das Genossenschafts-Register bekannt gemacht werden sollen.[171]) Der Beschluß ist durch den Anzeiger des Re-

---

delsgesetzbuche (erst nach Vollendnng dieses Kommentars, soweit er sich auf das Gesetz selbst bezieht, erschienen) den wirthschaftlichen Genossenschaften unter Mittheilung des Gesetzes einen langen Abschnitt (S. 18—71) widmen, erklären ebenfalls, daß es „nach der Gleichstellung der Genossenschaften mit den Kaufleuten unzweifelhaft" sei, daß die eingetragene Genossenschaft Prokuristen bestellen könne. Das Kreisgericht zu Lübben weigerte sich, die Eintragung des Vorschußvereins zu Lübben in das Genossenschaftsregister zu bewirken, unter Anderem, weil nach deren Gesellschaftsvertrag der Kontroleur der Gesellschaft mit einzelnen Vorstandsmitgliedern Kollektivprokura erhalten hat. Auf Beschwerde ist jedoch das Gericht durch das Appellationsgericht zu Frankfurt a. O. angewiesen worden, die Eintragung zu bewirken und die Prokura in das Prokurenregister des Handelsgerichts einzutragen. Nach der auch von Anschütz und Völderndorf a. a. O. S. 68 erwähnten Bekanntmachung ist die Eintragung des Kollektivprokuristen unrichtig bewirkt, indem er ohne Erwähnung der Beschränkung lediglich als Prokurist eingetragen ist.

In gleicher Weise wie eine Prokura, kann in Hannover jede eingetragene Genossenschaft die Ertheilung einer Handlungsvollmacht in das Handelsregister eintragen lassen (vgl. oben Anm. 152 Nr. 4 S. 139).

[171]) Diese Bestimmung, wonach das Handelsgericht auch in andern öffentlichen Blättern als in denen, welche in Betreff der Eintragungen in das Handelsregister gewählt sind, die Eintragungen der Genossenschaftsregister veröffentlichen kann, verletzt §. 4 des Gesetzes (vgl. oben Anm. 35 S. 29). Es ist auffallend, daß man bei der durch den Erlaß von 3 nachfolgenden Instruktionen wiederholten Prüfung der gesetzlichen Bestimmungen dieses und ähnliches nicht bemerkt hat. Irgend ein Grund dafür, die Eintragungen in das Ge-

gierungs-Amtsblattes und durch die vom Handelsgericht bezeichneten Blätter ein- oder mehreremale zu veröffentlichen.

Geht eins dieser Blätter im Laufe des Jahres ein, so ist demselben ein anderes zu substituiren und öffentlich bekannt zu machen. Für die in der Zwischenzeit erfolgenden Bekanntmachungen genügt die Einrückung in die noch bestehenden Blätter.

Für das Jahr 1867 ist die Veröffentlichung sogleich bei Eintritt der Gesetzeskraft des Gesetzes vom 27. März 1867 durch den Anzeiger des Regierungs-Amtsblattes zu bewirken.

— Hannover. — §. 2. Absatz 1 u. 2 u. 3 wie im **§. 2.** — Zusatz hinter Absatz 3: Bis zum Erscheinen des Anzeigers des Regierungs-Amtsblattes erfolgt die betreffende Bekanntmachung an Stelle desselben durch die Neue Hannoversche Zeitung.

Absatz 4 wie im **§. 2.**

Absatz 5: Für das Jahr 1867 ist die Veröffentlichung sogleich bei Eintritt der Gesetzeskraft der Königlichen Verordnung vom 12. Juli d. J. durch die Neue Hannoversche Zeitung zu bewirken.

— Hessen. — §. 2 Absatz 1—4 wie im **§. 2**, nur ist im Absatz 4 statt „Anzeiger des Regierungs-Amtsblattes" zu lesen „das zur Publikation amtlicher Anordnungen bestimmte Regierungsblatt".

Absatz 5: Für das Jahr 1867 ist die Veröffentlichung sogleich bei Eintritt der Gesetzeskraft der Königlichen Verordnung vom 12. August 1867 durch das zur Publikation amtlicher Anordnungen bestimmte Regirungsblatt zu bewirken.

— Schleswig-Holstein. — §. 2. Absatz 1—4 wie im **§. 2**, nur ist im Absatz 3 statt „Anzeiger des Regierungs-Amtsblattes" zu lesen „Amtsblatt".

Absatz 5: Für das Jahr 1867 ist die Veröffentlichung sogleich durch das Amtsblatt zu bewirken.

§. 3.

Jede zur Eintragung in die Genossenschafts-Register bestimmte Anmeldung muß entweder persönlich vor dem Handelsgericht erklärt, oder in beglaubigter Weise bei dem Handelsgericht eingereicht werden.

Die Anmeldung gilt als vor dem Handelsgericht erklärt, wenn sie vor einem dazu bestellten Richter des Handelsgerichts, im Bezirk des Appellationsgerichts zu Cöln vor dem Sekretair des Handelsgerichts, aufgenommen ist.

---

nossenschaftsregister anderwärts zu veröffentlichen, als in den Handelsregister-Blättern, ist weder ersichtlich noch denkbar. Im Gegentheil würde, auch wenn das Gesetz es nicht ausdrücklich verordnete, die Ersparung von Arbeit und Insertionskosten die Gerichte veranlassen müssen, dieselben Blätter auszuwählen und auch Handelsregister und Genossenschaftsregister durch dieselben Beamten bearbeiten zu lassen.

Unter beglaubter Form ist die gerichtliche oder notarielle Form zu verstehen.

Geschieht die Anmeldnng durch einen Bevollmächtigten, so hat dieser eine gerichtliche oder notarielle Vollmacht beizubringen.

Dieselben Formvorschriften gelten in Bezug auf die Zeichnung oder Einreichung einer Unterschrift, welche nach Vorschrift des Genossenschafts-Gesetzes bei dem Handelsgericht bewirkt werden soll.

— Hannover. — §. 3. Absatz 1 und 2 wie im **§. 3.**

Absatz 3: Die Beglaubigung kann durch jeden Beamten der freiwilligen Gerichtsbarkeit geschehen.

— Hessen. — §. 3 wie **§. 3.**

— Schleswig-Holstein. — §. 3: Jede zur Eintragung in die Genossenschafts-Register bestimmte Anmeldung muß entweder persönlich vor dem zuständigen Gericht erklärt oder bei demselben in gerichtlicher oder notarieller Form eingereicht werden.

Absatz 2 und 3 wie Absatz 4 und 5 im **§. 3.**

§. 4.

Die in dem Genossenschafts-Gesetze vorgeschriebenen Eintragungen in das Genossenschafts-Register sollen zwar nur auf Anmeldung der Betheiligten erfolgen; es haben jedoch die Gerichte, welchen die Führung des Genossenschafts-Registers obliegt, die Betheiligten in den Fällen des §. 54 durch Ordnungsstrafe anzuhalten, daß die erforderlichen Anmeldungen erfolgen und die formellen Vorschriften befolgt werden.

Die auf das im Artikel V. des Einführungsgesetzes zum Allgemeinen Handelsgesetzbuch vom 24. Juni 1861 vorgeschriebene Verfahren bezüglichen reglementarischen Anordnungen sind in den §§. 31—40 gegeben.

Es wird jedoch darauf aufmerksam gemacht, daß sich Genossenschaften ohne die Rechte einer „eingetragenen Genossenschaft“ bilden können. Die Genossenschaften sind deshalb im Fall des §. 4 des Gesetzes nur dann zur Anmeldung der Eintraguug anzuhalten, wenn sie sich der Firma einer „eingetragenen Genossenschaft“ bedienen wollen.

— Hannover. — § 4
— Hessen. — § 4 } wie **§. 4** ohne dessen Absatz 2.

— Schleswig-Holstein. — §. 4: Absatz 1 wie Absatz 1 des **§. 4.**

Absatz 2: Die auf das §§. 11 ff. des Einführungsgesetzes vom 5. Juli 1867 vorgeschriebene Verfahren bezüglichen reglementarischen Anordnungen sind in den §§. 30 bis 40 gegeben.

Absatz 3 wie Absatz 3 des **§. 4.**

§. 5.

Das Genossenschafts-Register wird in dem Bezirk des Appellationsgerichts zu Cöln von den Handelsgerichten, in den übrigen Theilen der Monarchie, in welchen das Gesetz vom 27. März 1867 Gesetzeskraft hat, bis zum Erlaß eines allgemeinen Gesetzes über die Errichtung und Organisation der Handesgerichte von den Kreisgerichten oder Stadtgerichten, in Königsberg und Danzig von den dortigen Kommerz- und Admiralitäts-Kollegien, in Stettin, Elbing und Memel von den für Handelssachen bestehenden Abtheilungen der dortigen Kreisgerichte geführt.

Bei den Kreis- und Stadtgerichten gehört die Führung desselben vor die erste Abtheilung und, wenn diese aus verschiedenen Abtheilungen besteht, vor diejenige, welche die Civilprozeßsachen bearbeitet.

Ist in dem Bezirk eines Kreisgerichts eine ständige Deputation errichtet, so hat die letztere für ihren Sprengel das Handelsregister zu führen; die Kreisgerichts-Kommissionen aber bleiben von der Führung des Genossenschafts-Registers ausgeschlossen.

Die zur Eintragung in die Genossenschafts-Register bestimmten Anmeldungen und Zeichnungen der Unterschriften können jedoch auch vor den Gerichts-Kommissarien erfolgen, welche die darüber aufzunehmenden Protokolle an die Hauptgerichte zur weiteren Veranlassung zu übersenden haben.

— Hannover. — § 5: Das Genossenschafts-Register wird von den Amtsgerichten geführt, welche bis zur Errichtung von Handelsgerichten deren Funktionen wahrzunehmen haben.

— Hessen. — §. 5: Das Genossenschafts-Register wird in Frankfurt a. M. bei der ersten Abtheilung des Stadtgerichts, in den übrigen Theilen der Regierungsbezirke Cassel und Wiesbaden von den Kreisgerichten geführt.

Besteht das Kreisgericht aus verschiedenen Abtheilungen, so gehört die Führung des Genossenschafts-Registers vor diejenige, welche die Civilprozeßsachen bearbeitet.

Bis zur Einrichtung von Handelsgerichten haben die obengenannten Gerichte die Funktionen des Handelsgerichts wahrzunehmen.

— Schleswig-Holstein. — §. 5: Das Genossenschafts-Register wird bis zum Erlasse eines Gesetzes über die Errichtung und Organisation der Handelsgerichte von den Kreisgerichten geführt.

Bei den Kreisgerichten gehört die Führung vor die erste Abtheilung.

Die Amtsgerichte bleiben von der Führung der Genossenschafts-Register ausgeschlossen.

Die zur Eintragung in die Genossenschafts-Register bestimmten Anmeldungen und Zeichnungen der Unterschriften können jedoch auch vor den Amtsgerichten erfolgen, welche die darüber aufzunehmenden Protokolle an die Kreisgerichte zur weiteren Veranlassung einzusenden haben.

§. 6.

Die auf Führung der Genossenschafts-Register sich beziehenden Geschäfte werden von einem dazu bestellten Richter unter Mitwirkung eines Sekretärs bearbeitet. In der Regel sind hierzu die nämlichen Beamten zu bestimmen, denen die Führung der Handelsregister übertragen ist.[172]) Die Ernennung derselben erfolgt vor Beginn des neuen Geschäftsjahres für dessen Dauer, und wird zugleich mit der im §. 2 alinea 3 vorgeschriebenen Veröffentlichung bekannt gemacht. Wenn im Laufe des Jahres ein Wechsel nöthig wird, so ist dieser durch einmalige Einrückung in die zur Veröffentlichung der Eintragungen in das Genossenschafts-Register bestimmten Blätter zur öffentlichen Kenntniß zu bringen.

— Hannover — §. 6. Die auf Führung des Genossenschafts-Registers sich beziehenden Geschäfte werden von dem Amtsrichter unter Mitwirkung des Aktuars bearbeitet.

Bei den mit mehreren Amtsrichtern besetzten Amtsgerichten werden diese Geschäfte von dem Amtsrichter wahrgenommen, dem die Führung des Handelsregisters obliegt.

— Hessen — §. 6. In Frankfurt a. M. werden die auf Führung der Genossenschafts-Register bezüglichen Geschäfte von der I. Abtheilung des Stadtgerichts und den Wechsel-Notaren nach den in §§. 3 und 5 des Einführungsgesetzes zum Allgemeinen Deutschen Handelsgesetzbuch für die freie Stadt Frankfurt a. M. vom 17. Oktober 1862 für die Führung der Handels-Register gegebenen Vorschriften besorgt.

Insbesondere haben die Wechsel-Notare die den Sekretären in dieser Instruktion auferlegten Geschäfte wahrzunehmen.

In den übrigen Theilen des Regierungsbezirks Kassel und Wiesbaden werden die auf Führung des Genossenschafts-Registers sich beziehenden Geschäfte von einem dazu bestellten Richter unter Mitwirkung eines Sekretärs (Aktuars) bearbeitet.

Die Ernennung derselben erfolgt vor Beginn des neuen Geschäftsjahres für dessen Dauer und wird zugleich mit der im §. 2 alinea 3 vorgeschriebenen Veröffentlichung bekannt gemacht. Wenn im Laufe des Jahres ein Wechsel nöthig wird, so ist dieser durch einmalige Einrückung in die zur Veröffentlichung der Eintragungen in das Genossenschafts-Register bestimmten Blätter zur öffentlichen Kenntniß zu bringen.

— Schleswig-Holstein — §. 6 wie **§. 6.**

§. 7.

Dem mit Bearbeitung der auf Führung des Genossenschafts-Registers sich beziehenden Geschäfte beauftragten Richter liegt insbesondere ob:

---

[172]) Wenn der Justizminister ausnahmsweise auch gestattet, andere Beamte mit den auf Führung der Genossenschaftsregister sich beziehenden Geschäften zu betrauen, als diejenigen, denen die Führung der Handelsregister übertragen ist, so widerspricht dies dem §. 4 des Gesetzes (vgl. oben Anm. 33 S. 27, Anm. 35 S. 29 und die Anmerkungen 166 und 172 zu dieser Instruktion). Die Instruktion vom 10. August 1867 beseitigt diesen Fehler für Hannover. Es scheint dies aber reiner Zufall zu sein, da die zuletzt erlassene Instruktion vom 26. Oktober 1867 für Schleswig-Holstein dieselben Anordnungen trifft wie für die alten Provinzen, und die Instruktion vom 12. September 1867 es den Gerichten vollkommen freiläßt, Richter und Sekretär für diese Geschäfte auszuwählen.

1) die Aufnahme der zur Eintragung in das Genossenschafts-Register bestimmten Anmeldungen, sowie die Aufnahme der Verhandlungen über die vor Gericht erfolgenden Zeichnungen der Unterschriften; er kann sich hierbei der Hülfe eines Sekretärs bedienen.

Damit er dem Publikum in genügendem Maaße zugänglich sei, sind nach Anleitung der Bestimmungen im vierten Absatz des §. 19 Geschäfts-Regulativs für die Gerichte erster Instanz vom 18. Juli 1850 (Just.-Minist.-Bl. S. 232) die erforderlichen Einrichtungen zu treffen;

2) die Verfügungen auf die zum Protokoll genommenen oder schriftlich eingehenden Anmeldungen, insbesondere die Anordnung der zulässigen Eintragungen und der vorgeschriebenen Veröffentlichungen;

3) die Ueberwachung der genauen und vollständigen Erledigung der angeordneten Eintragungen und Veröffentlichungen, sowie die Einreichung der Verzeichnisse der Genossenschafts-Mitglieder (§. 24 des Gesetzes);

4) die Verfügungen auf sonstige Gesuche und Anträge, welche die Führung des Genossenschafts-Registers betreffen, insbesondere auf Gesuche um Ertheilung von Abschriften und Attesten;

5) die Verfügung rücksichtlich des im §. 54 dieses Gesetzes und im Artikel 5 des Einführungsgesetzes zum Handelsgesetzbuch vorgeschriebenen Verfahrens; wird jedoch zur Verhandlung oder Entscheidung über die Festsetzung von angedrohten Strafen ein Audienztermin anberaumt, so bestimmt der Gerichtsvorstand (Vorsitzende der Abtheilung) den Richter, welcher als Referent zu fungiren hat;

6) die Bearbeitung der Generalien, namentlich in Beziehung auf die, die öffentlichen Bekanntmachungen betreffenden Vorschriften.

— Hannover. — §. 7: Dem Amtsrichter liegt insbesondere ob:

1) die Aufnahme der zur Eintragung in das Genossenschafts-Register bestimmten Anmeldungen, sowie die Aufnahme der Verhandlungen über die vor Gericht erfolgenden Zeichnungen der Unterschriften; er kann sich hierbei der Hülfe eines Aktuars bedienen;

2) 3) 4) 5) wie 2) 3) 4) 6) (unter Fortlassung von 5) im **§. 7.**

— Hessen — §. 7 wie **§. 7** unter Fortlassung des zweiten Absatzes in 1) und der Nr. 5).

— Schleswig-Holstein — §. 7 wie **§. 7**, jedoch ist der zweite Absatz in Nr. 1) fortgefallen und in Nr. 5) statt „im Artikel 5 des 2c." gesetzt „in §§. 11 ff. des 2c.

§. 8.

Rücksichtlich der Nothwendigkeit des Vortrages der Verfügungen im Kollegium, der Revision und Zeichnung der Verfügungen, sowie der Vollziehung der Reinschriften bewendet es bei der in den §§. 10 und 11 des Geschäfts-Regulativs für die Gerichte erster Instanz vom 18. Juli 1850 (Just.-Min.-Bl. S. 232) enthaltenen Anordnungen. Als Kommissarius mit selbstständiger Wirksamkeit ist der die Angelegenheiten des Genossenschafts-Registers bearbeitende Richter nicht anzusehen.

— Schleswig-Holstein — §. 8 wie **§. 8**; nur heißt es „in den §§. 8 und 9 des Geschäfts-Regulativs für die erste Instanz vom 15. April 1867".

§. 9.

— Schleswig-Holstein §. 9. —

Der Sekretär hat:

1) die Eintragungen in das Genossenschafts-Register, den ergangenen Verfügungen gemäß, zu bewirken;
2) für die geschäftsmäßige Erledigung aller richterlichen Verfügungen zu sorgen;
3) die vorgeschriebenen Verzeichnisse zu führen (§. 28 der Instruktion);
4) das Genossenschafts-Register, sowie die Zeichnungen der Unterschriften während der gewöhnlichen Dienststunden einem Jeden auf Ansuchen zur Einsicht vorzulegen.[173])

— Hannover — §. 8
— Hessen — §. 8
} wie **§. 9**, nur „Aktuar" hier und in den folgenden Paragraphen statt „Sekretär" und „§. 27" statt „§. 28".

§. 10.

— Hannover §. 9 — Hessen §. 9 — Schleswig-Holstein §. 10. —

Zu dem Genossenschafts-Register ist dauerhaftes Papier zu benutzen; es ist mit einem haltbaren Einbande zu versehen und zu foliiren.

Der Sekretär hat die Zahl der Folien auf dem ersten Blatte unter seiner Unterschrift zu bemerken.

§. 11.

— Schleswig-Holstein §. 11. —

Zu dem Genossenschafts-Register werden besondere Akten gehalten.

Zu diesen Akten gelangen nach der Zeitfolge alle zur Eintragung bestimmten Anmeldungen nebst den dazu gehörenden Urkunden, insbesondere diejenigen, welche die Zeichnungen von Unterschriften enthalten, die auf die Eintragungsgesuche erlassenen Verfügungen und die Nachweisungen über die erfolgten Bekanntmachnngen, doch können für jede Genossenschaft besondere Akten angelegt werden.

Die Verhandlungen und Verfügungen, welche sich darauf beziehen, daß das Gericht auf Grund des §. 54 eingeschritten ist, sind zu besonderen Akten zu nehmen.

Sind dieselben in einzelnen Fällen umfangreich oder wird die Anberaumnng eines Audienz-Termins nöthig, so sind Spezial-Akten zu bilden.

---

[173]) Zu dem Genossenschaftsregister gehören in dieser Beziehung auch die Beilage-Bände (vgl. unten §. 18 und 22). In Hannover ist allgemein vorgeschrieben, daß die Anlagen zum Handelsregister von einem Jeden einzusehen sind. Ob hierzu auch die Handelsregister-Akten von den einzelnen Gerichten gerechnet werden, ist uns nicht bekannt (vgl. oben Anm. 152 Nr. 1 zu der Verordnung vom 12. Juli 1867 S. 139).

— Hannover — §. 10 } wie §. **11** unter Weglassung des
— Hessen — §. 10 } dritten und vierten Absatzes.

§. 12.

— Hannover §. 11 — Hessen §. 11 — Schleswig-Holstein §. 12. —

Bei jeder Eintragung in das Genossenschafts-Register ist anzugeben:

1) das Datum der richterlichen Verfügung, durch welche die Eintragung verordnet ist;
2) das Datum der Eintragung;
3) die Stelle der betreffenden Akten, wo sich die richterliche Verfügung befindet.

Jeder Eintragungsvermerk ist von dem Sekretär unter Beifügung seines Amts-Charakters zu unterschreiben.

Nach erfolgter Eintragung muß er in den Akten neben der richterlichen Verfügung die Erledigung derselben und den Tag, an welchem die Erledigung bewirkt ist, unter seiner Unterschrift bemerken.

§. 13.

— Hannover §. 12 — Hessen §. 12 — Schleswig-Holstein §. 13. —

Die öffentliche Bekanntmachung einer Eintragung muß ohne Verzug, sobald dieselbe geschehen ist, und ohne daß eine andere Eintragung abgewartet werden darf, veranlaßt werden.

§. 14.

— Hannover §. 13 — Hessen §. 13 — Schleswig-Holstein § 14. —

Derjenige, welcher eine Eintragung nachgesucht hat, ist von derselben besonders in Kenntniß zu setzen. Im Fall der Ablehnung einer Eintragung sind die Gründe derselben dem Betheiligten mitzutheilen.

§. 15.

— Hannover §. 14 — Hessen §. 14 — Schleswig-Holstein §. 15. —

Ist das Erlöschen einer Genossenschaft in das Genossenschafts-Register eingetragen, so sind alle auf die aufgelöste Genossenschaft bezüglichen Vermerke roth zu unterstreichen.

Ist dies in Betreff des größten Theils des Registers geschehen, so kann dasselbe behufs Anlage eines neuen Registers in der Art geschlossen werden, daß darin auf der ersten und letzten Seite der Vermerk eingetragen wird:

„Dieses Register ist behufs Anlage eines neuen Registers geschlossen."

In das neue Register sind alsdann alle nicht roth unterstrichenen Eintragungen aus dem alten Register zu übernehmen; diese Uebernahme ist bei jeder einzelnen Eintragung unter Hinweis auf die betreffende Nummer des früheren Registers durch den Zusatz zu erwähnen:

„übertragen aus dem früheren Register Nr. . . ."

§. 16.

— Hannover §. 15 — Hessen §. 15 — Schleswig-Holstein §. 16. —

Die Anmeldungen zur Eintragung in das Genossenschafts-Register gehören zu den schleunigen Sachen, welche auch während der Gerichtsferien stattfinden und zu erledigen sind.

§. 17.

— Hannover §. 16 — Hessen §. 16. —

Das Genossenschafts-Register ist zur Kassation nicht geeignet.

Die zu demselben gehörigen Akten unterliegen der Kassation nach Ablauf von 30 Jahren, von der Zeit an gerechnet, wo alle Eintragungsvermerke, worauf sich die Akten beziehen, im Genossenschafts-Register roth unterstrichen sind.

— Schleswig-Holstein §. 17:

Das Genossenschafts-Register ist zur Kassation nicht geeignet.

§. 18.

— Hannover §. 17 — Hessen §. 17 — Schleswig-Holstein §. 18. —

Das Genossenschafts-Register wird nach dem beigedruckten Formular A. geführt.

Zu diesem Register ist, sobald eine im Bezirk des Gerichts ihren Sitz habende Genossenschaft eingetragen werden soll, behufs Aufnahme der diese Genossenschaft betreffenden Gesellschafts-Verträge und der dieselben abändernden Verträge und Beschlüsse ein besonderer, als Theil des Registers anzusehender Beilageband anzulegen. Die Anlegung eines solchen Beilagebandes hat der Sekretär auf dem ersten Blatte des Haupt-Registers unter seiner Unterschrift zu vermerken. Zu diesem Beilagebande sind die vom Vorstande der Genossenschaft einzureichenden Verzeichnisse der Genossenschafter zu nehmen.

§. 19.

— Hannover §. 18. — Hessen §. 18. — Schleswig-Holstein §. 19. —

Die Eintragung der Genossenschaft erfolgt nach der Zeitfolge der Anmeldungen in das Genossenschafts-Register des Gerichts, in dessen Bezirk dieselbe ihren Sitz hat.

§. 20.

— Hannover §. 19. — Hessen §. 19. — Schleswig-Holstein §. 20. —

Jede Genossenschaft wird auf einer besonderen Seite des Registers eingetragen. In soweit eine Seite zu der ersten Eintragung nicht ausreicht, sind die folgenden Seiten in ununterbrochener Reihenfolge zu derselben zu verwenden; auch ist, wenn nachträgliche Eintragungen, welche einen erheblichen Raum in Anspruch nehmen, vorauszusehen sind, hierfür eine genügende Anzahl von Blättern freizulassen.

§. 21.

— Hannover §. 20. — Hessen §. 20. — Schleswig-Holstein §. 21. —

Die Eintragung erfolgt auf Anmeldung des Vorstandes der Genossenschaft und des von demselben einzureichenden schriftlichen, nach §. 3. des Gesetzes abgefaßten Gesellschafts-Vertrages.

Der Anmeldung hat der Vorstand das Verzeichniß der zur Zeit der Anmeldung zur Genossenschaft gehörenden Genossenschafter nach dem Formular B. beizufügen.

§. 22.

— Hannover §. 21. — Hessen §. 21. — Schleswig-Holstein §. 22. —

Die Eintragung der Genossenschaft in das Genossenschafts-Register wird mittelst Aufnahme des Gesellschafts-Vertrages bewirkt.

Bei der Aufnahme des Gesellschafts-Vertrages ist in der Art zu verfahren, daß in das Hauptregister nur ein Auszug, welcher

1) das Datum des Gesellschafts-Vertrages;
2) die Firma und den Sitz der Genossenschaft;
3) den Gegenstand des Unternehmens;
4) die Zeitdauer der Genossenschaft, im Falle dieselbe auf eine bestimmte Zeit beschränkt sein soll;
5) den Namen und Wohnort der zeitigen Vorstands-Mitglieder;
6) die Form, in welcher die von der Genossenschaft ausgehenden Bekanntmachungen erfolgen, sowie die öffentlichen Blätter, in welche sie aufzunehmen sind,

enthält, einzutragen ist.

Ist in dem Gesellschafts-Vertrage eine Form bestimmt, in welcher der Vorstand seine Willenserklärung kundgiebt und für die Genossenschaft zeichnet, so ist auch diese Bestimmung in das Hauptregister aufzunehmen; dagegen ist eine vollständige Abschrift, oder ein vollständiger Abdruck des Gesellschafts-Vertrages, welche von dem Sekretär zu beglaubigen sind, zu dem im § 18 bezeichneten Beilageband zu nehmen.

In dem Hauptregister ist die Stelle des Beilagebandes zu bezeichnen, wo die Abschrift oder der Abdruck des Gesellschafts-Vertrages sich befindet. Die Firma der Genossenschaft wird in der zweiten Kolonne, der Sitz derselben in der dritten Kolonne vermerkt; der übrige Inhalt ist mit Hinweisung auf den Beilageband in die vierte Kolonne des Haupt-Registers einzutragen.

§. 23.

— Hannover §. 22. — Hessen §. 22. — Schleswig-Holstein §. 23. —

Die Eintragung eines Beschlusses der General-Versammlung, welcher die Fortsetzung der Genossenschaft oder eine Abänderung der Bestimmungen des Gesellschafts-Vertrages zum Gegenstande hat, erfolgt auf Grund der Anmeldung des Vorstandes und nach Beibringung des schriftlich abgefaßten Beschlusses.

Der Beschluß ist nach Maaßgabe des §. 21 in das Hauptregister im Auszuge, in den Beilageband vollständig aufzunehmen.

Ist durch den Beschlnß die Firma oder der Sitz der Genossenschaft geändert, so wird die erstere Aenderung in die zweite, die letztere in die dritte Kolonne des Registers eingetragen.

§. 24.

— Hannover §. 23. — Hessen §. 23. — Schleswig-Holstein §. 24. —

In die vierte Kolonne des Registers sind ferner mittelst kurzen Vermerks einzutragen:

1) die jeweiligen Mitglieder des Vorstandes der Genossenschaft; vor der Eintragung eines Mitgliedes des Vorstandes hat dasselbe seine Unterschrift vor dem Gericht zu zeichnen, oder die Zeichnung in beglaubigter Form einzureichen;
2) die Auflösung der Genossenschaft und falls dieselbe eine Folge der Eröffnung des Konkurses über die Genossenschaft ist, die Eröffnung des Konkurses;
3) die nach der Auflösung eintretenden Liquidatoren, das Austreten eines Liquidators oder das Erlöschen der Vollmacht eines solchen.

Ein Liquidator hat vor der Eintragung seine Unterschrift vor Gericht zu zeichnen, oder die Zeichnung in beglaubigter Form einzureichen.

Eine Beschränkung des Umfangs der Geschäftsbefugnisse des Vorstandes oder eines Liquidators kann nicht eingetragen werden.

§. 25.

— Hannover §. 24. — Hessen §. 24. — Schleswig-Holstein §. 25. —

Die im §. 24 bezeichneten Eintragungen erfolgen, auf Anmeldung des Vorstandes, auf Grund des vorzulegenden Beschlusses der General-Versammlung der Genossenschaft.

Ist der genannte Vorstand durch den Verwaltungsrath suspendirt (§ 27), so erfolgt die Anmeldung zur Eintragung durch den Verwaltungsrath.

Die Eintragung der Konkurseröffnung geschieht von Amtswegen, sobald die Konkurseröffnung zur Anzeige gelangt. Ist der Konkurs von dem Gericht selbst eröffnet, so ist hiervon zu den Akten über das Genossenschafts-Register unverzüglich Anzeige zu machen.

Ebenso erfolgt die Eintragung der Auflösung einer Gesellschaft im Falle des §. 34 des Gesetzes ex officio, sobald dem Handelsgericht das mit dem Atteste der Rechtskraft versehene Urtel von dem kompetenten Gericht zugestellt wird.

§. 26.

— Hannover §. 25. — Hessen §. 25. — Schleswig-Holstein §. 26. —

Für die Eintragung einer Genossenschaft in das Genossenschafts-Register des Gerichts, in dessen Bezirk dieselbe nicht ihren Sitz, sondern eine Zweigniederlassung hat, gelten die vorstehenden Bestimmungen mit der Maaßgabe:

daß die Eintragung in das Genossenschafts-Register des Gerichts der Zweigniederlassung nicht stattfindet, bevor durch ein Attest des Gerichts des Sitzes der Genossenschaft nachgewiesen ist, daß die Eintragung in das Genossenschafts-Register des letzteren Gerichts erfolgt ist.

§. 27.

— Hannover §. 26. — Hessen §. 26. — Schleswig-Holstein §. 27. —

Ist die Verlegung des Sitzes einer Genossenschaft nach einem Orte außerhalb des Bezirks des Gerichts in das Genossenschafts-Register eingetragen und besteht im Bezirk des Gerichts auch keine Zweigniederlassung, so ist in Beziehung auf die Führung des Registers die Genossenschaft als erloschen anzusehen.

§. 28.

— Hannover §. 27. — Hessen §. 27. — Schleswig-Holstein §. 28. —

Der Sekretär hat zu dem Genossenschafts-Register ein nach den Firmen geordnetes alphabetisches Verzeichniß der darin eingetragenen Genossenschaften unter Bezugnahme auf die Nummer im Register zu führen, und in das Verzeichniß der Genossenschafter (§. 21) die Namen der neu hinzutretenden Genossenschafter nachzutragen und den Tag des Ausscheidens der ausgetretenen oder ausgeschlossenen Genossenschafter in der Kolonne 4 zu bemerken.

§. 29.

— Hessen §. 28. —

Soll eine Eintragung in das Hypothekenbuch auf den Namen der Genossenschaft erfolgen, so muß nicht allein die vorherige Eintragung der Genossenschaft in das Genossenschafts-Register nachgewiesen werden (§. 10. Ges.), sondern es ist außerdem nach den allgemeinen, für die Führung des Hypothekenbuchs geltenden Grundsätzen durch öffentliche Urkunden der Nachweis zu liefern, daß gerade für die Gesellschaft erworben, und diese die Eigenthümerin oder Berechtigte geworden sei.

— Hannover §. 28. — Soll eine Eintragung in das Hypothekenbuch auf den Namen der Genossenschaft erfolgen, so muß die vorherige Eintragung der Genossenschaft in das Genossenschaftsregister nachgewiesen werden.

— Schleswig-Holstein. §. 29. — Die Eintragung von Grundstücken, Gerechtigkeiten, dinglichen Rechten und Hypothenforderungen in die Schuld- und Pfandprotokolle auf den Namen einer Genossenschaft darf erst geschehen, wenn die Eintragung der Genossenschaft in das Genossenschaftsregister nachgewiesen ist.

§. 30.

— Schleswig-Holstein §. 30. —

Hat das Gericht gegen die Mitglieder des Vorstandes der Genossenschaft auf Grund des §. 54 des Gesetzes einzuschreiten, so kommen folgende Vorschriften zur Anwendung.

— Hessen. §. 29. — Die Festsetzung der Ordnungsstrafen erfolgt nach den für die Festsetzung der Ordnungsstrafen der unterlassenen Anmeldung der Eintragungen in das Handelsregister geltenden Vorschriften.

§. 31.

Das Gericht hat gegen den Betheiligten einzuschreiten, auch wenn derselbe in dem Bezirk nicht seinen Wohnsitz hat.

Hält das Gericht vor dem Einschreiten noch eine nähere Ermittelung für nöthig, so hat es dieselbe nach Maaßgabe des §. 8, Artikel 5 des Einführungsgesetzes vom 14. Juni 1861 zu bewirken.

— Schleswig-Holstein. §. 31 wie **§. 31,** nur mit dem Zitate: „§. 18 der Einführungs-Verordnung des Allgemeinen Deutschen Handelsgesetzbuches vom 5. Juli 1867 (Ges.-Samml. S. 1133.)“

§. 32.

Die Verfügung, mittelst welcher das Einschreiten beginnt (§. 1 a. a. O.), und jede dieselbe erneuernde Verfügung (§. 2 und §. 6 Absatz 3 a. a. O.) ist dem Betheiligten nach den Vorschriften über die Insinuation von gerichtlichen Verfügungen in Civil-Prozessen zuzustellen, und der Behändigungsschein zu den Akten zu bringen.

— Schleswig-Holstein. §. 32 wie **§. 32,** nur sind die Zitate verändert in „(§. 11 a. a. O.)“ und „(§. 12 und §. 16 Absatz 3.)“

§. 33.

Wird die angedrohte Ordnungsstrafe festgesetzt, weil innerhalb der bestimmten Frist weder die Verfügung erledigt, noch Einspruch dawider erhoben ist, so hat es bei dieser Festsetzung sein Bewenden, auch wenn in Folge Erneuerung der Verfügung der Betheiligte später sich rechtfertigt (§. 2 a. a. O.)

— Schleswig-Holstein. §. 33 wie **§. 33,** nur mit dem Zitate „(§. 12 a. a. O.)“

§. 34.

Wenn aus dem rechtzeitig eingegangenen Einspruche des Betheiligten, allenfalls nach näheren Ermittelungen (§. 8 a. a. O.), dessen Rechtfertigung sich ergiebt, so hat das Gericht die Verfügung aufzuheben und den Betheiligten davon in Kenntniß zu setzen.

— Schleswig-Holstein. §. 34 wie **§. 34,** nur mit dem veränderten Zitate „(§. 18 a. a. O.)“

§. 35.

Die Anberaumung des Audienztermins findet statt in Folge Einspruchs, welcher zur Rechtfertigung des Betheiligten nicht für genügend befunden ist. (§. 3 a. a. O.)

— Schleswig-Holstein. §. 35 wie **§. 35,** nur mit dem Zitate „(§. 13 a. a. O.)“

§. 36.

Der Audienztermin wird vor der Deputation zur Verhandlung und Entscheidung der im mündlichen Verfahren kollegialisch zu verhandelnden

Civilprozesse, oder von einer dieser Deputationen anberaumt, sollte die angedrohte Ordnungsstrafe auch weniger als 50 Thaler betragen.

Der Betheiligte ist zu dem Termin nach den Vorschriften über die Ladung zu Audienzterminen in Civilprozessen vorzuladen.

Die Verhandlung im Termin wird durch eine mündliche Darstellung der Sachlage von einem aus den Mitgliedern des Gerichts zu bestellenden Referenten eingeleitet. Das weitere Verfahren bestimmt sich nach den Vorschriften über die Verhandlung und Entscheidung der zur mündlichen Verhandlung gediehenen Civilprozesse mit den Abweichungen, welche aus der Natur der Sache und daraus sich ergeben, daß das Gericht befugt ist, bis zur schließlichen Entscheidung neue Thatsachen und Beweise zuzulassen, auch von Amtswegen nähere Ermittelungen des Sachverhältnisses und Beweiserhebungen unter Benachrichtigung des Betheiligten zu beschließen, sowie mit der Beweisaufnahme, insbesondere der Abhörung von Zeugen, im Audienztermin selbst zu verfahren. (§§. 3 und 8 a. a. O.)

— Schleswig-Holstein. §. 36. — Der Audienztermin wird ohne Rücksicht auf das Maaß der angedrohten Strafe von dem Kollegium oder einer Deputation desselben (§. 10 des Geschäfts-Regulativs für die Gerichte erster Instanz vom 15. August 1867) anberaumt.

Absatz 2 und 3 wie Absatz 2 und 3 in **§. 36**, nur zum Schluß mit dem veränderten Zitate „(§§. 13 u. 18 a. a. O.)

§. 37.

Die schließliche Entscheidung, wohin auch diejenige gehört, welche gegen den Betheiligten im Fall des Nichterscheinens im Audienztermin erlassen wird (§. 4 a. a. O.), ergeht in der Form des Erkenntnisses; sie wird nach den Vorschriften über die Publikation und Insinuation der Erkenntnisse in Civilprozessen dem Betheiligten publizirt und insinuirt; die zu Gunsten des Betheiligten erfolgende Entscheidung ist in der Weise abzufassen, daß die Aufhebung der die Strafe androhenden Verfügung ausgesprochen wird.

— Schleswig-Holstein. §. 37 wie **§. 37** unter Veränderung des Zitates in „(§. 14 a. a. O.)"

§. 38.

Wenn der Betheiligte sich nicht gerechtfertigt hat, die Verhältnisse sich aber später dergestalt geändert haben, daß die Verfügung dadurch erledigt erscheint, so wird gleichwohl die angedrohte Strafe festgesetzt, und es unterbleibt nur die Erneuerung der Verfügung (§. 4 a. a. O.).

— Schleswig-Holstein — §. 38 wie **§. 38** unter Veränderung des Zitats in „(§. 14 a. a. O.)".

§. 39.

Wird von dem Betheiligten gegen die verurtheilende Entscheidung Beschwerde an das Appellationsgericht erhoben, so gehört die Verhandlung und Entscheidung vor die Deputation des Civilsenats für Civil-Appellationssachen oder vor eine dieser Deputationen, sollte die festgesetzte Strafe auch weniger als 50 Thaler betragen.

Die Bestimmungen der §§. 36—38 kommen auch im Beschwerde-Verfahren zur Anwendung (Art. 5, §. 5 des Einführungsgesetzes).

— Schleswig-Holstein — §. 39: Wird von dem Betheiligten gegen die verurtheilende Entscheidung Beschwerde an das Appellationsgericht erhoben, so gehört die Verhandlung und Entscheidung vor den Civil-Senat oder eine der Deputationen desselben (§. 17 des Geschäfts-Regulativs für die Appellationsgerichte vom 14. August 1867), ohne Rücksicht auf das Maaß der festgesetzten Strafe.

Die Bestimmungen der §§. 36 bis 38 kommen auch im Beschwerdeverfahren zur Anwendung (§. 15 der Einführungs-Verordnung).

§. 40.

Die festgesetzten Ordnungsstrafeu werden von den Gerichten zu den Salarienkassen eingezogen, welchen sie verbleiben, ohne daß ihre Abführung an den Unterstützungsfonds für hülfsbedürftige Kinder verstorbener Justizbeamten erfolgt (vgl. Just.-Min.-Bl. von 1852 S. 370, 371 und von 1856 S. 195).

— Schleswig-Holstein — §. 40: Die festgesetzten Ordnungsstrafen werden in gleicher Art, wie die Gerichtskosten, zu den betreffenden Kassen eingezogen, welchen sie verbleiben.

§. 41.

Das Strafverfahren im Falle des §. 26 des Genossenschafts-Gesetzes richtet sich nach den Vorschriften über die Untersuchung und Bestrafung von Vergehen,

Artikel XV. des Einführungs-Gesetzes des Strafgesetzbuchs vom 14. April 1851 (Gesetz-Samml. S. 93 ff.), §§. 39 ff. der Verordnung vom 3. Januar 1849 (Gesetz-Samml. S. 14 ff.), Artikel 46—51 des Gesetzes vom 5. Mai 1852 (Gesetz-Samml. S. 209 ff.).

— Hannover §. 29 —
— Hessen — §. 30 —
— Schleswig-Holstein §. 41 —
} ebenso wie **§. 41**, nur mit Veränderung des Zitats.[174])

[174]) Die in den drei Ministerialinstruktionen vom 10. August, 23. September und 26. Oktober 1867 zitirten Bestimmungen sind ganz und gar dieselben, obschon das Zitat überall etwas anders lautet. Der Artikel VIII. Absatz 2 der Verordnung „betreffend das Strafrecht und das Strafverfahren in den durch das Gesetz vom 20. September 1866 und die beiden Gesetze vom 24. Dezember 1866 mit der Monarchie vereinigten Landestheilen, mit Ausnahme des vormaligen Ortsamtsbezirks Meisenheim und der Enklave Kaulsdorf vom 25. Juni 1867“ bestimmt nur den Begriff eines Vergehens, wörtlich übereinstimmend mit Artikel VIII. des Einführungsgesetzes des Strafgesetzbuches vom 14. April 1851. §. 11 der der Verordnung vom 25. Juni 1867 als Anlage beigefügten Strafprozeß-Ordnung schreibt vor, daß vor die Polizeigerichte die Hauptverhandlung und Entscheidung in Ansehung aller Uebertretungen und derjenigen Vergehen gehört, deren gesetzliche Strafe nur in Freiheitsstrafe von höchstens sechs Monaten oder Geldbuße von höchstens fünfhundert Thalern, allein oder in Verbindung mit einander, besteht.

bei Hannover in: „Art. VIII. der Verordnung, betreffend das Strafrecht rc. vom 25. Juni 1867 und §. 11 der Strafprozeß-Ordnung (Gesetz-Samml. S. 921 ff.).“

bei Hessen in: „Art. VIII. Abschn. 2 der Verordnung, betreffend das Strafrecht und Strafverfahren vom 25. Juni 1867 (Gesetz-Samml. S. 921 ff.).“

bei Schleswig-Holstein in: „Art. VII. der Verordnung, betreffend das Strafverfahren vom 25. Juli 1867 und §. 11 der Strafprozeß-Ordnung (Gesetz-Samml. S. 921 ff.).“

§. 42.

Im Bezirk des Appellationsgerichtshofes zu Cöln finden die §§. 6—9, 12 und 14, 36, 37, 39 und 40 keine Anwendung. An die Stelle derselben treten die in den §§. 119, 120 und 121 Nr. 1—6 der Instruktion vom 12. Dezember 1861, betreffend die Führung der Handelsregister (Just.-Min.-Bl. von 1861 S. 329), gegebenen Vorschriften mit den aus der Verschiedenheit des Gegenstandes sich von selbst ergebenden Modifikationen.

§. 43.

Die Eintragungen in das Genossenschafts-Register und die Zurückweisung der Eintragungsgesuche erfolgen gebühren- und stempelfrei. Für die Benachrichtigung der Betheiligten von der Eintragung und die Zurückweisung der Eintragungsgesuche sind 2 Sgr. 6 Pf. Schreibgebühren für jeden angefangenen Bogen anzusetzen.

Im Uebrigen kommen für den Ansatz der Kosten und Stempel die Vorschriften der Verordnung vom 27. Januar 1862 (Gesetz-Samml. von 1862 S. 33) zur Anwendung.

Berlin, den 2. Mai 1867. Der Justiz-Minister.
Graf zur Lippe.

— Hannover — §. 30: Die Eintragungen in das Genossenschafts-Register und die Zurückweisung der Eintragungsgesuche erfolgen gebühren- und stempelfrei. Für die Benachrichtigung der Betheiligten von der Eintragung und die Zurückweisung der Eintragungsgesuche sind 2½ Silbergroschen Schreibegebühren für jeden angefangenen Bogen anzusetzen.

Im Uebrigen kommen hinsichtlich des Ansatzes der Kosten und der Stempel die bestehenden Vorschriften zur Anwendung.

Berlin, den 10. August 1867.

— Hessen — §. 31: Die Eintragungen in das Genossenschafts-Register und die Zurückweisung der Eintragungsgesuche erfolgen gebühren- und stempelfrei. Für die Benachrichtigung der Betheiligten von der Eintragung und die Zurückweisung der Eintragungsgesuche sind 2 Sgr. 6 Pf. resp. 9 Kr. Schreibegebühren für jeden angefangenen Bogen anzusetzen.

Im Uebrigen kommen für den Ansatz der Kosten und Stempel die bestehenden Vorschriften zur Anwendung.

Berlin, den 25. September 1867.

— Schleswig-Holstein — §. 42: Die Eintragungen in die Genossenschafts-Register und die Zurückweisungen der Eintragungsgesuche erfolgen gebühren- und stempelfrei. Für die Benachrichtigung der Betheiligten von der Eintragung und der Zurückweisung der Eintragungsgesuche sind 2 Sgr. 6 Pf. Kopialien für jeden angefangenen Bogen zum Ansatz zu bringen.

Im Uebrigen kommen für den Ansatz der Kosten und Stempel die Vorschriften der Verordnung vom 27. Januar 1862 (Ges.-Samml. S. 33) zur Anwendung.

cfr. §. 100 des Einführungsgesetzes zum Allgem. Deutschen Handelsgesetzbuche vom 5. Juli 1867.

Berlin, den 26. Oktober 1867.

Der Justiz-Minister.
Graf zur Lippe.

Anlage A. [für alle vier Instruktionen].

Genossenschafts-Register.

1.	2.	3.	4.
Laufende №	Firma der Genossenschaft.	Sitz der Genossenschaft.	Rechtsverhältnisse der Genossenschaft.

Anlage B. [für alle vier Instruktionen].

Verzeichniß der Genossenschafter.

1.	2.	3.	4.
Laufende №	Vor- und Zunamen. Stand und Gewerbe.	Wohnort.	Tag des Ausscheidens.

Register.

(Die Zahl hinter einem Paragraphenzeichen bezeichnet die Paragraphen des Genossenschaftsgesetzes, sofern nichts davorsteht; der Verordnung vom 12. Juli 1867, wenn Han.; der Verordnung vom 12. August 1867, wenn Hess. und der Verordnung vom 22. September 1867, wenn Sch.-H. davorsteht. Die Zahl ohne Paragraphenzeichen, so wie die kleinere Zahl bezeichnet die Seite.)

A.

Abänderung des Gesellschaftsvertrages einer nicht eingetragenen Genossenschaft 31; des Gesellschaftsvertrages einer eingetragenen Genossenschaft § 6, 35; Wirkung beginnt erst mit der Eintragung § 6, 36; Instr. 160.
Abfassung, schriftliche, erforderlich bei Errichtung des Gesellschaftsvertrags § 2, 7; bei der Beitrittserklärung der Genossenschafter § 2, 9.
Abschriften der Gesellschaftsbeschlüsse § 6, 35; Beglaubigung überflüssig 35; Instr. 151.
Akkord § 50, 126.
Analphabeten 9.
Anerkennung der Genossenschaften durch Oberpräsident abgelehnt 24.
Aufkündigung durch einen Privatgläubiger eines Genossenschafters § 15, 61; durch den Genossenschafter § 37, 107.
Auflösung der Genossenschaft § 14, 60; § 15, 60; § 33, 99; durch Erkenntniß § 34, 101; § 38, 112.
Aufsichtsrath § 27, 88; § 28, 91.
Aushang 18.
Auslegungsregeln bei Geschäften 56.
Ausscheiden s. Austritt und Ausschließung.
Ausschuß s. Aufsichtsrath.
Ausschließung der Genossenschafter § 37, 110; § 38, 111 ff.; § 51, 128.
Austritt § 3, 11; § 24, 84; § 37, 108; § 51, 128.
Auszug des Gesellschaftsvertrages zu veröffentlichen § 4, 20; Inhalt des Auszugs 29 u. 30.

B.

Baugenossenschaft 5; 11.
Bayern 141, Einführungsgesetz zum Handelsgesetzbuche 144.
Beamte der Genossenschaft § 29, 93.
Begriff der Genossenschaft § 1, 3.
Behändigung von Vorladungen und Zustellungen § 23, 82; § 48, 125.
Beitrittserklärung § 2, 9; 33.
Bekanntmachungen s. Veröffentlichung.
Bevollmächtigte der Genossenschaft § 28, 93 und § 29, 93.
Berechnung des Gewinns § 3, 15.
Bilanz § 3, 14—16; § 9, 48; § 25, 85; § 27, 91; § 47, 121.
Blätter, öffentliche, in welche die von der Genossenschaft ausgehenden Bekanntmachungen aufzunehmen § 3, 19; siehe auch Veröffentlichung.
Bücher der Genossenschaft § 49, 125; siehe Handelsbücher.
Buchführung § 25, 85; siehe Handelsbücher.

D.

Dividende § 38, 111; § 46, 119.

E.

Ehrenrechte, Verlust der bürgerlichen E. § 37, 110;
Eidesleistung der Genossenschafter § 21, 80.
Eintragung in das Genossenschaftsregister § 4, 27; Wirkung derselben § 5, 31; kann nicht rückgängig gemacht werden 35; kostenfrei § 57, 136; Instr. 158; siehe auch Genossenschaftsregister.
Eintritt § 3, 11; § 24, 34.
Erben verstorbener Genossenschafter § 38, 111.
Erlöschen einer Genossenschaft Instr. 158.
Exekution auf Antrag von Privatgläubigern eines Genossenschafters § 12, 59; § 13, 60.

F.

Falliment siehe Konkurs.
Filialvereine 38.
Firma § 2, 8. Sachfirma 8; Veröffentlichung § 4, 29; Unterscheidbarkeit der an demselben Ort bestehenden Firmen 9; § 10, 50; Schutz der F. 55; Liquidationsfirma § 44, 117.
Form für die Legitimation s. Legitimation; für Zusammenberufung der Genossenschafter 18;
in welcher Stimmrecht ausgeübt wird § 3, 19;
in welcher die Bekanntmachungen erfolgen § 3, 19;
in welcher Vorstand seine Willenserklärungen kund giebt und zeichnet 30;
für Verträge 56.
Frankfurt a. M. 141, Einführungsgesetz zum Handelsgesetzbuche 143 Instr. 154.

G.

Gegenstand des Unternehmens § 3, 10.
Generalversammlung § 3, 18; § 9, 48; § 27, 91; § 28, 92 und 93; Berufung § 27, 91; § 30, 95; § 31, 97; § 45, 117; § 47, 121; Zweck der G. § 30, 96; § 31, 97; außerordentliche § 31, 97; zur Abwendung des Konkurses § 47, 121.
Genossenschaftsgläubiger § 35, 103; § 38, 111; § 46, 118.
Genossenschaftsregister § 4, 25; § 5, 31; § 6, 35; § 7, 37; § 22, 81; § 34, 102; § 36, 103; § 40, 116; § 57, 136; Instr. 150 und folg.
Genossenschaftsschuldner § 15, 61.
Gerichtsstand der Genossenschaft § 10, 51; bei dem auf Auflösung gerichteten Gerichtsverfahren § 34, 102; während der Liquidation § 48, 123.
Geschäftsantheile § 3, 12; Unterschied von Aktien 13; Höhe derselben 13—16; zweiter Geschäftsantheil bei Volksbanken 14; Uebertragbarkeit und Kündbarkeit 15; Anspruch beim Ausscheiden daran § 38, 111; bei Liquidation § 46, 118; § 47, 121; § 48, 122.
Geschäftsjahr § 15, 62; § 25, 85; § 37, 108; 108—110.
Gesellschaftsvertrag schriftliche Form § 2, 7; Veröffentlichung § 4, 28; Inhalt § 10, 23; Abänderung desselben § 6, 35; kann abweichen von welchen Vorschriften des Gesetzes § 8 39, 40.
Gewinnvertheilung § 8, 40; § 9, 48; § 27, 91; § 46, 120.
Großherzogthum Hessen 141 Einführungsgesetz zum Handelsgesetzb. 145.
Guthaben § 46, 119 siehe Geschäftsantheil.

H.

Handelsbücher 55; Beweiskraft 55, Hannover 139, Hessen 142, Bayern 144; Führung der H. § 25, 85; Aufbewahrung § 49, 125.
Handelsgeschäfte — treiben die Volksbanken? 53; die Rohstoffassociationen? 54; die Konsumvereine? 55.
Handelsregister § 4, 24; § 17, 78.
Einen Theil desselben bildet das Genossenschaftsregister § 3, 27.
Handlungsbevollmächtigte 55; § 29, 93 und 94; Han. 139.
Handlungsgehülfen 56.
Hannover Verordng. v. 12. Juli 1867, 138 ff.; Min.-Instr. v. 10. August 1867, 149 ff.; Einführungsgesetz zum Handelsgesetzbuche 138.
Hessen, Verordng. v. 12. August 1867, 141 ff.; Min.-Instr. v. 12. Sept. 1867, 150 ff.
Hessen-Homburg 141; Einführungsgesetz zum Handelsgesetzbuche 144.
Holstein siehe Schleswig.
Hypothek § 13, 60.

J.

Jahresrechnung § 27, 91.
Inventur 17.

K.

Kaufmännische Rechte und Pflichten § 10, 51; 53—57.
Kaulsdorf 141.
Kompensation § 14, 60.
Konkordat siehe Akkord.
Konkurs § 11, 57; § 33, 100; § 36, 103; § 47, 121; § 50, 125. Han. Art. I. 139; Hessen § 4, 145; Schleswig-Holstein § 4, 146.
Konkursgericht § 36, 103.
Kündigung s. Aufkündigung.
Kugelung s. Stimmzettel.
Kurfürstenthum Hessen, Einführungsgesetz zum Handelsgesetzbuche 142 (s. Hessen).

L.

Legitimation der Vorstandsmitglieder § 3, 17.
Liquidatoren, Bestellung § 39, 115; Anmeldung § 40, 116; Befugnisse und Pflichten § 41.
Liquidation § 38, 113; Abschnitt V. §§ 39—50.
Liquidationsfirma § 44, 117.

M.

Magazinverein § 1, 4.
Meisenheim 141.
Minderjährige § 53, 133.
Mitgliederverzeichniß s. Verzeichniß.
Mitgliederzahl, nicht geschlossene, § 1, 3; 10; Minimalzahl 6.

N.

Namentliche Abstimmung 19.
Nassau 141, Einführungsgesetz zum Handelsgesetzbuche 143 s. Hessen.

O.

Oberaufsichtsrecht des Staates über Genossenschaften 26.

P.

Pfandrecht, kaufmännisches, 56.
Postsendungen 83.
Privatgläubiger eines Genossenschafters § 12, 58; § 13, 60; 15, 60.
Produktivgenossenschaft § 1, 5.
Prokurenregister § 4, 28.
Prokurist — zulässig 28, 55, 66, 94; Zeichnung durch Pr. 95.
Protokollbuch § 32, 99.
Prozesse der Genossenschaft und gegen sie § 10, 50.
gegen Vorstandsmitglieder § 88, 91.
gegen Mitglieder des Aufsichtsraths § 28, 93.

R.

Reservefonds 20; § 38, 111; § 47, 121.
Retentionsrecht, kaufmännisches, 56.
Rohstoffvereine § 1, 4.

S.

Schleswig-Holstein Verordnung vom 22. Sept. 1867, 145 ff.
Instruktion vom 25. Oktober 1867, 150 ff.
Einführungsgesetz zum Handelsgesetzbuche 146.
Sitz der Genossenschaft § 3, 10.
Solidarhaft der Genossenschafter § 3, 21; § 11, 57; § 50, 126.
Verhältniß der, §§ 3, 11 und 50 zur Solidarhaft 21—24 und 126—127.
für die Verbindlichkeiten vor dem Eintritt § 11, 58.
Statut s. Gesellschaftsvertrag.
Stempel Han. Art. II. 140.
Stille Gesellschafter 56.
Stimmenmehrheit, einfache und größere, § 3, 19.
Stimmrecht, Bedingungen desselben, § 3, 18; § 9, 49.
Stimmzettel 19.
Strafen § 26, 87; § 54, 133; Han. Art. I. 139.
Hess. § 2, 142, § 5, 145.
Schlesw.-Holst. § 5, 146: Instr. 153.

T.

Tod § 37, 110.

U.

Uebergangsbestimmungen in den Gesellschaftsverträgen der Genossenschaften 32—33.
Ueberleitung bestehender Genossenschaften in die Form der eingetragenen 31—35.
Unterbrechung der Verjährung § 52, 131.

V.

Verjährung § 38, 111; Abschnitt VI. §§ 51—53.
Verifizirung § 50, 126.
Verlustvertheilung § 8, 40.
Veröffentlichung der Bilanz und des Mitgliederbestandes § 25, 85;
durch die für die Bekanntmachungen der Genossenschaft bestimmten Blätter § 3, 19; § 4, 30; § 25, 85; § 35, 102; § 36, 103—106; Instr. 156.
durch die für die Bekanntmachungen des Handelsgerichts bestimmten Blätter § 4, 29; § 6, 36; § 17, 78; § 22, 81; § 34, 102; 104—106; Instr. 151 ff.
Vertheilung von Gewinn und Verlust § 8, 40; 41; insbesondere bei Volksbanken 42; bei Rohstoffassoziationen 42—45; bei Konsumvereinen 45; bei Produktivgenossenschaften 46—48.
Vertheilung der Ueberschüsse bei der Auflösung § 46, 118.

Vertretung der Genossenschaft § 29, 93.
Verwaltungsrath s. Aufsichtsrath.
Verzeichniß der Genossenschafter § 4, 30; 34; § 24, 84.
Vorladungen § 23, 82; siehe Zustellung.
Vorstand. Bestellung und Zusammensetzung § 16, 62; 63—77; insbesondere der Volksbanken 68—73; der Rohstoffassoziationen 73—74; der Konsumvereine 74—77.
Anmeldung des V. § 17, 78;
Befugnisse und Pflichten § 18, 78; § 19, 78; § 20, 79; § 21, 80; § 22, 81; § 23, 82; § 24, 84; § 25, 85; § 30, 95; § 32, 98; § 35, 103; § 40, 115;
Legitimation beim Hypothekenbuch § 19, 79;
Beschränkung des V. Dritten gegenüber unwirksam § 20, 79;
Aenderung der Mitglieder des V. § 82, 81;
Haft für Schaden § 26, 87; Strafen § 26, 87; § 54, 133; § 55, 135; Suspension § 27, 90; Liquidation durch den V. § 39, 115.

W.

Wahl des Vorstandes § 3, 17;
der Liquidatoren § 30, 115;
der Bevollmächtigten zu Prozessen gegen den Aufsichtsrath § 28, 93.
Wohnungen s. Baugenossenschaften.

Z.

Zählung bei Abstimmungen 19.
Zahlungseinstellung § 50, 125.
Zeitdauer der Genossenschaft § 3, 10; § 4, 30.
Zusammensetzung des Vorstandes § 3, 17.
Zustellungen s. Behändigung.
Zweck der Genossenschaft 10.
Zweigniederlassung § 7, 36; Begriff 36—39.

Druck der Berliner Associations-Buchdruckerei
(Urbat u. Genossen).

zelnen Materien sowohl Rechtsfälle, meist aus der preussischen Praxis, wie aus abweichenden Bestimmungen aus fremdländischen Gesetzgebungen beispielsweise angeführt.

Interessant behandelt sind die Fragen hinsichtlich des Nachdrucks von Texteswörten einer musikalischen Composition, Zeitungsartikeln, telegraphischen Depeschen, wobei gleichzeitig wieder die Entscheidungen wichtiger Einzelfälle meist von Heidemann und Dambach wiedergegeben werden. Sehr kurz ist leider die Abfertigung der musikalischen Compositionen ausgefallen. Nur die Berechtigung der freien Verwendung von Compositionen zu Variationen, Phantasien u. s. w. wird hervorgehoben, ohne jedoch auf das Wesen der Sache selbst näher einzugehen. Bei der Gründlichkeit, mit welcher der Verfasser die übrigen Abschnitte aus den Quellen, den Rechtsfällen und den übrigen Gesetzgebungen entwickelt und dargestellt hat, ist diese Kürze um so auffallender. Ausführlicher dagegen hat sich der Verfasser den Kunstwerken und besonders den reproducirenden Künsten zugewendet. Sowohl in den Definitionen, wie in den Einzelfällen, die beispielsweise angezogen werden, sind die neueste Literatur und die Erkenntnisse des Obertribunals sorgfältig benutzt. Einzelne Partien, wie z. B. §. 19 des preussischen Gesetzes (Vervielfältigung der Abbildungen eines Originalkunstwerkes) sind ebenso ausführlich wie geschickt commentirt.

Hinsichtlich der Dauer der Schutzfristen hat der Verfasser wieder ausserordentlich übersichtlich und erschöpfend das weitschichtige Material aller verschiedenen Gesetzgebungen gesammelt und zur Vergleichung gegenübergestellt. Es würde den Raum dieser Besprechung weit überschreiten, wollten wir hier auf den Werth des Maasses der verschiedenen Schutzfristen näher eingehen, so interessant eine derartige Betrachtung auch an sich, gerade jetzt nach Ablauf der ersten 30jährigen Schutzperiode seit Erlass des Gesetzes sein dürfte. Die Abhandlung über den „Verlagsvertrag" fasst alles zusammen, was über diesen wichtigen Gegenstand in Kürze sich sagen lässt. Die Ansichten der bedeutendsten Rechtsgelehrten sind mit den bestehenden Gesetzgebungen in Verbindung gebracht, namentlich aber sind auch die Verlagsübertragungen in Bezug auf Kunstwerke gebührend berücksichtigt und mit vielem Verständniss sehr ausführlich bearbeitet. Auch hierbei sind interessante und lehrreiche Beispiele aus der Praxis verschiedener Gerichtshöfe angezogen, welche von ebenso gewissenhafter wie fortgesetzter Beschäftigung des Verfassers mit dem hier behandelten Gegenstande sehr beredtes Zeugniss ablegen. Der Abschnitt bietet zugleich auch sehr eingehende Betrachtungen über die Stellung des Autors zum Verleger und über das geschäftliche gegenseitige Interesse beider. Diese Partie des Buches ist unstreitig mit grossem Geschick und mit liebevollem Eingehen auf die Besonderheiten des Verkehrs zwischen Autor und Verleger abgefasst.

Den Schluss des ersten Bandes bilden die Abschnitte „Nachdruck" und „Verfolgung des Nachdruckes". Auch hier zeigt der Verfasser wieder zur Genüge seine detaillirte Kenntniss der bestehenden Gesetzgebungen und der Literatur bis auf die neueste Zeit. Das ganze Material ist auch hier sehr übersichtlich geordnet und gibt einen klaren Einblick in die bestehenden gesetzlichen Bestimmungen.

Kolibri 360 GmbH
Ferdinand-Jühlke-Straße 7
99095 Erfurt, Deutschland
produktsicherheit@kolibri360.de